『Bunka to kokka』
Copyright 1957 by Shigeru Nambara
All Rights Reserved.
First original Japanese edition published by University of Tokyo Press, Tokyo, Japan in 1957
Chinese (in simple character only) hard-cover translation rights in China is reserved by SDX Joint Publishing Company
under the license granted by the successor of Shigeru Nambara arranged with University of Tokyo Press
through Hui-Tong Copyright Agency, Japan.

20世纪
日本思想

文化与国家

[日]南原繁 著
高华鑫 译

生活・讀書・新知 三联书店

Simplified Chinese Copyright © 2023 by SDX Joint Publishing Company.
All Rights Reserved.

本作品简体中文版权由生活・读书・新知三联书店所有。
未经许可,不得翻印。

图书在版编目(CIP)数据

文化与国家 /(日)南原繁著;高华鑫译. —北京:
生活・读书・新知三联书店, 2023.6
(20 世纪日本思想)
ISBN 978-7-108-07598-7

Ⅰ.①文…　Ⅱ.①南…②高…　Ⅲ.①社会科学-文集　Ⅳ.① C53

中国国家版本馆 CIP 数据核字 (2023) 第 016006 号

策划编辑	叶　彤
责任编辑	周玖龄
装帧设计	康　健
责任校对	陈　明
责任印制	卢　岳
出版发行	生活・讀書・新知 三联书店
	(北京市东城区美术馆东街 22 号 100010)
网　　址	www.sdxjpc.com
经　　销	新华书店
制　　作	北京金舵手世纪图文设计有限公司
印　　刷	河北品睿印刷有限公司
版　　次	2023 年 6 月北京第 1 版
	2023 年 6 月北京第 1 次印刷
开　　本	880 毫米 × 1230 毫米　1/32　印张 14
字　　数	323 千字
印　　数	0,001-5,000 册
定　　价	88.00 元

(印装查询:01064002715;邮购查询:01084010542)

"20世纪日本思想"丛书总序

日本的20世纪，大致涵盖了大正与昭和两个时期（1912—1989），这是经历了明治维新四十年淬炼而走上成熟现代化道路的一个特殊历史单元。然而，1945年的战败给日本带来了深刻的历史断裂，以此为标志，在民族国家乃至思想文化层面仿佛形成了两个"日本"，而无论是推行帝国主义殖民扩张政策最终遭到惨败的日本，还是战后迎来国家社会重建和经济文化高度发展的日本，这一百年的光荣与悲苦，都给东亚乃至世界造成强烈震撼与冲击。然而，至今，我们对这个复杂的近邻日本依然了解不多，特别是对支撑日本民族走过20世纪波澜起伏的历程的深层观念意识和思考逻辑所知甚少。

1945年的战败造成日本民族国家层面的"断裂"是明显的，其中的确有一个从战前天皇制极端主义国家向战后民主市民社会转变的过程，但是，思想文化层面的情形就复杂得多了。我们大概可以用源自19世纪的一般的种族文明论和20世纪初传入的广义社会主义思想，来分别概括日本战前与战后两个阶段的主流思潮，但实际上两者往往是交叉并进、彼此渗透且前后贯通的，构成了20世纪日本人思考国家民族进路及个人与社会建构的主要依据。种族文明论为民族主义和右翼国家主义提供了理论源泉，社会主义思想则推动了各种左翼进步势力的改革实践。而两种主流思潮交叉对抗又激荡出种种不同的观念学说和思想派别,由此形成了20世纪日本思想的丰富内涵。

能否以这两个主流思潮为线索,将看似"断裂"成两段的20世纪日本的思想学术作为一个整体介绍到中国来,由此加深对这一复杂认识对象的理解呢?这是我们多年前就萌生的一个念头,为了深入了解邻国的同时代历史和精神特性,也为了推动中国日本学和东亚区域研究的发展。众所周知,比起近代日本的中国学仿佛在解剖台上从里到外洞穿观察对象般高质量的精深研究来,现代中国的日本学尚不尽如人意,始终未能形成厚重的学术传统。这当然有种种复杂的历史与现实原因,而对于构成日本民族深层观念与思考逻辑的思想学术文献缺乏系统移译和研究,恐怕是一个重要的原因。况且,如今方兴未艾的区域史研究特别是"东亚论述",也呼唤着关于日本思想学术的深入系统的研究。

20世纪是一个非常特殊的极端年代。资本主义世界一体化格局的形成,帝国主义征服战争与被压迫民族的反抗和社会革命,导致东亚区域内的各民族在不曾有的程度上被紧紧捆绑在一起,成为矛盾抗争乃至休戚与共的利益攸关方。这是一段你中有我,我中有你,缺少任何一方都无法叙述的历史,思想文化的历史更是如此。而在崭新的区域史和"同时代"视野下,深入开发现代日本的思想资源,也将能深化我们对于自身及与他者关系的认识,由此构筑起区域和平共生的发展愿景。

为此,我们发起这套"20世纪日本思想"丛书的编译计划。丛书以20世纪为限的原因如上所述,主要是考虑发端于明治维新的日本现代思想,到了20世纪才真正有了自己的主体特征和独创内涵，并深刻塑造了日本国民的思想方式和精神构造。因此，我们聚焦20世纪日本人文社会科学中曾产生广泛的思想与社会影响，包括为各学科发展奠定了基础的那些著作，从中精选若干种而汇成这套丛书。在具体编选过程中，我们主要考虑到这样一些原则。第一，从20世纪日本学说史的角度出发，选择具有学术奠基性和理论深度与宽度的著作。而在以历史学、经济学、社会学、政治学、人类学和东洋学六大学科为主体的人文社会科学当中，我们尤其注意人文色彩浓厚而具有思想冲击力的经典著作。第二，在学说史之上我们进而侧重思想史上那些影响广泛、带有观念范式变革和思想论争、文化批判性质的作品，力图由此呈现20世纪日本思想发展的内在逻辑和阶段变化。第三，尤其注重一百年来日本学人积极思考自身与中国乃至东亚关系所取得的重要成果，包括战前对于亚洲主义的构筑和战后于反思基础上形成的新亚洲论述，以及学院内外的战前"支那学"与战后中国学等。第四，也适当选择一些直击社会实际问题、带有纪实和评论性质的作品，它们以直接叩问当下的方式促进观念的转变和意识的更新，同样具有重要的思想史意涵。

总之，学术经典性、思想史价值、社会影响力是我们做出判断与选择的基本标准。需要说明的是，某些重要的著作由于已有很好的中译本，为避免资源浪费，虽遗憾而不再收录。同时，受限于知识学养，选目容有罅漏，还望学术界方家指正。

赵京华

2021年11月30日于北京

目 录

UP 选书版序言 ……………………………………… 1
序 …………………………………………………… 3

I 振兴祖国之人

前言 ………………………………………………… 3
新日本文化的创造 ………………………………… 5
悼阵亡学生 ………………………………………… 15
大学的理念 ………………………………………… 19
天长节 ……………………………………………… 28
真理与个性 ………………………………………… 35
振兴祖国之人 ……………………………………… 42
新宪法颁布 ………………………………………… 48

II 人之革命

前言 ………………………………………………… 59
民族的再生 ………………………………………… 61

科学与育人 68
大学的自由与使命 75
人之革命与第二次产业革命 82
宪法修正 其一 89
宪法修正 其二 111
退位的问题 151
教育与国家 159
精神革命 167
人格与社会 172
学校的复兴与新文化的创造 178
教育的理念 181

Ⅲ 真理之斗争

前言 189
职业的伦理 191
大学与学问 198
人的使命 206
和平的拥护者 212
祖国与大学 219
大学的重建 226
"同一个大学" 234
校园的复兴 243
大学的主张与反省 250

学生与政治运动……259
学生新闻……267
人文科学的问题……270
新大学制度的问题……277
美浓部达吉先生……283
三土忠造先生……288

Ⅳ 和平之宣言

前言……295
世界破裂的危机与日本的使命……297
人性的确立与哥白尼式转向……308
学问与政治……315
和平还是战争：日本重建的精神混乱……320
新大学的理念……332
大学中人想要什么……340
美国研究……344
医学教育的问题……347
再迎美国教育使节团……350
日本式的事物……355
民族独立与大学的任务……358
睿智与和平……360
悼念原田庆吉教授……362

V 大学之自由

前言……………………………………………………369
重建祖国没有捷径……………………………………371
真理是最后的胜利者…………………………………379
日本的独立……………………………………………387
欢迎美国工业教育使节团……………………………392
全国大学教授联合会的纲领…………………………396
发展与紧张的时期……………………………………406
穗积重远博士…………………………………………410
末弘严太郎博士………………………………………414

译后记　读南原繁《文化与国家》（高华鑫）……418

UP选书版序言①

今年是明治百年,各种纪念活动正在进行中。的确,明治维新结束了漫长的锁国封建时代,在世界面前拉开了近代日本的序幕,其意义极为重大。其后的百年间,能够与之相提并论甚至更为重大的历史事件,唯有我国史无前例的那次战败所引发的变革。

从那以后的二十年间,我国的政治社会与国际局势相伴,经历了种种变化。然而,其中有着不变的,不,是不可改变的事物。那就是战争结束后,我们向内外起誓的新的教育理念和国家理想。这一和平理想的宣言,对内意味着我们要追赶列国,完成近代日本的建设,对外则意味着我们要先于各国而走向新的时代。

这是输了战争,一度分崩离析的祖国日本的复兴和新日本建设的原点。我国的各种政治外交,始终需要回到这一原点,进而展开反省,向前推进。

笔者恰好在战争刚刚结束之际担任东京大学校长,在职期间适逢历史性的根本改革,从而得以了解这一改革是基于何种要求、经

---

① "UP选书"是东京大学出版会于1967年起陆续推出的一套涵盖人文社会科学各方面的学术性丛书。——中译者注(如无特别说明,全书脚注均为中译者注)

过何种过程而实行的。如今回顾起来，感触最深的，便是在战败后的废墟里，在最恶劣的生活条件下，教授与学生诸君（其中包含众多从军复员的学生）一道，全校齐心协力，为新日本建设的理想而奋斗。这不只是学生、知识人的事业，也回应了从中央到地方的全国国民大众的要求。

在本书收入 UP 选书之际，笔者衷心希望，书中的各篇论稿和演说多少能代表当时那些理想与主张，成为留给后代的一份小小的证言。

著者

1968 年 5 月

序

本书所收文章，完成于从大战最终结束的1945年的年末，到《旧金山和约》签订的1951年年底为止的六年间，大抵是笔者担任东京大学校长期间，在东大以及当时的国会所做的演讲和演说。其中"振兴祖国之人""人之革命""真理之斗争""和平之宣言""大学之自由"各辑，当时均曾以单行本刊行，现汇编为一书。不过此次编纂也新增了一二篇文章，尤其是收入了宪法审议时特别委员会的议事录，作为提供给将来的某种资料。

本书一以贯之的焦点，是在我国遭遇史无前例的战败与崩溃时，我们如何振兴祖国，创造新日本文化的问题。

1945年（昭和二十年）8月15日！对于怀着真正的断肠之痛迎来那个日子的我国国民——其中包括当时年纪尚幼，不能理解事件真相的如今的学生诸君——甚至对于我们的后代子孙来说，这都是永远不能忘记的我国历史上最坏的一天、灾难的一天。但是，今天回头看去，那同时也是我们民族的新生之日，是向着广阔的未来出发的一天。对于有这样一种觉悟和先见之明的人，那实际上也是从长期的压迫和苦恼中解放出来，在生还的悲痛中迎来新的希望和慰藉的一天。

但是，民族的再生与祖国的复兴绝非易事。特别是在战争刚结束以及其后的一段时间里，新宪法尚未制定，盟军司令部的方针也不明朗，我们面临极度的物质匮乏和日常生活的困苦，更严重的是国民精神上的荒废、混乱中的彷徨，如今回想起来也仍然令人觉得可怜。但即便在这样的状况中，国民各阶层的有心者想必也自然而然地领悟了我们民族复兴的道路是什么，新日本的路标是什么。笔者当时微不足道的发言，之所以获得学生、教育者以至社会各方面许多人的共感，也正是在机缘巧合之下，以笔者个人的表现与方法，为同胞心中本已有之的想法提供了证言。

人的自由与尊严，笔者所谓"人性理想"的确立，以此为基础的民主政治和和平文化国家的建设，这正是从废墟上站起来的全体国民一致翘首以待的新日本的理想与路标。以日本国宪法为首，政治、教育、社会、经济各方面制度的广泛改革，无一不是从这种志向出发的。这实在是我国有史以来所未见的革新，保证了日本近代革命的成功。不仅如此，以第二次世界大战为界，整个世界也面临巨大的变革，核能的发现宣告了人类新时代的开始。在这样的时刻，日本新宪法宣告放弃战争与保持永久和平，这既是发起战争而战败的我们民族的悲壮誓愿，也是世界各国人民有朝一日终将抵达的人类的目标。

我国的教育者和学生自不必说，以国会和政府为先导，中央、地方的全体公民在战后的困难条件下，是怀着怎样的希望和热情，为了实现这一新的理想与主张而努力至今啊。纵使其间多多少少有过犹不及和冲突摩擦，但这一理想本身丝毫不曾动摇，如果这样的觉悟和努力延续十年、二十年——在一代代人中间持续下去，积累起来，那么在这种不再动摇的基础之上，新日本的建设就是可以期待的吧。那将不仅是日本国民的幸福，对全世界全人类而言或许也是值得祝福之事。

然而，在战后的第六年，以《旧金山和约》前后为界，任谁都能看出日本的道路开始了急剧的转向。也就是说，这一时期日本的再武装被提上日程，这足以让一切状况为之一变。这虽说是伴随国际形势变化因美国的战略转换所致，但对于此前发誓要建设和平的文化国家、一意为之奋斗的我国国民，不可能不造成精神上的深刻动摇与混乱。

其中尤其严重的是，在本已禁止一切军备的新宪法之下，国家公然拥有了接近二十万人的陆海空军，这意味着什么呢？如今反观战后的十二年，其中后六年仿佛是以再军备为顶点，我国教育、劳动、经济、社会等各领域从此前的各种改革向后倒退，总体上一路走向保守反动的过程。

另一方面，日本的产业逐渐复兴，最近更是赶上了世界经济发展的浪潮，正在讴歌"神武以来"前所未有的景气，就连知识人中间也出现了主张告别"战后"意识的人。但这种现象背后的另一面是，中间阶层以下的国民大众的生活仍然不曾摆脱压力与不安，我国经济自立的根本问题仍未得到解决。特别是，在大战后欧亚各国面临意识形态挑战之际，在我国，至少从建设福利国家的角度讲，现在的社会经济体制也不能原封不动地保留下去。更何况日本的重建并不仅仅是政治、经济、社会的改革，它在根底上以国民精神、文化革新为前提。离开这一点，我国的自由和民主化绝对不可能实现。这实际上应该是跨越世代与世纪的事业。

战争还是和平——这是与我国的再军备相关的，关系到世界历史动向和人类的未来的问题。无论是目前还是将来，纵使国际局势有进退起伏，一个明白的事实是，帝国主义和殖民主义的时代即将告终，除了各民族的自由独立与和平共存，人类没有别的未来。这也从根本上要求人类精神的觉醒和近代文化与人的革新。从这一点来说，一方面，以英国为先导，自由主义各国即使形式各有差异，但经济和产业的"社会化"已是必然趋势；而另一方面，以苏联为首的各社会主义国家在政治、思想方面的探索也是势所必至。

这是历史的动向，是人类将来的归趋。在此意义上，我国经过战败时宝贵的民族试炼与苦难，向内外做出的宣告人的自由、民主主义与和平文化国家理想的誓言，不存在任何错误。推进历史潮流的民族才会兴盛，与其对抗者必将灭亡。

去年，通过日苏外交关系的恢复，全面讲和的道路终于被打开。今天的日本，必须推动分裂的人类走向融合并实现世界永久和平，以这样的民族决心与努力为世界做出贡献。毋宁说，这是人类历史上最先在核弹之下付出宝贵牺牲的我国国民，应当率先履行的义务与使命。

我们必须扭转过去六年来的方向，让日本走上正确的道路，重新返回我们民族在新宪法中标举的新的主义与主张，不犹豫，不怀疑，为新文化的创造和新日本的建设而努力。

我再重复一遍。日本的重建不是十年二十年就能完成的，它必然是跨越几代人、跨越世纪的，由国民共同肩负的不屈不挠的事业。尤其是对于青年学生和我们这些从事文化与教育事业的人来说，这不仅是政治社会问题，更是关于人和文化的理念的思考方式，对于人的精神和真理之追求的根本态度的问题。

如果本书所述的思想，不单是在那混乱困难的时期与诸多同伴所共有的往日的影像，而且在将来也能作为一种不变的思想和精神上的指针，服务于新日本文化和国家建设，那将是生在这个时代的笔者的莫大幸福。

著者

I 振兴祖国之人

前　言

这一小辑收录了从我去年（1945）冬天意外被选为东京大学校长以来的一年间，在各种场合对全体学生或教师所做的七次演讲。对我来说，这些演讲不只面向本校，也是对全国的学生和教育者发出的呼吁。

战败后的日本的现实，比我们现在意识和想象到的更为严峻。仅靠社会经济结构以及政治制度的改革，还不足以打开局面。我想，如果在根底上没有我国国民思想、精神上的革命，问题就不会根本解决。因此，这种革命成功与否，真正关系到祖国重建与我们民族未来的命运。

那么，我们应该树立何种新的志向？我在此倡言的，是坚固地建立在知性之上的伦理性、宗教性的理想主义文化理念。只有由此提高我们作为个人、作为国民的资质，转换日本国民的性质，才能成就建设民主和平的日本的事业。不，不只是日本，全世界的永久和平与文化的真正进步，也只有经由这条人类长期忽视的道路才能达成吧。

现代最紧要的事，莫过于这种思想性、精神性的文化的重新形成。其他一切都将随之而来。我们生活在物质的、精神的苦恼中，正是从这些苦恼之中，我们要为此事高声呐喊。这样一种文化理想的习得，不能倚靠任何权威的指导，或者社会团结之力，它必须经由个人内心深处的苦斗和体验而实现。它尤其应当体现在我们治学者的知识精神生活以及劳作之中，同志相率而为之，自然而然形成新的精神和文化运动，从而最终渗透到国民大众中间去。

我不知道这样的主张与提议，有多少人能立刻接受。我所期望的，只是有心人——特别是年轻学生们——真挚的反省与思索。如果能够在若干读者心中唤起共鸣的话，那么真理自身的力量将会把它们集结起来，有朝一日化作祖国复兴的原动力吧。我对此寄予深切的期待和衷心的祝愿。

新日本文化的创造
——纪元节①的演讲

1946年2月11日

一

这个礼堂里曾经举行过许多次典礼，但恐怕没有哪一次像今天这样，给我们这么深的感慨吧。为什么呢？因为这是我们在国家战败和崩溃之后，在此地迎来的第一个建国纪念日。借此机会，暂且不论我们现在处于何种悲惨的命运当中，我想就日本国民原初是怎样的国民，本来是具有何种特质的国民，将来又会成为怎样的国民，做一番考察。

长久以来，我们的祖先相信，本民族自古就将皇室作为国祖来敬仰，直到最近为止我们接受的都是这样的教育。相传神武建元至今已有两千六百余年，这时间未必准确。其中究竟有哪些部分是历史的真实，哪些部分是神话和物语，有待实证的历史学和比较史学的研究，在这一方面，今后对于我国历史必须要有彻底的批判性研究。

---

① 纪元节：1873年起日本将每年2月11日定为"纪元节"，作为传说中日本初代天皇神武天皇即位的纪念日；1948年被联合国占领军废止；1966年重新成为法定节日"建国纪念日"。

但是，无论考证结果如何，我们所关心的问题在于那些神话和历史所承载的意味，也就是我们民族的世界观的内容意义。重要的是我们的祖先怀有的理想——当时自觉的文化阶级相信本民族的永恒性，将其视为天赐的使命。但凡是期待民族的发展，希望为世界做出贡献的认真的国民，有谁会不将民族的神授使命和永久的生命视为理想，为此而努力呢？

那么，现在又如何呢？面对前所未有的完全败北与投降的事实，我国国民一下子完全失去了自尊和自信，认为我们民族原本就是如此，因而现在如此，将来亦将如此，连民族的优秀一面也一并否定，陷入自我侮蔑和自暴自弃。是不是这样呢？

回顾过去，我们看到从"满洲事变"（九一八事变——编者）以后，军国主义者和国家至上主义者的政治统治崛起以来，就格外滥用和曲解民族的神话传统，夸耀本民族的优越性，宣传我们拥有统治东亚乃至世界的使命。这如果不是对内的欺瞒和对外的恫吓，便是一种选民思想的独断和夸大妄想。就这样，中日事变（七七事变——编者）发生了，太平洋战争开始了，我们最终走向现在这样的灾难与崩溃。事态发展到这一步，不只是由于军阀以及部分官僚在政治上的无知与野心，更是由于国民自身内部的缺陷。

二

这缺陷是什么呢？那就是我国国民虽有炽烈的民族意识，却没有确立起各自作为一个独立个人的意识，缺乏人性的发展。本来，人的思维的自由，和一切政治社会活动的自由，都是从这种人性意识中产生出来的。而在我国，个人被嵌入国家的普遍性和固有的国体观念的框架内,特别是个人良心的权利和自我判断的自由受到显著的拘束,可以说没有鲜活的人性的发展。正因如此,国民才会受到少数人的虚伪宣传的欺骗,盲从于他们的指导。

在这一点上,可以认为,我国没有近代西方各国经历过的那种文艺复兴。国民整体上依然处于日本神学的桎梏中,受其教义的束缚。可以说,我国没有出现布克哈特①所说的"人的发现",因而人文主义未能成立。我想,我国人民整体上缺乏内在教养的原因就在于此。

明治维新本应在我国完成文艺复兴式的伟业,但当时的日本忙于建设近代国家,一切事业都服务于国家权力的确立和膨胀,文化被视为国家的手段。当时一度萌生的人性和人的自我意识,就在这种状况下萎缩了,其成长受到了阻碍。我国社会之所以残存着封建的精神和制度,我想根本的原因就在这里。

在思考上述关系时,不得不说,今年年初的诏书具有相当重大的历史意义。也就是说,天皇否定了自己作为"现人神"的神格,如今天皇与国民结合的纽带完全是人与人之间的相互信赖与敬爱。这是天皇自身从日本神学和神道教义中的解放,是其人性之独立的宣言。

同时,这也可以说是我国文化与我国国民向着新的"世界性"的解放。为什么呢?因为由此开始,我国文化第一次得以脱离特殊的民族宗教的束缚,获得了能够为全世界所理解的人文主义的普遍基础。正是这一诏书为我们提供了根据,使国民身为国民的同时,

---

① 布克哈特(Carl Jacob Christoph Burckhardt,1818—1897):瑞士学者,欧洲文化史研究专家,撰有名著《意大利文艺复兴时期的文化》。

又可以将自己塑造为世界公民。

三

不过,单有人文主义的人性解放与独立,还不能算是人的完成。欧洲在文艺复兴的同时,还发生了宗教改革,这是我们应该深思的。

不得不说,不管人在生活中让人性发展得多么深广醇厚,仅此还不足以真正到达人格个性的自觉。我们还必须进一步深究人的主观内面,意识到其中存在的自我矛盾,进而看到超越人之上的超主观的绝对精神——"神的发现",由此实现对自身的克服。

"自由"之真义,原本与这种神圣的绝对者相关联,人需要相信、承认这种绝对者是本源性的存在,至少不否定它,即使是科学家也要在这探究不尽的存在面前敬畏地停下脚步,正是在这里,存在着人的自由,更普遍地说是人类的自由。

这样的人才是真正自由的人,才会被赋予力量,得以在不断地创造自身的同时,对个人与国民的改造,乃至人类的改善的可能性深信不疑,真正为了对人类之爱而努力奉献。如今澎湃兴起的自由主义或者民主主义思想,其最初的发现,如果脱离了这种宗教上的动因是绝对不可能的。

在此意义上,在我国文艺复兴的同时,宗教改革也势所必至。要从作为民族宗教的日本神学中解放出来,不能仅靠人文主义理想来取而代之。能代替宗教的仍然是宗教,当今时代正需要我国国民重新认真面对具有人类普遍性的世界宗教。这不是基于一种主观信仰或者臆测的发言,而是可以从精神史研究的学术立场上提出的具有客观性的主张。

明治以降，在信教自由的名义下这样的宗教也得到了公开传播，但是与其他哲学和一般的文化一样，大抵停留于外观与形式，未能真正被摄入国民的生命中。以哲学为例，康德和黑格尔的理想主义哲学虽然被介绍进来或者被利用，却脱离了其核心的精神和生命，这样一来，无论是康德还是黑格尔都不可能真正被理解了吧。

四

在此次大战中扮演了悲剧性角色的民族，除了日本还有德国。不过，虽然纳粹德国土崩瓦解，但德国自己的历史之中，包含着让它能有朝一日从废墟中重新站起来的精神。这是因为，纳粹相对于真正的德国精神而言包含着异质物，指向与本来的欧洲精神相反的方向，德国通过清算它们，回到康德乃至路德的精神，便能够重新站在与其他欧洲民族共同的精神地基上，发挥自己真正的本领吧。

而日本在这场战争中赌上了我国固有的传统和精神。在这些精神本身已经破灭的今天，我们又该靠什么来筹划祖国的复兴呢？如果在过去的历史中已经找不到这样的基础，那么就必须在将来创造出来。在此意义上，我国的历史不存在于过去，而是存在于将来，必须由我们自己重新创造。那么，与其说今年是纪元两千几百年，不如把今年当作新纪元的元年，重新出发。

如果国民全体不能有此自觉并奋起努力，那么重建祖国的事业就难以完成。真正的昭和维新的根本课题，就是这样一种日本精神本身的革命，是新的国民精神的创造——是由此而来的国民性质的转换；这不只是政治社会制度的变革，更是内在的知性、宗教性的精神革命。只有像这样为国民注入新的精神生命，我们才能谈论自我真正的永恒性，才能承担起自己在世界上的神圣使命，即为人类文化与和平做出贡献。由此，我们会产生一种新的心性，甘愿为国民而活动并牺牲自己。过去我们为国家而战，视性命如鸿毛，如今我们的生命则可以通过祖国奉献给全世界全人类了。

当这种新的意义出现以后，我们或许就不必再像今天这样高声倡导真正"国民的"事物或者"祖国之爱"了吧。虽然我们的民族犯下了过错，但我们为自己生于这一民族中而欣喜，对民族怀有无限的爱。正因如此，我们才鞭策自己的民族，努力在世界面前恢复它的名誉。

五

那么，上面说的这种我国国民的精神革命——国民的改造，真是可能的吗？我的回答是肯定的。我国国民原本就是在外国文化刺激之下，自觉于我们自身内在的要求，从而进行了种种新的创造的国民。为了摄取外国文化并将其改造为我国固有的文化，我们的祖先倾注了多少真诚的信仰和不屈不挠的意志与努力啊。倘若没有民族的世界观斗争和内在的苦斗，这些成就是绝不可能达成的。通过这样的过程，我们的文化不再是对外国的单纯模仿，而终于与国民精神的生命融合在一起，这是历史已经证明的。

首先，在我们的祖先对儒家、佛教的态度中，就能最清晰地看到这一点，优秀的日本式的事物正是从中创始的。我们应该想起，这一事业花费了跨越千年的漫长岁月。而发源于希腊的西方文化，与本来渊源于东方的基督教，在日本的传播自明治以来还不满百年，应该说还处于发展的半途中，刚刚经过前期准备阶段，并未像儒家、佛教那样渗透进全体国民的生命中。因此，作为一种反弹，近年来它们遭遇反感和拒绝，而日本乃至东方的事物的优越性则受到夸耀。

正因如此，一方面我们必须预见到，这一次的事业与过去的任何一次相比，都是更加困难和严峻的，而另一方面也可以说，当今时代是比过去任何时代都更易于开展这一事业的好时机。为何这样说呢？因为我们迄今为止的境遇至此骤然一变，一切迷惑国民的欺瞒与妄想都烟消云散了。只要诸君愿意，描画什么都是诸君的自由。

这本来是应当由我国国民亲手完成的变革，遗憾的是，它正在盟军一项接一项的指令下被实现。眼下我们没有任何犹豫、狐疑或踌躇的时间。让我们决然地迎接这一机会，以自主自立的勇气与诚实，把那些应该摒弃的旧事物果断抛弃，接受那些新的有益的事物，按自己的精神和作风来发扬它们吧！与此同时，对于在我们的历史中成长起来的善与美的事物，让我们坚持予以保护，保持并发展我国国民的个性吧。

无个性的国民，与无个性的个人一样，没有在世界上存在的意义和价值。我们必须让个性遍及学问、艺术、政治、宪法、社会制度等方方面面，让真正有益的日本性的事物从中产生。如果我们能成就这一事业，从而为世界人类做贡献，那么现在我们所经受的悲惨遭遇，作为为之付出的代价也许并不算太过高昂吧。这是我国国民对世界和自己所犯下的过错的赔偿——更确切地说是赎罪。因此，这一过程不可能不伴随国民的痛苦。但是，它同时也是我们的救赎，是进步，是民族的复活和新生。

六

现在,在我国,没有什么比新人的教化,比指向这一目标的真挚热烈的精神和文化运动更具有根本性的了。新日本文化的创造与道义国家日本的建设,唯有如此才是可能的。面临即将到来的总选举①,当下也并非没有活泼的新运动。特别是在人民战线上,运动的热烈化是可以预想的。但是,问题在于我们的社会经济生活的目的究竟是什么。我们需要的不单是生物性的生存,更需要作为具有自由个性、高贵精神的人而生活。社会经济生活的意义是为此目的提供经济、物质上的条件。

既然如此,我们就必须以全新的生命和精神为目标,发起澎湃的国民运动。民主政治理想首先有赖于国民自身的修养和教育,舍此则无法实现。而且,如果国民不能彻底解决人的教化的问题,那么社会问题的彻底解决也就是不可能的。

这样一种精神和文化运动,归根结底要面向国民全体,特别是国民大众。这是因为,昭和维新之大业的成败,就取决于一般民众能否有意识地将此作为自身的任务而践行。但我想,作为被选中的战士站在阵线前沿的应当是青年学生。因为对于有着爱真理的热情和纯洁灵魂的学生,没有比这更有意义、更相宜的使命了。

我是将今天在场的诸君视为青年学生的代表来说这番话的。首先,请你们各自扪心自问,调动你们的整体人格认真思量一番。不论旁人怎样,你们自己应该下定决心,将自己视为肩负这一责任的

---

① 总选举:1946年4月日本举行的众议院议员选举,这是日本战后第一次普选,日本女性第一次获得选举权。

人。然后，如果诸君对我说的话多少有几分共鸣，那么就与怀着同样的自觉与决心的人聚集起来，团结在一起吧。让这样的结合成为你们的运动的先驱，在全校、全国的学生中间投下火种吧。

从前的牛津运动①就是这样发生的。运动的发起者们不满于当时英国的功利主义社会思潮和无神论倾向，高举基于理性和信仰的理想主义精神，向英国思想界和政治界发起挑战，对后来的社会运动产生了重要的影响。

过去，在我国的日本神学和国家主义的阴影里，也流行着那种功利主义思想及其兄弟，即唯物论的无神论，这是不能掩盖的事实。在前二者已经瓦解的今天，后两种潮流势头更劲，向我们头上滔滔倾泻下来。我期待诸君能抵抗这样的潮流，展开新的理想主义精神与思想运动，期待你们投下的火种在大众、在全体国民中间燃烧起来。这样的运动，眼下在我国的任何地方都还没有发生。政府对此不加注意，社会也漠不关心，能够着眼于此并开始实行的，除了学生诸君之外别无他人。

七

诸君倘若睁开眼睛，真正认识到日本今天处于何种状态之中，有谁能不感到痛苦和激愤呢？但假如连我们都茫然自失，停留在虚脱的状态中，那么等待我们的就只有奴隶的不幸，乃至民族的灭亡。相反，假如诸君能够觉醒，怀着希望与自信直面现实，那么在

---

① 牛津运动：19世纪英国圣公会的高教会派人士发起的运动，主张恢复天主教早期的信仰与礼仪传统，运动初期的核心是牛津大学的一批神职人员。

你们这一代人里,我们便将看到能够堂堂正正站在全世界面前的国民吧。至少你们也可以将这辉煌的事业留给子孙去继续完成。

是生存,还是死亡?是永远的屈辱,还是自由独立的恢复?我们现在就站在这样的关头。如何选择,要由诸君自己来自由地决定。《波茨坦公告》要求的并不是我们民族的灭绝。给我们留下的出路,是作为正在成形的新世界秩序中再生的和平民族,为世界的文化与人道做出贡献。我所忧惧的,不是他国的力量灭亡我们的民族,而是我们由于自身的无力和不作为而招致灭亡。

让我们回想起今天这个日子所象征的,我们纪念的建国神话与历史中包含的意味——那也就是我们遥远的祖先怀抱的理想。让我们拥戴身体力行地担任昭和维新的精神革命之典范的皇室,将古老传统嫁接于新的精神,发现本民族真正的永远性和在世界上的神圣使命,团结一致,向着新一轮的"国家诞生"——新日本的建设与新日本文化的创造,怀着坚定的决心迈进吧。这样一来,我国国民就能像诏书上说的那样,"发挥无愧于至高传统的、新的真正的价值"吧。

悼阵亡学生
——在阵亡及殉职者慰灵祭上的悼词

1946 年 3 月 30 日

为了在此次大战中走上战场而再也不能归来的年轻朋友、学生诸君，我们在这里举行悲伤的纪念仪式，心中怀着无限的感慨。

回首望去，这几年来我国国民走过了怎样的道路啊！其间的混沌错乱，宛如在朦胧的梦中彷徨一般。然而，历史的现实又是那么严峻，重大事件一桩接一桩地发生，由此而来的不安与焦虑、紧张与兴奋、绝望与悲哀交织在一起。只有一件事贯穿始终，如今被暴露在光天化日之下，那就是军阀、超国家主义者等少数人的无知、鲁莽与野心引发了战争，让整个国家向着没落的断崖一路突进。

在中日战争持续多年，最终决定国民命运的太平洋战争爆发之际，尽管初战捷报传来，但本校的气氛反而是沉痛的，学生诸君违逆社会形势，不为之所动。正是"我们给你们吹笛子，你们却不跳舞"[①]。这大概是由于你们从事对真理的探究，身在校园里，理性和良心使你们没有这样做吧。特别是研究哲学、政治、法律、经济等学问的人，从一开始就知道这场战争是荒谬和鲁莽的。诸君只是默

[①] 语出新约《马太福音》第十一章，耶稣对群众谈论施洗者约翰，说："我要把这世代比作什么呢？它好像一些小孩子坐在市中心，呼叫别的小孩子，说：'我们给你们吹笛子，你们却不跳舞；我们唱哀歌，你们也不捶胸。'"

默地做自己的事，尽学生的本分，而我们教师也是这样教你们的。

然而，动员令下达之后，学生的特权被终止，被征召前往战场，诸君便以剑代笔肃然奔赴征途。当时学生中没有出现外国那样的情况，为数众多的学生没有一个人违抗命令，拒绝承担作为国民的义务。诸君全都忠实地服从了国家的意志与命令。我们平素便是这样教育你们的，不知道这是对还是错。诸君并不只是默默地服从。犹记得在那一年的11月，学生集体入伍的秋天，你们是怎样燃烧着爱国奉公的热情，精神振奋地站在我们身前啊。后来在无边的战场上、内外的阵地里，你们是怎样勇敢战斗、赌上性命完成了作为军人的任务啊。其中的劳苦与艰难，只有共同经历者才清楚吧。

但是，诸君应该与一无所知的普通士兵并不相同。你们是武人同时又是学生。诸君肯定不是怀着独断而狂热的"必胜信念"而战斗，而是怀着既然决定开战就"不得不胜"的决意，最渴望的是正义与真理的胜利。然而不幸的是，真理与正义并不在我们这边，而在美英那边。这并不是所谓"战胜者即是正义"，而是世界历史中严峻的"理性之审判"，我们必须在战败的悲痛中严肃地接受这一宣告。

阵亡的诸君，未能于去年8月15日目击我国史无前例的可诅咒的命运之日。那一天我们的痛恨——与其说对外，更多的是对于自身的悲愤——以及从那以来国民生活所承受的悲惨，还有较此更为深重的我们精神上的苦痛，正可谓民族背负的"现实的十字架"。我们必须承受住这一切，坚持到最后。国民现在正经历一场比战争更严峻的重大考验。

但我想要告诉诸君的是，在我们的前方，民族新的曙光、伟大的黎明已经渐渐显现。眼下我国正在政治上、社会上、精神上完成前所未有的伟大变革。我们必须通过这一过程，建设和平与道义的真正的日本，创造新日本文化。这尤其是需要我辈学人倾注精魂来成就的伟业，是需要我们浇灌心血的新的战斗——以"理性"为蔷薇之花，将其与严峻的"现实"融合起来的战斗。

在这种和平的战斗与新的建设中，我们大学肩负的任务非常重大。诸君奔赴战场之际，我们留在后方的人守护着真理的殿堂，在体力劳动和各种恶劣条件之下继续研究学问，毋宁说就是为了今天在做准备。在多次激烈的空袭下，虽然学校在战火中幸存，但殉职者亦不乏其人。我们绝不会忘记这些隐蔽的高贵的牺牲。多数学生从军后，校园里无比寂寥，有时在成排的银杏树下几乎看不见人影。

战争结束后，我们是多么欣喜地迎接了从各地回来的同伴们啊。他们是与阵亡的你们并肩出征的战友，恐怕是忍受了比死更艰难的耻辱才得以归来，这都是为了参加今后新的战斗——大学复兴与重建祖国的事业。如今他们都已归还，但还有众多青年才俊，我们再也无法在任何教室或研究室里看到他们的身影，这令我们不胜悲痛。

回想当年，诸君中有人在即将奔赴战地之际，仓皇之中前来访问我们，不料这一面便是永远的别离。读到诸君从军中寄来的情真意切的书简时，我们不知洒过多少泪水。诸君置身于与校园截然不同的军律严苛的世界里，身在远离故国的战地，因而愈发怀恋大学，惦念学问，将我这样不称职的教师也作为师长来怀念。有时我们不禁产生冲动，想要大声呼喊他们每个人的名字，向天地倾诉。我们尚且如此，生养诸君的父母，有着手足之情的兄妹，又该是怎样的心情呢？念及于此，我们不能不痛心，再加上此次战争本就师出无名,更使我们作为人、作为同胞而不胜悲叹和同情。

但是,这种痛苦是此次战争中我们的民族不得不付出的牺牲——是为国民的罪过而赎罪的牺牲。诸君代替同胞主动承担了这一切,含笑奔赴死地。诸君仿佛在对我们说:"事到如今,还能痛恨谁,责备谁呢?让我们全校师生、全体国民,都齐心协力,投身于重建祖国的事业吧。这是我们永世的悲愿。"是的,我们必须在诸君宝贵的牺牲之上重新建设祖国,决不能让祖国走向灭亡。我们必须继承诸君的意志,全校团结一致,成为国民的中枢,向着新日本的建设和新文化的创造而迈进。

诸君曾多次聚集在这座讲堂里,留下了无数回忆,在那一年别离之际,全校的壮行会也在此举行,你们由此走向战场。今天我们在同一个场所举行这场追悼纪念仪式,诸君的灵魂想必会回到这里,与我们同在吧。围绕着诸君的英灵,我们举行了与校园这一环境相称的、没有任何宗教仪式的纯净的慰灵祭,由德不配位的鄙人作为主祭者主持这场仪式,对于我等的衷情,诸君想必能够理解吧。

现在,请允许我以拙作二首表达心中悲痛,作为挽歌献于诸君灵前。

  樱开男儿死,孰人能不哭。

  战死魂归来,与君永护国。

我们所信赖敬爱的年轻朋友,学生诸君的灵魂啊,请接受我们的供奉吧。

大学的理念
——建校纪念日的演讲

1946 年 4 月 12 日

今天是我校的第六十九个创立纪念日,在这个日子里,我想对学校过去和现在的状态进行反省,关于大学今后应该有怎样的理想,如何以这理想为目标来变革现状,就我所关注的问题坦陈己见,以供各位教授考虑,同时也唤起学生诸君的注意。

这里要谈的,是在此次大战之后,全世界普遍发生变化的这个时代里,各国大学或多或少都要面对的共通问题,而我国由于面临完全的败北与投降这一极为严峻的未曾有的事实,正处于一切文物制度都将发生重大变革的时期,所以这一问题在我国尤其具有重要而特殊意义。这是因为祖国的重建与新生文化国家的建设都有赖于学问与教育,而大学在其中又居于主导地位。

一

首先我们应该想起的是,欧洲近世大学的起源,便在于将中世纪教会所独占的学问与教育收归自己手中。大学基于文艺复兴中新发现的人之理性,将中世纪时人们求诸上帝的人与世界之统一,转而作为自身的知性的事业。同样勃兴于近世的国家,通过这样的大学的帮助,或者毋宁说是通过将它们推到前台,成功地对抗了教会。此后，在近代国家的发展过程中，国家渐渐将大学统摄在内，作为自己的"机关"，最终使之从属于自身。这一过程尤其在19世纪的德国得到了完成。

日本在明治时代很早就创设了以东京帝国大学为首的国立大学，这主要是效仿了德国。因此大学的任务首先就是"为了国家"，作为国家机关来教授和研究"国家所需要"的学术。我校是怎样忠实地完成了这一任务，在近代日本的建设和发展中做出了何种贡献，在此就不消多说了吧。

但是，自身本应作为独立的理性之学府的大学，也由此让自己隶属于"国家理性"（state's reason），这是不足为奇的。于是本应侍奉真理的大学成了国家的侍女，屡屡服务于国家的权力目的。而且，19世纪后半期的欧洲处于实证主义全面兴盛的时代，我国明治时期的文物制度也沿这一方向而发展，以自然科学及其方法为主调，这几乎足以完全决定大学的性质了。于是，各门自然科学不必多说，伦理学、法学、经济学等近代科学都得以"建立"，各自独立为专门的"分科"（faculty），合力贡献于文明的进步，这在带来大学的昌隆的同时，又孕育了大学的一大"危机"。

这就是说，由于实证主义专门以经验科学的知性为依据，其必然的结果就是否定一切先验的事物，因而不再存在"绝对者"，知识只不过是由新的假设导向其他假设，这样一来，关于文化的指针、人类的命运，无论是政治学家、历史学家还是社会学家都无法给出任何解答，只能陷入历史的相对主义或者功利主义的乐观，也就不是偶然了。

于是，大学本来试图以与中世纪不同的自己的方法来确立的、人与世界的整体性统一，也就破裂了，"大学"（the University）失去了与其名称相符的"知识的统一"（unitas intellectus）。这一状况，在当时英美各大学也没有本质上的区别，不得不说这是全世界相通的近代文化危机与大学的缺陷。

二

那么，这失去的统一应该怎样恢复呢？从其他角度来满足对于"绝对者"的要求，以恢复破碎的统一的运动，从别的方面兴起了。那就是将自己的政治或经济组织宣称为"绝对的"。苏联也可以说是属于此类，但更不幸的、更加僭越的例子，是那些以历史的、传统的民族国家之名义，试图树立人类与世界的全体统一的原理的运动。

这便是导致了本次世界大战的纳粹法西斯以及我们日本的极权主义的主张。这些运动将政治统治者或指导者神格化，将民族共同体本身宣扬为神之国，而且以政治权力强行驱动。其结果便是少数掌权者的思想独裁通过暴力对一切文化与精神的革命，最终导致了对人类自由的精神与人道的蹂躏，以及对大学与文化的破坏，这一事实如今已揭露于全世界面前。

极权主义就这样灭亡了，但近代文化与学问的危机依然没有过去。原因在于，这危机来自近代科学与近代哲学本身的性质。既然如此，那么怎样克服这一问题，怎样才能恢复人与世界，或者说精神与自然的整体的内在统一，就是留给今后全世界大学的课题了。如果说这种统一已不能像中世纪那样求诸神的实在（天主教大学至今仍建立在这一信条上），那就必然需要基于其他不同方法的新的哲学——世界观了。

进一步说，这必须始终依靠近代科学的认知根据和批判性方法。在这种时候,如何从自然以及文化的诸现象的根底中,走向一种普遍的高层次的理念(也可称为绝对真理和正义价值)的要求呢?这不能依靠政治权力的外在手段,只能靠学术自身内在的力量。至少,当我们将此作为永远的课题共同努力时——就算我们不能将其作为实际存在来认识——这样真挚的努力终将结合为一种思想体系,为近代文明赋予生命,重新将混沌化为统一,对分裂加以统合,这样一种文化的整体的可能性,不能说没有吧。

如果我们由此树立起新的世界的概念、精神与物质相统合的新秩序,那么它最终会超越国境,成为人类共同的所有物。作为新生的日本在世界上的文化使命,没有比这更远大的理想了吧。那么,今后日本的大学就有必要进一步推动与世界各国大学的交流,打开与全世界学者教授交换思想的通道。

而且,这尤其是综合性大学的任务。对内来说,我们一方面要进一步加深现有的各学科的专业知识的研究,另一方面又必须策划新的综合性研究及教育计划。目前,有一些这样的计划已经启动了。这样的研究有严密的哲学世界观,本身大概就是一种专门的学问,但只有其他各学科也都将这种整体统一理念作为基础时,各种知识才能完全发挥其机能吧。从这一点看来,现在大学的修业年限太短了,学生缺乏余裕来自己思考和研究,培养自发的独创性,更不用说思考世界和人世了,对此我颇感忧虑。在这个问题上,我想大学年限延长的问题有必要同我国教育制度的整体联系起来看待。

三

上述的大学性质的问题,同时联系着大学所培养的"人"之类型,以及参与这一事业、指导学生的"学者"之理想的问题。而这些又是由各时代的学问的类型或者大学的理想所影响、所决定的。

作为近代国家的机关之一而发达起来的大学,其视为养成目标的人的模范类型,完全是对国家有用的人。关于这一点,只要回顾一下东大在过去的历史中为我国的政治、教育、产业以及技术等各领域培养了多少大有作为的人士便可明白。但另一方面,大学也将当时掌权的势力正当化,为时代服务的"权力意志"成为标的,"出人头地"成为学习的目的,上大学被视为"登龙门"、进身之阶,这一事实是难以否认的。在校学生自不必说,其父兄或指导者也都持这种看法,丝毫不以为怪。

权力目的伴随着功利目的。国家社会的名义下,实际上藏的是图谋自己的安全与快乐的利己心,这样一来,大学也就不得不成为学习这种处世之术或者取得资格的场所了。我们的大学在光荣地向国家社会输送了大量人才的同时,对于祖国走向今日的事态,也需要负一定的责任。

同样的情况在欧美的大学也并非没有,这大概是近代大学教育共通的缺陷吧。然而在欧美大学里,人性(humanity)的理想虽然也不能说没有危险,但毕竟并未消失,特别是在英国,在学问以外,还尤其重视学生的"生活"——共同生活,并不只关注思想,而是维持了思想与生活的统一。这是值得注目的事。

换言之,在牛津、剑桥,学生的宿舍生活被统合进大学整体之中,教授们也住在那里,将学校变成了涵盖礼仪、道德、宗教的教育英国"绅士"的场所。这确实是英国大学的强项。这种所谓的"住宿制大学"(residential university),以及美国也在运行的"舍监制"(house system)和"大学俱乐部"等,是我们应该加以借鉴的。我们今后准备划定以本校为中心的文化区，提倡创立包括教授与学生在内的住宿制度，其理由也在这里。

要而言之，大学教育的任务不单是对知性的启发，也在于人的"性质"的形成，具有良好情操的"完人"的养成。通过这种教育，大学便不只是培养出能干的官吏、律师、教育者、医生和技术员，而是向社会各层面输送善良而高贵的人——自由并且了解责任为何物的人。在社会上，他们作为大学毕业生，将尤其热爱真理、重视正义，为了实现它们而不计牺牲、义无反顾，由此来改造国家社会。这才是今后新的日本所要求的，合乎本来词义的"精英"（elite）。

四

我这样说，不是一味对学生提要求。为了培养、指导这样的学生，将他们送上社会，我们教师的责任更加重大。

不消说，我们作为大学教授，首先必须是通晓自然及文化的各门科学，追求各自专业知识上的精深造诣，终身钻研不止的人。这是因为国家的知识水准依靠大学来维持，进一步说，为世界文化和人类进步做贡献的使命也是由我们肩负的。而且，我认为我们所需的不只是科学知识，专门从事哲学研究者自不必说，就算是其他学者也必须具有基本的哲学教养，才满足成为教授的条件。

坦白地说，我们各自的专门知识另当别论，但是在哲学教养这方面的关心和训练，是不是完全交给欧美学者了呢？不仅是自然科学研究者，即使在文化科学研究者中间，也有将其等闲视之的倾向吧？我们的知性应该植根于普遍性的高层次理念，以整体上把握人与世界为目标，如此才有资格教书育人，真正配得上人类的"教师"或"教育者"之名吧。

这就要求我们不仅在知性方面，而且在精神生活方面也要为人师表，以身作则。在此意义上，先哲所说的"学者在道德上也应当是其时代的最高尚的人"，即便是我们最终难以抵达的境界，至少作为真理是我们所不得不承认的。只有如此，学者才能作为国家社会的理性或者良心，守望人类普遍的进步和不断的提高，切实履行注视社会一切事件的义务。

我们作为真理的侍者和证明者，以此次战败为契机，更要思考怎样的学问才是真正对国家社会有用的，致力于阐明真理，为了这种操守甘愿忍受任何命运，面对玷污真理的事物必须赌上一切与之战斗。在那样的时候，抵达了真正的认识的人，绝不会缺少真理的勇气吧。何以如此呢？因为他知道自己的各种研究成果，都是从根源性的理念中流出的，与绝对的真理相连。他的精神自由和不变的确信就在这里，谁都无法将其夺走。

五

我这样说，不是将大学视为超越于社会之上的所在，仅仅把守护真理作为它的任务。我们必须从社会的现实中发现众多的真理，也知道只有在社会现实中，真理才能真正确立。那么，把活生生的社会的现实生活，与我们钻研的基础原理结合、融合起来，就必然是我们不断努力的目标了。我们教授各自作为学徒、研究者，为了埋头钻研学问，选择了不上街头而守在"象牙塔"中，但是从上述道理出发，我们又必须通过各自的研究领域，协力建设更好的世界秩序，这也是我们作为真理探求者的斩不断的关心、当然的义务。

在这样的时候，我们尤其要把目光投向国民大众的生活，直接站在国民的基础上，把结合了永恒理念和崇高精神价值的民众文化的完成作为我们的理想。在这一点上，大学的公开讲座等活动是有意义的，我们还要在全校的规模上进一步扩充强化。

不消说，我们面对其他大学时，绝不可以认为自己高人一等，陷入独善之弊。从制度上考虑，我们的一些看似特权的待遇是可以自动放弃的，或者说我们必须主动帮助他人，与他人共享这些利益。就算这种变革会违反多年来的惯例，或者与我们的利益相抵触，但问题只在于什么是自由，什么是真理。

大学如果不依据这样的原则来自我批判，改革自身，那就不配称为理性之府了吧。这样想来，公立和私立大学的问题，大学与专门学校的关系问题，与此相关的高等学校制度，等等，对于这种复杂而不平等，往往导致误解和各种弊端的过于狭窄的等级化教育组织，我们有必要从根本上进行检讨和改革。

像这样从制度上保障公正和机会均等之后，各大学将依据各自的优良传统与个性，发挥其特色与能力，这是必然的，也是我们所期望的。在这样重新确立的平等的基础上，会诞生出新的不平等——也就是差异，通过多种多样的个体，使文化整体的发展成为可能。到了那时，我们大学的地位将愈发巩固，其真正价值将愈发得到发挥。

在我们东大七十年的历史中，就像前面说过的，需要反省的问题的确很多，但我们应该记住，不管在哪个时代，就算只是少数人，我校总有一些教授、学生致力于追求真理本身，进而为了把握其根底中的全体的统一理念——根本性的理念（idea）——而孜孜不倦地努力。我们也知道，有一些优秀的教师，不仅在自然及文化的各领域以专业知识见长，还具备丰沛的教养、高洁的人格，感化了众多学生。另外，尽管大学多次面临危机和堕落，但我们有一些大学政治家，在诽谤和迫害之中，保卫了学问的自由与大学的自治，这是值得我们骄傲的。不论我们是否熟悉这些先人的名字，我校能有今日，离不开他们的功绩。

今天，我国面临史无前例的严酷考验，在这样的时代，我们必须克服困难，在前人光辉的基业之上，以宏大的构想建设更好的大学。即便我们的理想不能立即实现，在现实世界中还不存在相应的方法，我们也不可将其斥为空想。就像从废墟中重建祖国的事业一样，这一目标需要我们一代代接力，奉献不屈不挠的努力。我们相信祖国的永恒，同时也要为大学的不断发展而祈祷。

那么，就让我们祝福我校的前途，高呼万岁吧！

天长节

1946 年 4 月 29 日

一

在世界各国，国民庆祝其元首的诞辰，赋予其特别的意义，从古至今都是一样的。特别是拥戴"万世一系"之皇室的日本，古昔以来便将此日视为神圣，在明治以来尤其将其作为国家重大典礼之一，祝愿天皇万寿无疆，这不得不说是意味深长的事。

但是，我国在现代仍然把天皇视为现人神，将其肖像照片神圣化，这一方面固然显示了我国作为东洋礼仪之国的美好的国民特性，可在另一方面是不是也有某种"反自然"的、"非人性"的因素呢？巨大的不幸和灾难正是由此产生的。对天皇的崇敬过度形式化，而且成为对一般国民的强制，结果一个人只要在礼仪上稍有欠缺，就被打上非国民、异端者的烙印，不知有多少人因此被剥夺地位，为国家社会所埋葬。

因此，今年年初的诏书中，天皇对自己作为现人神的神格的亲自否定，就将国民从那种毫无意义的危险中解救出来，不知有多少人的污名由此得到洗刷。这具有极为重要的意义，意味着天皇重新获得了"自然"与"人"的正确关系，将天皇与国民的结合置换为人与人之间相互信赖和敬爱的关系。

最近，天皇巡幸战时受灾地区，亲切慰问不幸的国民，没有什么比这种情景更能给人深刻的感触了。此前在天皇行幸前桥市的时候，我得到机会紧随其后，近距离观察当地的状况。县当局体察圣心，果断地请陛下到街道上步行。场所虽在市中心，但街道上仍然残留着些许废墟。在没有特别安排护卫警官的街道两侧，男女老少围了好几层，陛下在来自各阶层的几万市民的肃然目送下步行。这时，一个可爱的小学生忽然打破了寂静，叫了一声"天皇陛下万岁"，随后立即响起了洪水决堤般的欢呼、激动的风暴。这之后，天皇好不容易才从激动的群众的波浪中间开辟出一条路，摘下帽子一边点头致意一边穿过去。在他重新坐进轿车之后，窗外热泪盈眶的市民的脸庞还让发车时间推迟了片刻。

有谁能把这称为宫廷收买人心的手段呢？这是作为人的天皇，不再经由任何中介者，直接站在国民中间，对在战火中付出宝贵牺牲的人给予无限同情和安慰的光景。而在他所到之处，民众以风暴般的狂热激动表示欢迎，这也不是由于对迄今为止笼罩在神秘帷帐下的至尊者的单纯好奇心。这是国民对我们陛下的至诚的流露，尤其是对于这几年来不为人知地将国家最大的苦难与命运一肩挑起、一路走来的陛下的由衷尊敬与爱戴的表现。

二

其实自从我国有史以来，还从未有哪位天皇，像今上这样经历如此多灾多难的时代，肩负如此悲壮的命运吧。在他即位后不久就发生了"五一五""二二六"等一连串不祥的事件，以此为前奏，在他治下的最近十几年中，日本像被某种不可抗力所牵引一般，发动了满洲事变、中日事变，最终突入以全世界为敌的太平洋战争的舞台。况且陛下个人本来是仁慈柔和，崇尚真理与文化，尤其热爱和平的，并且作为立宪君主，是容纳全体国民的意志的君主，而绝不是独裁的英雄式君王。然而，正是他在位期间，出现了这样的事态，这不得不说是日本民族的命运悲剧。

在那些喜欢说长道短的国民中，也不是没有人叹息天皇未能以其英断制止事态发生。但是，在专横恣肆的军阀和迎合他们的超国家主义者的力量面前，天皇身边的官员和重臣们无力阻止，本应竭诚辅佐的内阁反而支持这些势力，为其出谋划策，作为国民唯一代表机关的议会随声附和，言论机关也一味大唱赞歌，在这样的情况下想要靠天皇遏止事态，等于要求他做不可能之事。毕竟陛下自幼便接受立宪君主的教育，并且一向恪尽职守。

而且，陛下心中是十分明白的。

　　一年之始祈太平，唯愿睦邻无西东。①

这是太平洋战争开始前，昭和十五年（1940）的新年之际陛下所作的和歌。而在大战即将爆发之际，在决断是战是和、决定日本命运的重大的御前会议上，据说陛下为了表示克服战争危机、维持和平之意，又吟诵了明治天皇所作的和歌：

　　四海之内皆兄弟，缘何平地起风波。②

---

① 原文为：西ひがし睦みかはして栄えゆかむ世をこそ祈れ年のはじめに。
② 原文为：よもの海みなはらからと思ふ世になど波風の立ちさはぐらむ。

但国家的领导者们并未顺应陛下的心意，而是率领国家突入了战争。因此出现了这样的悖论：在国民中间有不少人比起立宪政治，反倒更希望天皇"亲政"。毋宁说，我们应该悲哀的是，在这样的国民当中没有出现一个预言者，没有人真正"为国家筑石墙，立于其破坏处，救其于灭亡"。

不过，陛下在最后并不是没有做出英明决断。在战况愈发不利，国家到了危急存亡的最后关头，军部却仍然顽固地高呼"本土作战""一亿玉碎"的时刻，陛下为了救国民于灭亡的深渊，接受了《波茨坦公告》，此事令我们心情沉痛，至今记忆犹新。没有什么话语，比那一天陛下所说的"无论朕个人身上发生什么……"更打动我们的了。当时的内阁诸公，似乎仅仅以为陛下指的是他要第一次亲自面对录音机讲话。但是，陛下心中萦回的应该是其他事吧。窃以为，陛下的确为了国家安泰和国民幸福而奉献了整个生涯，为此在任何时候都做好了牺牲自己的准备。

对于此次大战，陛下在政治上、法律上没有任何责任，这是极明白的，但尽管如此，由于陛下在位期间发生了这样的大事，让国民陷入建国以来未曾有过的彻底败北和悲惨状态，我想没有人比陛下更加痛切地感到对祖宗、对国民的道德上与精神上的责任了。在臣下们不懂得人臣之节操，回避自己的责任的时候，陛下却有这样的感觉，这大概是我国最高的道德，迄今为止皇室正是由于这样的道德而作为国民生活的中心受到尊崇，今后祖国重建的精神基石也取决于此。陛下将这样的自觉藏于心中，静静地忍受苦恼，从短暂的历史转折的混乱时期，走向宪法的修订和今后和平条约的缔结，努力履行自己崇高的义务，但凡能领会陛下这般心情者，都不能不为之落泪。

三

  在日本投降后的八个半月里——虽说是在同盟国军队的指令下，但也是在陛下治下的日本——发生了多少变革啊。比起为了战败而悲哀，我们更多的是惊愕地迎接着这样一种新日本的胎动吧。而这些变化其实正符合陛下本来的意志，也是国民多年来的愿望的实现。这种新的方向，就是建设再也不学习战争的"和平国家"，自觉于人类所应实现的高贵理想的"文化国家"，国民自由和权利不再受专制权力蹂躏的"民主国家"，不再存在人对人的专制和压迫的"自由国家"。

  我们并不只是因为这些事物是新的，所以就模仿和引入，这样做是为了让我国成为更好的国家，更完满的国家，可以问心无愧地与世界列国为伍，这是我们君民一致的心愿。为此，我们不应因为旧事物是古老的就保存它们，毋宁说应该主动放弃它们，这正是陛下在自己的生涯中用事实所证明的。其中没有丝毫不自然之处。这是因为，过去的宪法虽然为君主规定了宽泛的大权，但大多止于形式，陛下完全是以民主的方式行事的。

  今后我国应该会制定新宪法。它不可以是自上而下被给予的，不可以是他者所强加的，必须依从《波茨坦公告》的条目，基于日本国民的自由意志来决定。这样一来，迄今为止属于天皇大权的诸多内容都将被取消——这样做也是必要的——但作为日本国家权威的最高表现，作为国民统合的象征的天皇制将永远维持下去，也必须维持下去。因为它是在我国悠久的历史中从根源上支撑着民族之结合的事物，超越了君主和人民各自的世代交替，超越了君主主权和人民主权的对立，是君民一体的日本民族共同体自身不变的本质。在外地其他种族已经脱离出去，我国重新成为纯粹日本的今天，如果失去了它，那么日本民族的历史个性和精神独立就会随之消失吧。

而且，天皇制不只是日本历史上的事实，对于民主主义世界观的基础，也将提供新的理念上的意义吧。为什么呢？因为如何让基于"个人"及其多数的民主主义不止步于个人的单纯集合，而是构成国民整体的观念，从何处探求国家统一的原理，是一个根本的问题。民主（democracy）在原理上正是这样一种整体与个人互相妥协的政治形态。因此，应该为我国历来拥有这样一种整体性存在的支点和永远的统一而感到高兴，我们必须将其作为固有的理念基础，创造出新的整体。

在这种新的整体中，构成它的个人是各自自由独立的，相互之间不可有剥削和隶属，在此意义上必须确立每个人的平等。在这新确立的平等之上，由于各自的个性和职业特点，当然又会产生差别——新的不平等，而人们又互相信任，互相敬重，为了承担整体的目的而在各自不同的位置上履行自己的义务，这应当是民主主义的基本道德。

而作为国民统合之象征的天皇，不仅在现实的政治国家秩序中居于最高的位置，而且还必须是国民的生命共同体的崇高秩序之理想的表现。这是因为，所谓象征，就是为时间上有限的存在赋予无时间的无限性，或者在与现实的关联中将理想具体化、对象化。在此意义上，天皇就必须自己立足于自由的原理，以身作则，体现国民的普遍规范和理想，负起这样一种精神上、道德上的至高责任吧。特别是在其一举一动都举世瞩目，受到国民仰视之时，就更要如此。我衷心期望以内阁诸公为首的身居要职者都能明白这个道理，履行辅弼之责任，尽更大的忠诚。

目前在盟军的占领下，我国本已陷入从未经历过的经济、物质上的极度穷困，而精神混乱的程度更是丝毫不逊于此，正变得愈发深重。在这样的境况中，我们迎来战后最初的天长节，作为真理与教育之府的大学，之所以特地庆祝这一节日，既是为了对十多年来一身担负国家的苦恼与命运的陛下，表达学子们由衷的敬爱感佩之意，同时又是盼望在当前的激荡与混乱之中，陛下能够为历史转折的大业奠定基础，有朝一日能作为国民的道义精神生活的中心，让天皇自身的大义彪炳千秋。

让我们祝愿国民道德被切断的精神纽带由此重新联结，让我国光荣历史中的这段空白得以填满。也祝愿陛下的时代在经历巨大的黑暗之后，能够真正符合"昭和"之意，成为黎明到来的时代。

真理与个性

——开学典礼上的演讲

1946 年 5 月 1 日

一

举国投入的战争，不仅对于国家的命运，而且对于个人的生涯也必然造成巨大的影响。在以惨淡败北和投降而告终的我国此次战争中，这影响更不得不说是决定性的。但是，输了战争未必就是不幸。正如国家的将来取决于国民如何通过这命运般的事件而转换方向，向着何种理想迈进，个人的未来也取决于他以此为转机走向怎样的新生。

今年进入我校就读的诸君，在某种意义上可以说是抓住了这一转机，成功地走向了新的生活吧。在一千余名新生中，有大约一百五十名来自有军队背景的学校，曾经要作为帝国军人而献出一生。我想你们之所以丢弃刀剑立志求学，并不仅仅是我们国家社会的转变所致，一定还有自己深入的思考吧。振兴国家的根本力量，不在刀剑中，而在真理与理性之力中。诸君自觉于此，走进大学来学习，对此我们从心底表示欢迎。再者，有大约一百四十名新生来自专科学校。迄今为止，对于你们，大学的门是很窄的。这是现在的学校体系所造成的必然事态，我想也是将来我国教育制度改革要处理的一个问题。今年你们恰巧由于高等学校的修读年限延长而有机会进入本校，为此我感到十分高兴。

另外，此次我尤其为女学生的入学而感到喜不自胜。必须说，这与我国今年初次实现女性参政权一样，是划时代的事件。虽然人数只有约二十名，但全社会都将关注你们，看你们能否既保持日本女性的美德，又与男学生并肩而立，你们如何完成大学学业，预示着日本女性教育的未来。此外，还有五百名新生来自高等学校，或者上过其他大学，或者在战争期间因为某种缘由未能入学。能够在此迎接人数众多的诸君入学，令我们感到惊喜，而诸君作为继承高等学校传统之人，也有着重大的责任。

如上所述，此次入学的新生成分多种多样，这是我校创立以来首次遇到的状况。坦率地说，在大学一方，不能不感到教学上的困难和或多或少的忧惧。但是，我们会信赖你们每个人，尽己所能地怀着爱与真诚来进行教育。我们所期待于诸君的，是不论你们出身如何，都能放下自己的条条框框，融入我校的传统与氛围当中。这样一来，多样的异质因素将形成全体的和谐，甚至可能建成前所未有的优秀班级。希望你们朝着共同的目的——履行大学生的本分——而努力。

二

在大学里，第一位的要求就是研究"科学"，通过认识自然与社会的现象，取得正确的知识。在这一点上，理科工科等上世纪以来异常发达的自然科学、经验科学是十分重要的，如不依靠经验，我们的知识一步也不能前进。而政治、经济等社会科学也是一样的。可以说，"认识"已经不只是对事实的单纯摹写，而是由我们自身把握和构成之物，是自身理性的"批判"的事业。对于自然和社会的各种现象，基于认识和批判，探求科学的真理，是诸君必须肩负的重要任务。若非如此，我们就会止步于单纯虚构的观念和独断的信念中。在战争期间，我们已经目睹了这种学问及其命运。诸君必须紧贴具体的现实，时刻把理论与实践的关联置于脑中。在此意义上——在此范围内，我们不可轻视实证主义、实用主义的效果。

在这样的研究中，诸君必须是自主的主体。大学开设的各种课程、讲座，并不只是为了让你们接受知识并反复强化记忆，更是为了通过教学来刺激和触发你们的理性，让你们了解问题的所在和解决方法，再根据自己的思考和判断，进一步走向新的发现与构想。自国民学校①以上，我国教育中普遍存在的弊端——不得不说，也渗透到了大学里——是我们必须加以革除的。

但自主的主体，并不是唯我而排他的。诸君为了发现真理必须有意识地互相协力，共同分享成果。这也是我们整个学界所应该反省的吧。只有共同努力去发现和拥有真理，真理才会真正得到揭示和发展。在这一过程中，创造演练、讨论以及其他的机会，进行共同研究，是必要的条件。不管是谁，都不可能完全不为他人劳作而只为自己工作，而如果不能真正为自己劳作，也就不能有益于他人。和谐和进步就是从这样的交互作用和结合关系中产生出来的。

如上所述，分成诸多专业的近代科学，不论怎样深挖都是不够的。我们必须不断维持和发展近代科学。这是因为，近代文明与社

---

① 日本战争期间对教育制度进行调整，1941 年起将原先的"寻常小学校"和"高等小学校"改组为"国民学校"，其教育内容增强了国家主义色彩。经过战后的教育制度改革，国民学校自 1947 年起为新制小学校和新制中学校取代。

会的进步发达正是由它带来的，我们还不知道它的界限在哪里。但与此同时，近代文明过度技术化、专门化，由此导致了知识之"综合"的欠缺，这也不能不说是近代文化的缺陷。我们没有必要回归中世纪或古代的统一的文化，但必须超越分化与对立，通过某种形式走向综合统一吧。首先是自然科学各门类之间，然后是文化领域的各门科学之间，最终是自然与文化的根源上的统一——对世界与人类的终极的全体的把握：我们必须树立这样的志向。只有在这样一种根源的立场上，学术批判的充分条件才能得到满足，特别是涉及人与其所经营的社会的问题时，没有这种立场，问题是不可能解决的吧。

这样一种研究，作为学术上的世界观或者人生观的研究，本身属于专门的哲学的领域，但作为一种"教养"，是不论从事何种学问的人都应该具备的，唯有如此，我们才能让今后的生涯变得丰富，懂得我们的学术或者技术在人类知识的全体中占有什么位置，是否适合社会整体。教养绝不是随着高中生活就告终的。广义的大学生活也必须视为这种教养的延续。综合性大学为了这一目的有必要在课程教学上进行更新，不过无论在哪种制度下，我们都应该通过种种自我教育，顺应各个性的要求，寻找同志，互相勉励，为自身教养的育成而共同努力。

包括上面说的哲学、教养、科学在内，我们在探求真理时都应遵循如下格言：在真理面前要谦虚。我们要排除单纯主观的独断和臆见，同时也不可带有各种先入为主的主义或党派的意识形态。更不消说，绝不能单纯从出人头地的功利目的出发。学问或者学术，必须以"为真理而真理"的探求为目的。比起结果本身，更重要的是将真理作为真理来追求的劳作。其中有着治学者的无上快乐和愉悦，怀着这样的快乐和愉悦来面对学问本身，真理之门就会打开吧。这一过程要求完全的献身与克己。我希望在诸君中，这样的学者会层出不穷。

另外，即使你们当中有人希望在将来成为政治社会实践的世界的指导者，大学生活也是为此进行理论研究的准备阶段，为此仅仅在校三年毋宁说是太短了吧。这是基于大学之机能与学生之本分的要求，在此意义上，大学仍然应该是学院（academy），而不是政治社会运动的场所。

三

不过，这绝不是说，诸君的大学生活只要有理论训练和学问研究就够了。大学教育实际上还必须将"人"的养成作为目标。在这一点上，过去的大学教育还不能说是充分的。如果所谓"大学的自由"（akademische Freiheit[①]），除了指学问研究和思想的自由，还指单纯将学生的德性和勤勉从一切束缚下解放出来，那么就会带来莫大的谬误和危险吧。的确，大学生活与此前各阶段的学校生活不同，可以在很广的范围内享受自由。但是，这意味着诸君要基于自己的理性管理自己的生活，负责地行动。

不论立场和身份如何，作为一个人，一个绅士，成为具有高度德性的完满的人——亦即个性的完成，在任何时代都应该是一个人本来的使命。我们极力强调教养，也是为了这种人格的形成。不仅是在知性方面，诸君要在德性方面也成为自由、高贵的人，这是你

[①] 德语，意为"学术自由"。

们在大学期间的重要使命。为此，我们教师也要明白大学教授不单要讲授学问，还应尽可能考虑到学生的德性与勤勉，为了培养他们的品格共同努力。

的确，个性的完成并不是一个人自己就能达到的。只有作为自由理性的存在者，受到他人的作用，并反作用于他人，通过这样的过程才有希望达到自我与他人个性的完成。由此一来，进一步追求各种社会中一切成员的全体一致——"共同体的完成"——也就必然成为我们的使命。以自由为共同原动力的多样个性之间的爱与努力，由此产生的整体和谐与一致，没有比这更加崇高美好的理想了吧。

这样的社会必然会超越国境，向更广阔的人类社会扩张。但实际上这是以国民的共同体——祖国——为媒介的。我们出生于特殊的民族之中，这不是单纯的偶然，而是属于事物的永恒秩序的问题。无论是世界主义、人道主义、共产主义还是其他任何主义与意识形态，如果导向对祖国的漠不关心或者否定，那么就不得不说是错误的主张。就像人有各自的个性，民族与国民也有个性。各民族特有文化的多样性就是由此产生的。我们从事学问的劳作，首先是要通过这劳作，作用于国民的生活，基于真理来塑造这种生活。像这样，我们的目标就必须是创造新日本的文化，由此来为世界人类文化做贡献。

那么，祖国的现状是怎样的呢？国民正承受着史无前例的经济、物质上的穷困。在物质生活之外，精神生活上也同时面临极度的不安。在大学里，我们的研究也时常因为这些缘故而停滞。包围着诸君的现实环境就是这样严峻。目前我校上下一致努力的，是确保研究设备和学生的福利。为此政府应该负起责任，我们各自也必须做好自己所应做之事。不过我们应当切记，决不可以纵容自己。在战争失败，日本国民全体呻吟于悲惨穷困当中的时刻，我们做学生的却只顾让自己的要求得到满足，这是决计不可以的。我们必须与生活上的各种艰苦条件做斗争，为了真理的发现和精神的高扬而勇猛精进，这是学生的使命。

我所担心的，是就连青年学生都因为一味高呼以物质和经济社会生活来拯救人，结果把人变成隶属于物质的存在物，放弃自己固有的精神性存在。即使在激荡的物质、经济的社会中，我们也要克服这一切，主张自我并将其不断深化，这才是精神和理想的真理性。我们高举文化理想和人性理想，高呼祖国的重建，其理由也在这里。

新入学的诸君，我所期望于你们的，是在严苛的现实中仍然时刻保持崇高的理想，忍受环境并与之搏斗，为了尽学子的本分而持续不断地努力。将人与世界的整体把握作为目标，在真理面前保持谦虚，在各自的领域中从事科学真理的研究，同时塑造自己的品性，今后成为可以昂首挺胸走到世界任何地方的高贵善良之人：这就是诸君的使命。希望你们怀着这样的自觉，向着崭新的大学生活迈出沉静而坚强的一步。

振兴祖国之人
——在毕业典礼上的演讲

1946 年 9 月 30 日

一

毕业生诸君！战争结束已经一年有余，先不论我们重建祖国的希望和意志，至少整个社会还普遍处于极度不安和贫困之中，在这样的时代，我们将你们送上社会，不能不怀着深深的感慨。现在我将谈谈自己心中的一些感想，作为饯别诸君的礼物。

诸君在校期间，在战争带来的可怕压力下，或者扛枪奔赴战场，或者在内地从事防卫工作，经历了各种恶劣条件走到今天。因为这些缘故，诸君的学业未能充分完成，你们想必自己也意识到了，并且尤其为此而遗憾。但是，这未必是值得悲叹的事，或者绝对不可弥补的损失。不如说，对学问真正的研究应该是从大学毕业以后才开始的。为什么呢？因为人在走出学校以后，通过自己人生中的实际体验和要求，会真正发现自己研究的主题。所以，诸君只要有这样的关心和意志，完全足以弥补现在的欠缺。过去有一种风气，把大学毕业当成是从学问中毕业，从此放弃研究，我希望诸君能摆脱这种不正之风，保有对学问的持续关心与热情。

但凡是从大学毕业者，每个人都是"学士"——也就是广义上的学者。即便不是将学问作为终生事业的人，只要在大学里学习过,至少也应该对于学问的真理怀有尊敬和思慕,在日常生活中不应失却这种观念,无论多么匆忙都不应在精神的教养方面懈怠。现在日本所缺乏的,未必是粮食和住宅,更重要的其实是高度的"知性"和"道义"。此次战败的原因,深究起来,也可以说源自这二者的欠缺。

今后诸君在走进现实社会时,将会发现一个充满恶习、惰性、虚伪和利害纠葛,充满各种不合理、无道德甚至不法之事的世界,远远超乎你们现在所知道和想象的。希望你们不要沉没在其中,而是在各自的岗位上尽可能为了改善和救济这一切而思考、努力,同时还能始终保持纯真,受到他人信赖,负起责任,问心无愧地行动。即使在此过程中,你们的期待遭到背叛,也不要为此而失望,而要各自在可能的范围里,为了把你们周围的世界建设成更好的世界这一理想而努力。理想并不只是青年的梦想,也不是单纯抽象的观念,它在我们整个生涯里,在一切日常的行动进退之中都能化为现实力量来起作用。

在我国面临有史以来的败局,需要朝野上下一致进行重大革新的时代,诸君正是要作为道德(moral)和知性(intelligence)的代表,让二者渗透到国家社会的方方面面去,希望你们铭记这一使命。

二

我这样讲,也许你们当中有人会说:"为了这些要先给我们工作啊。"事实上,现代的失业问题——特别是知识阶级的就业困难,正是眼下紧迫的问题。就拿今天毕业的诸君来说,究竟有多少人能保证自己得到理想的地位和职业呢？据推测，今年年底全国会有五百万失业人口。战败后的现实就是这样冷酷。这个问题应该如何解决呢？在今后日本产业复兴的过程中，不能只采取以前那种资本主义的方法，必须以社会公共福祉为目标，通过整体上的计划来确立新的经济秩序，保证所有国民的劳动机会和生活安定。在这一点上，政府的当务之急是在社会经济制度和机构上果断进行整体性的改革。

到时候，从大学毕业的诸君也不会像过去那样终生投身于官僚统治制度或资本主义的垄断机构，而是会作为国民组织的一员，进入地方自治体、教育机构或者农民工人的组织，运用你们习得的知识和技术，提高大众的生活水平，在新的民主日本的建设中发现新的生活之喜悦吧。若是如此，那么今后的大学无论送出多少毕业生都嫌不够吧。不，即使在现在，只要诸君能丢开过去的立身出世主义①，像上面说的那样寻求新的生活意义，那么值得你们开拓的领域也并不少吧。少数独裁者掌控政治、金钱等于权力的时代已经随着战争一起远去了。不论诸君今后取得怎样的职业和地位，对广大民众的启蒙和奉献，都应当是你们终生的光荣任务。

关于这一点，我还有一件事要特地对你们说。那就是，无论将来建立起怎样的社会经济制度和机构，都不要在它们的压抑之下，丧失了自己的个性和精神的独立。我们要警戒的不只是国家、政党、工会，有时甚至连宗教团体都会为了自身强有力的统一和团结，而不尊重其成员的精神个性。由此就会产生以组织的支配与宣传压抑真理，以大众的力量压迫个人意志的危险。但是，真理归根结底是要通过自由的个性和内在的思索才能抵达的，除了在自己精

---

① "立身出世"即出人头地之意。

神深处构筑自我之外,没有别的什么能决定我们的命运。这样一种精神的自由个性之力,才是为一切组织赋予生命,使其强大,进而推动社会国家走向进步的发条。

最近人们为了战败后日本的复兴,谈论世界历史的教训时,时常以丹麦为例。丹麦在八十年前像我们一样经历了战败,而它能从战败的深渊中站起来,建设和平与文化的幸福国度,靠的是什么?实际上,靠的就是他们那种对真理与精神之力的无限信赖中所潜藏的丰富个性。

让那三千平方英里的荒凉的日德兰旷野最终变成绿色的森林和草地,成为这个国家的林业和畜牧业之一大资源的,是年轻的地质学家、植物学家,同时也是复员军人的达尔加斯①和他儿子的事业。而他们父子之所以能够完成这一事业,靠的是胡格诺派②的自由信仰,和忍受误解与嘲笑、坚持探究真理的不屈不挠的灵魂。另外,著名的由丹麦创始的国民高等学校③,也是由于哥本哈根大学刚毕业的几个学士,共鸣于一个精神上的指导者——格隆特维④的

---

① 达尔加斯(Enrico Mylius Dalgas,1828—1894),丹麦军人、学者,日德兰半岛土地开发的先驱。其事迹在日本因内村鉴三的演讲《丹麦的故事》而闻名。
② 胡格诺派(法语:Huguenot),16世纪欧洲宗教改革时期兴起于法国的新教教派,曾长期受到压迫,后传播到欧洲各国。
③ 丹麦语为"Folkehøjskole",也译作"民众大学""成人大学",是最先出现于丹麦的一种面向平民的成人教育机构,其构想由牧师格隆特维最初提出,1884年在丹麦设立第一座学校。大正时期被介绍到日本,译为"国民高等学校"。
④ 格隆特维(Nikolaj Frederik Severin Grundtvig,1783—1872),丹麦牧师、哲学家、诗人、教育家,其思想对19世纪后期丹麦民族主义思潮产生了重要影响。

思想，放弃了他们本来能够获得的显要地位，各自回归田园，在地方青年中间推行敬上帝、爱邻人与祖国的教育，才得以建立。这种教育后来在全国范围内组织化，今天担负丹麦命运的国民的中坚层，就是由此养成的。

三

诸君！不管包围我们的环境多么严酷，现在才正是我们发挥所学的真理和精神之力的时候。诸君在大学所钻研的真理，尽管尚不完全，但应该不是高蹈出世的徒有形式的东西。就算让精神从属于物质、人从属于环境的思想流行于世间，你们也不要丧失对真理的确信，要永远做一个有自己的精神和灵魂的人！这样的人与人性理想，才能振兴祖国，才能让国家变得崇高，使其真正具有世界的、人类的意义，为全人类文化和世界和平做出贡献吧。

为此我们必须做好心理准备，迎接精神上、物质上的诸多痛苦与困难。但是，应该把降临到我们身上的一切苦难，都作为我们的命运来接受，反过来将其视为把我们导向至福的考验，把忍受它们并与之战斗，视为伟大的任务。不朽的真理、理想战胜严酷的命运而得到光辉的实现，这样的例子并不限于丹麦，在历史上绝不算少。现在日本的社会，尤其是年轻同胞们，正在所有工作场所等待其精神上的指导者和共同劳动者。请你们携手走出校门，走向社会，到大众中间去，通过各自的工作，寻求这样的同志吧。立足于此种自觉之人，都是我们的同伴，是共同重建祖国的战士。

讲到这里，不得不触及我们心中浮现的一种哀思。我想到的，就是那些空有一身才干，却在战争中失去生命的众多年轻朋友，他们也是诸君曾经的战友。假使他们得以生还，今天我们就能在这光荣的毕业典礼上看到他们与你们一样灿烂的面孔，怀着真诚的祝福将他们送上社会了吧。再联想到在他们的故乡迎来今天这个日子的父母们的心情，我们就更加心痛。但现在我们必须克制这种感情。只是请不要忘记，怀着高贵的灵魂和牺牲精神死去的他们，在你们今后新的人生的战斗中，也仍然是你们的战友，是我们永远的子弟。

与此同时，希望诸君在今后的生活的种种曲折中，仍然能够想起今天所告别的师友，和度过了漫长学生生活的最后阶段的这个校园。我们也会祝福着你们的前途，继续守护大学，为祖国的重建和新日本文化的发展奉献我们的力量。如此，不管诸君走到何处，都会与我们共同以母校为中心，由看不见的真理的纽带时刻联结在一起吧。

再见了，毕业生诸君！请永远保持对真理的敏感，并且保持高洁和善良！也祝你们永远开朗和健康！

新宪法颁布

1946 年 11 月 3 日

一

战争结束已经一年零两个月有余,其间我国国民所走过的道路,未必只有悲惨和黑暗。我们必须看到,通过这段路,在我们民族的头顶,伟大的黎明正在渐渐降临。人们一个个从战争灾难和穷困中站起,追求他们的新生活,社会在一切领域都从旧的惯习与桎梏下解放出来,正向着新的方向,兴起声势浩大的运动。

在此期间,背负着战败的耻辱与创痛的国家,也从旧的形骸中脱出,从废墟中揭开新的建设的蓝图。此次宪法修订的事业,实际上就体现了这一点。这不是对旧宪法的个别条目的改动,而几乎是完全的变革——可以说是为我国制定了历史性的新宪法。

这项事业,既是战败的命运——接受《波茨坦公告》——带给我们的课题,同时又是为了我国自身的清算与再生必须要完成的使命。它的开展,不是没有伴随着民族的痛苦。眼下我们还不清楚其中的全部情况,但有朝一日历史会向我们揭示吧。现在我们必须走出悲痛,庆祝新宪法的诞生,看清从中产生的新日本这一国家的理想与性质,从而为我们个人以及社会的生活和运动,找到新的方针。

二

首先，新宪法是我国对国际世界做出的放弃战争、宣布和平国家理想的宣言。在世界上可曾有过任何一个国家，将绝对放弃武力和彻底否定战争，宣布为国家的理想吗？而新宪法中甚至放弃了出于国民自卫目的的军备和交战权。有人指出这一条款将来会影响我国作为独立国家而存在的安全，也有人批评说这是一种乌托邦，这都不是没有理由的。

然而，新宪法的这些内容，在其精神上，确实来自我国为史无前例的战败而付出的牺牲和血的教训。在此次大战中日本学到的道理，正是"执剑而起者亦必因剑而亡"。现在我们必须彻底扫除过去的军国主义和极端的国家主义的信条。这不仅是国民对于我国在这场非法战争中所犯的错误和罪恶的赎罪，也表明了我们民族与各民族协力，为实现世界长久和平这一人类永远的理想而积极努力的决意。

而且，我们所希望的不单是长久的和平，更是立足于"正义"的国际政治经济新秩序的确立。因此，我们要求的不是仅仅从功利主义出发来维持世界现状，而是跨越人种与语言的差别，实现人类普遍的正义——为此必须建设新的国际社会、世界共同体，让地球的每个角落都不再有压迫和剥削，从战争的恐怖和生活的穷困之下解放出来。而且，这一事业不依赖任何一个国家的武力，而是完全诉诸人类的理性和良心，为此，首先我们要像宪法所宣布的那样，将我们的安全与生存，委托于爱好和平的世界各民族的公正和信义。

我们知道这是怎样一种举国冒险的事业。世界在某种意义上还在长夜之中，离天亮还远。在这样的时代，举起这种理想之火炬来做先行者，是怎样的一条苦难的道路，我们并非不清楚。它需要比战争还多数倍的真正的勇气与忍耐吧。但我们自己有深刻的自觉，知道竭尽所能为达成这一理想而努力是本民族新的世界使命，同时也明白，这将给我们及子孙带来怎样的福祉。

我们民族从来就不是一个粗野和好战的民族。爱好文化，以和平为乐，也是她的性质。现在只有我们意识到这一点，主动净化自己，作为世界的和平公民而重获新生，东洋的、世界的门户才会在我们面前开放吧。同时，唯有如此我们才能成为世界性的民族，担负起永恒的使命：将我们祖先建国以来便作为理想的"神国"，真正在大地上实现。

三

第二点是，与这样高远的世界理想相伴，我们必须对国家组织本身进行民主的根本变革。国内没有确立以自由与和平支配社会的民主主义，又怎能实现各国协同的世界和平，亦即国际的民主主义呢？新宪法的根本特色，实际上就在于贯穿其全体的对民主主义精神的扩大强化。这才是新日本国家的基本性质，"民主日本"与"和平日本"之名一起，在今天成为她新性质的表现。

支配我们的政治权力，已经不再属于少数领导者和部分阶级，而是移交到了全体国民——广大民众手中。这大体上是基于国民对人类普遍政治原理的新的自觉，即政治权威来自国民，国民才是真正的主权者。而行使这一权力的，是作为国民代表者的国会，国会是国家的最高机关，内阁必须对国会负全责。像这样，新宪法树立了不可动摇的议会中心主义和议会内阁制。此外不论立法、行政还是司法，尽管尚不充分，但都已采用国民集体投票以及国民审查的制度。

在这里我们应当铭记的是，现在天皇不再拥有与政治相关的权能。其职能仅限于在内阁的建议和承认下，负责一些毋宁说是礼仪形式上的事项，不再参与到国家意志本身的构成中来。过去的宪法规定"日本帝国由万世一系之天皇统治"，天皇作为国家元首总揽统治权，将新宪法与此相较，我们不能不承认日本政治的基本性质确实发生了根本的变革。这是由于我们选择的不是"君主主权"，而是将主权归于国民的"主权在民"的立场，这样一来我国以往的"国体"观念至少在其解释上就不得不发生重大的变更。

在此我想起了去年9月14日，在战争结束前夕，我国接受《波茨坦公告》时，将民族存亡的赌注全部押在"国体护持"上，提出了附加条件，即不变更天皇作为统治权拥有者的大权，在此基础上，终战诏书悲壮宣誓"朕于兹得以维护国体"。而这种意义上的我国国体，在此次的宪法修订中被放弃了。任谁都不能不承认这一严峻的事实。

在制度上，天皇不再是统治权的拥有者或主权者，其新的地位建立在拥有主权的国民的总体意志之上。联想到旧宪法中"国家统治之大权，朕承之于祖宗，传之于子孙"的条文，可以说我国的统治权，乃至国家权力的正当性的根据，已从古来传统中的这种神授的族长式权威，转换为社会契约式的国民意志。而且这是接受《波茨坦公告》的结果，我们通过国民意志的自由表明、国民的自我决定（其中必然能够包含否定），实现了这样的变更。这如果不是建国以来所未有的思想精神革命，又是什么呢？

但是，这也正是今年年初的诏书中，天皇亲自主动否定其作为现人神的神格，将其与国民的结合重新建立在平等的人与人的关系之上的结果。而且，虽然国民主权的观念本身是与君主主权相对立的原理，但我国自古以来的君民同治的精神，将会超越这样的对立，创造出新的融合吧。

换言之，从今往后，天皇将作为新的"日本国的象征""日本国民统合的象征"，表现我们民族的理想与性质，作为它们的具体体现，在我们中间永久保持精神上的固有位置吧。最能充分认识这一象征的意义与价值的国民就是幸福的。我们应该为维持这样一种象征天皇制而感到深刻的喜悦。并且，现在我们正是通过国民的意志——大众的自由意志做出了决定，超越否定而达到永远的肯定，可以说新的天皇制的牢固基础于此得到确立。

让我们不再坚称所谓千古不变之国体，对于变化了的事物，就坦率地承认它的变化与发展，让我们祝贺新的意义上的国体的诞生，并去培育它吧！像这样，在民主主义的普遍根基上，以我国固有的天皇为表象的日本式民主主义将会开花结果吧。

四

第三点是，在这样的民主主义国家内部，个人的完全自由将得到确保。如果每个国民不能作为平等的人，享受其生命、自由和追求幸福的完整权利，那么我们终究是不能期待民主主义的成果的。只有通过放弃国际战争，承认国民每个人身为人的价值与尊严，它才成为可能。

在这里必须强调的是，新宪法不同于旧宪法，将国民基本的人权作为不可侵犯的永久权利予以彻底保障。这种人权确实是"人类多年来争取自由的努力之成果，经过了过去的各种考验"，是今后"我国国民必须通过不断努力以保持"的事物。①

人权包括政治、法律、经济上的各种自由权利。当然，这些权利与自由也伴随义务与责任，我们必须注意为了"公共的福祉"而行使它们，国家也必须为社会福祉的增进提高而努力。我们期待社会由此自然而然变得和谐，国家的安全由此得以维持。

但是，这些在根本上没有超出个人自由主义的原理，仅靠它们，能否保障现代民主主义的经济基础——大众社会生活的安定呢？宪法中明文规定了国民的劳动权利和最低限度的生活权利，这是一大进步，但还停留在社会道德的规定上，没有国家制度的保障。这一点上是有问题的，从近代世界先进的立法水平来看，还有批判的余地吧。

另外，关于家庭的立法，今后完全以个人尊严和男女两性的平等为基准，这对于清除既往的封建弊端有着重要意义，但对于家庭共同生活的尊重，还没有作为社会道德规范规定下来。或许可以指出，这里存在着将我国固有的家庭制度的优点也一并破坏的危险吧。

尽管如此，只要社会最终的目标是人本身在伦理上、精神上的完善，那么思想和良心的，以及学问和信仰的自由，作为保障个人精神独立、尊重个性自律的事物，就必然始终具有重要的意义。它们既是真正创造出国家社会的内部生命的事物，又会成为抵御多数人的压迫和新的独裁之威胁与危险，保卫少数者的权力与个性价值

---

① 此处引文出自《日本国宪法》第 97 条关于人权的基本规定。

的堡垒吧。

在此意义上，虽然教育与文化是新宪法在内容上最薄弱的方面，但我们却对此最为重视。和平民主的日本能否建设成功，换言之，新宪法的成败，取决于国民素质的提高。这不仅是指知性与道义的发扬，还有待于日本国民对"神圣之物"的重新发现，否则终究是不可能的。作为国家宗教的神道之废除所导致的国民灵魂的空虚，必须予以填补。建国以来所未有的精神革命，只有如此才能完成吧。

五

迄今为止，我们接受的教育都将明治宪法说成国家的不朽之大典。今天恰逢明治佳节[①]，在与明治宪法永远诀别之际，我们的心中不禁涌起惋惜与感谢相混杂的感情。旧事物并非都是不好的。就算伴随着阴影，但明治时代毕竟在我国历史上创造了许多的美好事物，养育了我们，这个光辉的时代我们绝不会忘记。

与此同时，我们也会记得，新宪法原本是在战败这一无可挽回的命运加诸我们的制约下起草的。在宪法修订之际，我们并不是没有各自不同的意见。但是，这部宪法是由我们选出的代表，经过国会上的自由讨论，根据自己的意志通过的。国家的大法一旦确定，我们就必须摒弃各自的一己之见，将其视为最善而尊奉执行。

---

① 11月3日本为明治天皇诞辰，1927年日本政府将该日定为纪念明治天皇的法定节日，称为"明治节"。该节日在1948年被废止，但11月3日改称"文化之日"，作为法定假日延续至今。

但是，新宪法也是从人的手中制作出来的。因此，它不可避免地有不完善之处，可以预想，将来会随着时代推移而被修改。到了那时，我们应该警惕的，是绝不可将国家的船舵再度转向保守反动的方向。我们必须一直坚持新宪法所标举的理想，以民族的净化和自我的完成为目标，在历史的永恒河流中不断进步。

武力的战争已经永远离开我们。从今往后，是主义、理想与性质的战争。我们在这场新的和平之战中，要努力赢得光荣的胜利，为成就重建祖国之伟业而不断奋进。

II 人之革命

前　言

本辑是继前一辑"振兴祖国之人"之后笔者演讲的第二个合辑。不过，其中除了在东大的演讲，还包括当时在议会上的演讲等其他内容。

这些演讲的内容涉及教育、文化、政治、经济、社会等各方面。但是，其中笔者一贯强调的重点，是"人"的问题——对新的"人性理想"的呼吁。近代以来，在政治、经济、社会等一切领域，人都被严重地非人化、机械化、奴隶化。我国的当务之急，就是必须恢复这种失落的人性——确立主体性的人格。这意味着人本身的革命，"人之革命"，需要的不仅是对政治、经济层面的社会生活的革命，更是对人的存在的内容本身——内在本质的革命。

我们非常了解祖国现在处于怎样的政治和经济的苦难当中。但是，问题的核心藏在国民的知性、道德乃至宗教精神生活的根底中，政治和经济的苦难正是由此引起的。因此，只要不对这样的国民精神进行彻底的自我批判和变革，任何政治变革、社会变革终将归于失败。我们作为战败国国民，必须对此形成深刻的自觉，彻底地、根本地追究这一问题。

并且，这不只是战败的日本的课题。它在本质上是全世界共通的课题。如果不对近代的人与精神进行革命，新的世界和平与人类真正的幸福就不会到来。没有人能预测第三次世界大战何时会发生吧。即使不发生大战,第二次产业革命也是势所必至。到了这时候,对于已经暴露出众多矛盾、冲突与失败的近代精神,人类能否进行革命,能否由此成功确立新的人性理想,关系到世界和人类未来的命运,这么说绝不为过吧。

  笔者微不足道的主张与提议,自从第一辑刊行以来,得到了各方面的真挚反响,为此笔者深感喜悦。如果这第二辑能进一步唤起社会各界的理解与共鸣,对重建祖国与树立新的世界文化理念的事业有所助益,笔者之幸福将莫过于此。

民族的再生
——纪元节上的演讲

1947 年 2 月 11 日

一

今天是祖国战败之后,我们第二次在这里迎来纪元节。过去的一年中所发生的,不仅是我国历史上,也是人类历史上罕有其匹的巨变。

祖国山河未改,但其中生活着的我们,精神与生活已然不同。现在我们住在另一种世界与秩序中。社会就是这样从根底上被动摇,一切都被置于激烈的对立与混沌之中。如今我们的确生活在一个危机深重的时代。我国的历史构造本身面临巨大的激变。这种激变,确实不得不称之为"灾难"(catastrophe)。

但是,许多人尽管身处这灾难之中,却还沉浸在简单的想法里,以为事态总会以某种方式得到收拾,自然的时间之流将带来昔日的日本的复兴。然而,就算正从这激变中通过的我们对其意味还没有充分的自觉,但这正是我们过去的时代的终结,是对我国全部历史的审判。不论我们是否愿意,首先都必须承认这一事实。

为何我国过去的历史经不起理性的审判,不得不宣告终结?因为日本国民被过去的历史所扭曲、摧毁的程度就是这样深重。当时日本的史家在处理历史事实时,尤其缺少必要的批判性的客观态度，试图强行从过去的历史经验中提炼出理想，为此不惜对历史的现实加以理想化。由于这个缘故，出现了对历史事实进行人为的篡改、歪曲，有时甚至捏造的现象。当时尤其不幸的是，神话与民族宗教受到绝对的支持，古代的事件被拔高为宗教的神圣事迹。由此一来，经过夸张和虚构的历史作为国家指定的版本问世，国民受到这种教育，对其盲信不疑。

19世纪的"民族主义"，原本是从"历史主义"中产生的事物。我国近代的民族意识与国家理念，也是与这种错误的历史主义一起兴起和形成的。在这种理念中，日本民族被抬到了神之种族的高度，其自身就承担着具有高度价值的文化理想。不是侍奉真理与正义，而是让文化与道义侍奉自己，理性与真理面对民族的本能与感情时毫无发言权——普通国民就是这样被告知的。

于是，民族的特殊性被有计划地夸大，国民的自我欺瞒与自我陶醉由此产生，而且出现了无药可救的自我矛盾，一面高调主张民族特有的文化，一面又以为自己有使命将其强加于其他民族，同化东亚乃至整个世界，在这种错觉中他们带着自己的宗教和文化走向国际社会。这样的国民文化不是真正的文化理念，最多也不超出自然的生物的范畴，因此，它立即与国家的政治、经济利害相结合，也就不足为奇了。

像这样，抱着同样的错觉与盲信，有着共通的政治经济利害的各民族结成同盟，引发了第二次世界大战。战争中，为了权力的斗争被宣传成了真理与道义的斗争。然而，那只不过是民族的狂妄独断与热情所驱动的对领土、物质的欲望。我国现在的灾难就是如此产生的。它在根本上是错误的历史意识与民族文化理念所招致的结果。追本溯源，这也是19世纪的历史主义与民族主义的发展必然带来的人类的悲剧性命运。

二

我们怎样才能走出这种灾难,克服悲剧性的命运呢？唯有依靠人类的理性与精神之力。它不是从历史的必然和自然的必然中产生的,而是来自人类这一以崇高精神秩序的世界为基础的存在的自由本质。

本来,"自由"与其说是政治社会的概念,不如说有着精神的、宗教上的起源。因此真正的自由,就不能像自由主义思想那样,仅仅理解为消极的对真理与正义的怀疑和不关心。自由只有在本质上与真理、正义乃至神圣的永恒事物相结合时,才能成为积极的创造性力量。认为自己与永恒的神圣生命联结在一起的人,才会真正相信自身的自由,同时尊重他人的自由。这是人类共同生活永远的基础。

历史就是这种人类自由的精神的创造。但是,它不能不经过斗争。这是因为,人类同时生活在束缚精神与理性的外在必然的世界中,加之又在自身内部拖曳着对抗真理的虚伪、违背善良的恶之冲动与本能。这斗争既是我们自身内部的战斗,也是人类历史上的斗争。历史的非理性的根据就在这里,人类历史的悲剧性质也在这里。

但是,历史不会是这种悲剧的单调重复,不会终结于隐秘而不可思议的黑暗力量的胜利。它是人类自由的精神穿过这一切,创造新的事物,从而形成超越时间的永恒事物的作用。只有相信这样的精神自由,依靠这自由去不断努力,符合词语本来意义的历史的

"进步"才是可能的吧。只有相信人类的这种自由与无限的进步，或者至少是有所预感，不拒绝它的人，才能创造历史，冲破自己的命运吧。

"民族"是此种自由精神进行创造的场所，它在本质上以国民中具有纯粹人性的事物的出现与发展为自身的使命。民族通过这种使命为世界与人类做出贡献，在此意义上必须承认民族的伟大。民族要达成这种使命，靠的不是以自身的生物性生存与成长为目标，而是对真正永恒的事物的信仰与感动。国家则要服务于民族的这种崇高目的，如此才能让自身参与到大地上永恒的事物中来，成为承担它的存在吧。那么，要衡量一个国家的价值，就要看它是否拥护人的自由，是否作为永恒事物的现实保障者，参与到实现人类世界最高目标的事业中去。

对于现在的日本，最紧要的莫过于重新确立人类普遍的基础了吧。我们必须纠正以往那种过于特殊的文化理念，集中力量去追求新的人性理想。日本国民迄今为止所受的教育只强调民族与国家的神圣，不知道个人人格的尊严与永恒性，拒绝人类的精神自由。我可以断言，只要我们民族还停留于这样的状态中，日本参与世界历史的日子就始终不会到来。

眼下我们必须重新发现人与神。就此而言，日本的精神上的文艺复兴与宗教改革势所必至，并且我们民族也有足够的资质与能力来完成它们，至于其理由，一年前的今天我已经在这里阐述过。这事实上意味着日本史无前例的"精神革命"。

现在进行中的政治、社会革命，如果在根本上不伴随上述的精神革命，就不可能收获真正的成果吧。真正的革命必须是从国民对新的精神的憧憬——从精神的创造性理想与欢愉中涌出的。它绝不能从战败的痛苦,或对过去的不正义的愤怒与憎恶中产生。我们的革命,无论如何都必须为了人及其自由而进行。

劳动者、生产者对权利的主张,也必须以这种真正的自由之确立与拥护为最终目标。为此,我们一方面要在经济生活中,改变资本主义那种基于经济自由的秩序,要求人的广泛的组织化与社会化,另一方面还要在我们的精神生活中,抵御新型的独裁统治与集团组织化的危险,始终主张人的人格自律与尊严。

当我们完成这样的革命——它最终必然走向人之存在的社会基础的改革、经济剥削的废止——的时候,我国的一个全新时代就会拉开帷幕吧。那不是单纯从一个时代走向下一个时代,而是意味着我国的前史至此告终,我们走进真正的历史。

三

那么,我国过去的一切都会灭绝吗?我们历史上的文化就永远没落了吗?其实,历史从来都是一方面宣布与过去的断绝,另一方面又试图让过去与未来结合起来。面对当下这种前所未有的危机,想要将断绝之处重新接续,筹划新的结合,只能靠我们现在努力,由此创造未来。

"一切时代都与上帝相连。"在当前这种可怕的灾难与苦恼的深渊中,我们民族反而处于前所未有的最接近上帝的时代,不是吗?过去视为神圣的诸多事物的消亡,恰恰是我们正在接近真正的神圣之地的证据。目前我国国民不论是否知道这一点,都在追求真正永恒的、神圣的事物,为之苦斗。

当我们把这场战斗进行到底时,过去真正拥有过的事物一样也不会丢失。就算在封闭的世界里，在人类自由的创造力尚未被充分发现的时代，我们的祖先所留下的善与美的事物，也无一不诉说着我国国民精神上的努力和内心的苦斗。当我们不屈服于现在的灾难与悲剧，穿越它们向着新的创造而努力时，真正存在的一切事物都会随之复活——这便是"民族的再生"。到了这时候，我们民族将带着经过净化的精神与生命，重新出现在世界历史的聚光灯下吧。日本虽然有两千年的古老传统与历史，但在世界普遍历史上登场还是近代的事。在此意义上我们民族还很年轻，其世界史的使命毋宁说属于未来吧。特别是此次大战以及我们惨败的结局，成为一大契机，把我们深刻地拉进了世界普遍历史的河流中。从此以后，我们必须为普遍的人类文化的到来做出贡献，努力将其以最纯粹、最发达的形式创造出来。到了那时，民族的特殊性将带着各自不同的个性加入到人类的普遍性之中，自然而然地以其固有的形态展现出来吧。

这一切必须始终以民族为媒介，除此之外我们不可能有其他走向普遍的道路。虽然我们民族犯下了过错，现在正处于悲惨至极的时刻，但我们仍然无限热爱自己的民族，为自己生于此民族而欣喜。离开民族，我们能去哪里呢？那么，为了将我国国民从这种悲惨状态里拯救出来，恢复其名誉，我们将献上自己的一切，牺牲自己也义无反顾吧。

这不是过去那种盲目的国粹主义所必然导致的、在不义之战中表现出来的爱国心，而是真正的"祖国之爱"。是永远的死，还是永远的生？站在决定我们民族命运的关头，我们必须面向工人、劳动者、广大国民以及身为真理与理性之使徒的青年学生，大声呼唤这样的祖国之爱。

我们的前途虽然覆盖着黑暗与苦难,但前进的方向已经明朗。让我们这些治学之人把思想与良心变得敏锐,从事对根本性问题的探求与再评价,在精神自由的鼓舞下,确立起坚固的文化理念,携手为本民族的重生而努力吧!

科学与育人
——开学典礼上的演讲

1947 年 4 月 8 日

在战败后的祖国，经过了苦寒与饥饿的漫长冬天之后，春天又一次来临了。虽然我们精神生活、物质生活上的苦痛还将继续，但春天的到来让我们心里的某种喜悦和新的希望苏醒了。眼下校园沐浴着灿烂的春光，银杏吐出嫩芽，樱花正在盛开。

在这样的时节，诸君进入本校，这不仅对你们是值得喜悦的事，同时也给我们带来了新的希望。想一想吧。诸君在战争期间因为诸多障碍中断了学业，或者在战场上负伤，共同承担了祖国的苦难，而如今重新回到研究学问的环境里，多年努力有了回报，夙愿得偿，终于进入本校，将在这里迎来你们一生中最后的学习时代。为此我们再怎样祝福你们都不嫌多吧。

但是，我们不能止步于喜悦。入校，不是嘉奖诸君过去的努力的桂冠，而应当是新的活动与责任的开始。诸君应该知道祖国现在真正要求的是什么。除了基于真理与正义重建新的国家，我们没有别的道路。现在，大学被赋予的使命，和诸君在大学生活中的任务，实在极为重大。

一

对于现在的我国，最紧要的事大概莫过于确立理性的思维方法和高水准的科学知性吧。大学承担的任务，就是这种科学的、理性的基础研究及其实际应用。

在无限的苍穹里闪烁的晨星，在其下方横亘的大地，和遍布其间的无数有生命、无生命的事物——整个自然仿佛正急于把自己的秘密告诉人类。这些对象没有任何一种是混沌的，各有其法则，相互之间有着关联，具有整体上的秩序与系统。自然科学正是要发现这些法则。而且，它们并不是脱离我们独立存在的，其实是人类赋予自然以法则。在此意义上，所谓自然就是人在对象之中映出的自身的知性之法则的总体。

至于人所生活和经营的社会，其中展开的政治经济的诸般现象，更是必须靠人类带着自身的理性进入其中，自己赋予其法则和规则。如果不是这样，只交给随机与偶然，那么社会就会从根子上崩溃，最终酿成人类的灭亡吧。我们在此次大战中已经目睹了这样令人心痛的光景。

但是贯穿自然与社会的这些法则和规范，并不是我们自己能够任意发明创造出来的，它们有其自身的秩序，而且是经过人类的漫长历史和共同努力才发现和建立起来的。诸君首先必须把自己投入这些知识的客观秩序中去，理解体会其法则和规范。大学出于这一目的，开设了必要的各学科课程，教授各专业学科的基础知识。诸君如果不修习这些课程，恐怕就不能获得任何科学上的发明和发现了。

同时要强调的是，诸君不单要致力于这些科目的学习训练，还必须进一步努力展开自主的研究和创造。在这一点上，学科课程和考试制度等，只是对你们最低限度的、最多是平均水平的要求，而绝不是对优秀学生、有志青年的要求。诸君必须超越这些制度。不能只是满足于通过制度的考核，要根据你们的兴趣与能力，找到自己研究的主题，追求新的发现与创意。

讲义与功课的目的，是为了给你们兴趣和灵感。世界上价值最高的事物，就是能动的创造的精神。每个人都有权拥有这种精神，理性的全体在个人内部沉眠。当我们展开自己内在的理性，去研究对象，创造的精神就开始活动了。这将伴随着人的内在生命的成长之愉悦，与精神升华之快乐。

科学研究就是这种精神的劳作，而其报酬就是我们行使人性的高级机能的过程本身。如果我的人生有机会重来一次，即使将一生用于研究植物的叶片，或者有机体最微小的纤维，我也绝不会后悔吧。

有谁能说这样的研究与祖国的重建没有关系，对我们的生活没有用处呢？新的文化日本的建设，如果不承认学问的这种尊严与价值，就是不可能的。反语式地说，即使是政治和经济的研究，也只有当它们超越了国家的或者功利的目的，才能真正有助于振兴祖国，将人类导向幸福。

诸君在今后的日子里，如果不去体验这种精神的作业的快乐——至少是理解它的话，那么你们的大学生活一定会是空虚的吧。

二

虽然这样说，但我并不是主张科学与知识是人生和世界上唯一有价值的东西。科学既然是合理的知性的事业，就不应该忘记其自身的界限。在知识之外，还有着本能、意志和感情的非理性的无限世界。在人生中，正义与欲望、爱与恐怖、神与恶魔等是互相交错，互相影响的。决定我们走向哪一边的，是我们面对生命的人格态度、生存方式。

从这一点看来，世界绝不是知性的产物，它在根本上是由一种精神、一种灵魂创造出来的。科学的知识并不能产生这样的精神或灵魂，正相反，是后者在我们使用科学提供的力量时赋予其目的与价值。最近爱因斯坦在美国的广播里就说过："我们的时代自豪于它依靠科学知识所取得的进步。但是，不能把我们的知识当作我们的上帝。……科学知识可以为我们服务，却不能指导我们。科学对其指导者是不加辨别的。"

的确，科学既可以为恶的目的，也可以为善的目的所用。如果我们不能对它善加利用，总有一天人类将会因自己发明的科学之力而自取灭亡。因此，决定我们文明的将来的，不是科学知识本身的进步，而是我们为了什么目的去利用它。知识对于方法和手段有着锐利的眼光，但对于目的和价值是盲目的。

而这种价值目的，正是与我们对人的理想和灵魂信仰密切相关的问题。大学是探究科学真理的场所，同时也是净化你们的精神与灵魂的场所，每个人应该各自挖掘自己的内在世界，努力育成自我。

但是，这种自我培养未必要限于讲义和功课所给定的范围。回顾我自身的经验，我不得不坦言，自己所拥有的最宝贵的东西，未必是从大学教育的课程中学来的。我这么说，并不是要侮辱大学，贬低大学教育。只不过，那些事物终究是必须靠每个人各自顺从其灵魂的要求，通过苦斗与体验自己去获得的。

不过需要记住的是，在这一点上，从高校进入大学的阶段是最重要的时期。在我们的学生生活中，虽然有过迷茫与过错，但对于这个追求真实与纯洁，同志互相勉励，但求努力精进的时代，我们将不会忘却吧。我们各自作为一个个人，一边与现实战斗，一边在迷茫与错误中不断前进，走在净化和提高的道路上，对于人生而言，没有比这更加高贵和勇敢的事了吧。

这样的人，保持着各自的个性，互相接触互相砥砺，与师友携手，以真实和敬爱所结成的人格的共同体，才是大学生活的核心。内心经过净化和深化的人的结合——这才是创造真正的团结的事物，整体的自由的行为将从中产生，清新而活泼的校园由此得以形成。

目前的校园里，需要学生自己亲手处理、改善的问题还很多。在这方面，诸君作为大学生，有了比过去的学校生活更加广泛的自由。在这样的时候，自由伴随着责任，所谓自由生活，就是对自己的生活负起责任。我们绝不可以奉承群众的意志与行动方式，或者盲从少数人的独裁的指挥，牺牲掉自己的意见和意志。我们必须始终以自由自律的个性，根据自己的判断和意见来行动。

民主政治，不以这样的自由人格为支撑，是无法达成的。诸君在今后的生活中切不可忘记的，就是要不断构筑自我，成为负责任的自由行动的人。其中自由与秩序同在，平等之中有规范和礼节，全体的和谐与正义将由此而建立。这样去做，大学生活就会成为有益的训练和教养之场所，成为诸君走向将来的国家社会生活的准备阶段吧。

三

但是,在充满希望的大学生活中,也有许多困难与障碍等待着你们。在我们过去的学生时代做梦也想不到的问题,如今出现在眼前了。每一个人本应获得最低限度保障的经济物质生活的安定,现在在哪里都不存在。由于这一缘故,人的精神独立也时常面临威胁。这是当下国民大众正在承受的命运,也是同学们直面的现实。

有人会怀疑:在这样的时代,沉下心来探求真理、培育人格,真的可能吗?或者说有必要吗?有人心中也自然会涌出这种疑惑:我们学生何不直接投身于政治社会运动中,成为巨大组织的一员,以组织和团结的力量,选择经济改革、社会改革的道路,这才是捷径吧?对于一部分认真的青年所感到的此种疑惑与焦虑,我不禁深感同情。

但是,我想现在恰恰是学生应该坐稳板凳,专注于自己本来的使命的时候。并非所有事物都是由变动的经济物质之力支配和决定的。毋宁说,克服这些经济物质条件,在动荡的社会现实中主张和推进自我的,正是真理和精神之力。如果学生在就学期间放弃自己的使命,被时代潮流所裹挟,那还有谁来继承这崇高的任务呢?我们治学者必须尽力摆脱支配一个时代的政治、经济上的社会势力,集中自己的精力来研究学问,将重建祖国的基石置于真理与正义之上。

这一点,构成我们学生的本质,同时也应当是我们民族的理想。倘若日本民族放弃精神的独立,还怎能期待文化日本和道义国家的建设呢?我们的祖先,即便受到时代的制约,也仍然相信这种精神的独立,创造了自己的文化与道义。我们必须一起从现下的苦难中走出去，与伟大的人、真实的人的精神为友。我们将获得的安慰，就是前方那建设新日本的光荣事业，至少，是为了这一事业而劳作的喜悦。

再见，诸君，希望你们携手跨越时代的苦难，以真理的探究和人格的育成为目标，开始新的大学生活。

大学的自由与使命
——建校纪念日上的演讲

1947年4月22日

一

各位教授、同学，今天是我校建立七十周年纪念日，我们汇聚在这里，与其说是为了纪念过去的历史，不如说更是出于对将来的成果的期待，这一点想必各位都是承认的。在我们的上方，全新的时代正在降临；在我们的周围，各种新事件正在发生。让我们想一想，这新的时代和事件，对于大学之使命及其实现，给予了怎样的启示吧。

去年夏天议会制定的新宪法，和本届议会通过的《教育基本法》与《学校教育法》，为我国的教育和整个学校体系，带来了根本的改革。其基本方向与我们去年的今天在这里提出的主张和要求几乎是一致的。从制度上说，这意味着我国新的高等教育机构，不再像过去那样仅限于少数特权者的教育，而必须为多数国民提供均等的教育机会；同时，必须改变过去那种过于狭隘的、阶级不平等的学校体系，令其开放和民主化。

此次改革，取消了迄今为止那些直接与国立大学绑定的少数高等学校，在各地广泛设立新的高级中学，并延长了小学、初中的义务教育，完成新的义务教育阶段后，谁都可以进入高中。此外，还取消了过去作为次要存在的专门学校，在全国增设大学，从新制高中毕业者有机会进入公立、私立的任何一座大学。这样的改革正是我们积极提倡的，看到这些构想的实现，我们深感喜悦。

与此相伴，大学修读年限原则上定为四年，特别的学科则可以延长，由此在大学中导入了人文与自然科学的一般教养以及综合教育的方法，同时通过对大学院的扩大增强，推动学术水准的提高和文化的发展，这些也与我们所期望的一致。这样一来，本校将作为新的意义上的包含各学部（college）的一座综合大学（university），比过去更进一步地发挥其机能吧。

同时，此次改革也废除了成为我国教育制度一大问题的师范学校制度，而在各大学设置教育学科，该专业学生将在广泛学习各种一般教养和专门学科的同时，修习特定课程，而后被送上社会，成为全国各种学校的教育者吧。随着今后教育者的社会、经济待遇的改善，我们期待本校毕业生将在以广大中小学为首的各种学校中，为培育新日本的年轻一代而发挥重要的作用。从这一点上说，我校现在的教育学科有待扩充和发展。

这些新学制的制度，将于两年后在大学施行，在此之前需要进行各种准备，但在过渡期间，对于能够实施的项目，我想也有必要本着新制度的精神，切实地着手实施。

此外，新制度还规定了大学可以设置附属的研究所，这对于基础的综合研究，特别是它与实际应用的关系，将发挥特殊的机能吧。但是，今后应把它们与学部和大学院更加紧密地联系起来，将研究所也用于学生的研究和指导，作为大学的机构实现有机的一体化。本校去年设立了理工学研究所和社会科学研究所，它们各自致力于与我国今后的产业与社会重建相关的各种新问题，研究所成员开始协同努力。本年度我们还会看到新闻研究所的开设，它将服务于民主政治的良性发展，以新闻媒体的高水准为目标，从新的起点出发，从事研究、教学和训练。

像这样，我们的大学在平等的基础上被赋予了新的使命，得以强化和发展其组织机构，为此我与在座各位一样不胜喜悦。

二

但是，不论制度与机构怎样完备，仅靠它们，知识和思想并不会有任何进步。如果大学所发挥的机能本身没有大的更新，那么不管大学的外观多么气派，它都不具有公共意义上的重要性。从大学的机能上说，最重要的根本条件是"自由"，在这一点上，过去成为问题的旧大学令[①]第一条中"国家所需"这一限制被取消，"大学的自由"与新宪法保障的"学问的自由"一起得以确立，是我国历史上值得永远记住的事件。与此相伴，"帝国大学"这一名称不久也会发生变更吧。

那么，正如所有权利都对应着义务，大学的自由也伴随着责任。关于大学的这种自由和责任究竟是什么，下面我想结合大学的使命或者任务，来进行一番考察。

大学的第一项任务，不消说，当然是教授专门的学术，在这一点上大学必须享有完全的自由。所谓"研究是自由的，但教学上有限制"，这种庸俗见解至少就大学而言并不成立。在这里，我们必

[①] "旧大学令"是日本 1918 年 12 月公布、1919 年 4 月起实行的规定大学制度的教育法令。1947 年《学校教育法》实施后，"旧大学令"正式废止。

须自由地教授和学习一切思想和学说。教师应该自由地传授其所拥有的最高层次的知识，不因其他任何考虑而做出妥协，同时学生也必须基于自主自发的精神，依据自己的思考与判断，自由地学习真理。这事实上是为了真理的尊严与进步。

这就要求我们，要各自以真理探求者的态度和方法，来完成这一任务。无论在何种领域，我们都必须教授通过学术方法和学者的精神所获得的研究成果——至少要以此为目标。同时，在对待这些成果时，我们要保有公平与宽容的精神，对其他思想学说也不能疏于考察，要予以正当的评价。问题的关键，在于真理自身，而不是个人的利害或感情。当教师将其研究的真理作为真理来讲授，就会获得学生的信赖和尊敬吧。学生能够辨认出好的教师。教师是在讲真理，还是在讲他自己，他们看得很清楚。这不仅是能力的问题，更是学者本人的良心、诚实的问题。

大学的第二项任务，是作为研究的机关。在人类知识还很幼稚的阶段，大学的重要机能是教授既存的知识。但是，将大学与大学以下的其他学校区别开来的，正是"研究"（research），是由此对未知世界的开拓。为此，研究的绝对自由以及发表研究结果的自由，就是大学存立的绝对条件，这样的自由是一切科学精神与活动的生命。

对于知识来说，"禁果"已不再存在于任何地方。经不起人类理性的批判的传统或信仰，没有存在的价值。在自然、社会和文化的诸现象中，人类发现和拥有的知识还很有限，无限的旷野正横亘在我们面前。大学传授过去的历史和基础性知识，也是为了展示真正的事实与方法，让我们走向新的研究与创造。大学作为大学真正发挥机能，不单是在知识的教授和训练中，其实更是在以创造为目的的场合。

正因如此，学者尤其被赋予了特别的义务。大学教授的生活也需要得到社会保障，有为此而团结起来的自由。但是，即便如此，他必定还是会屡屡忍受穷困与孤独之苦吧。他将把世间的名声和势力置之度外，仅仅依靠自身，埋头工作。为此他时常会招致他人的误解和敌意，或者让自己陷入疑惑与失望，这也是他做好了心理准备的。通过这样的荆棘之路，精进努力，为了所有人去发现真理、创造自由，这是我们的任务。只有完成这种任务，学者才称得上是世界的理性和良心吧。

但是，这不意味着大学就可以与世间相隔绝，成为孤高独立的所在。

大学的第三项任务，就是将其专门知识与研究成果直接向社会与国民公开提供。知识已不是少数知识阶级的特权，它必须为国民大众所有。建设民主日本，最重要的就是让政治、社会的知识以及科学技术普及渗透到国民生活中去。大学一方面要始终作为学术机构，把主要力量放在研究和教学上，另一方面又必须为了填补过去知识阶级与大众之间的那种鸿沟而发挥作用。本校在战争结束后，率先开设公开讲座，正是为了这个缘故。只有这样，我们的大学才能充分成为国民的大学吧。学生也应该根据其能力，在假期和学习之余，在故乡或者首都发挥自己的力量，特别是参与青年的文化指导与研究工作，这对学生自己也是有所裨益的吧。

但是，在这种场合，也必须坚决保持大学的自由。这是因为，我们所谈论的，当然不是出于政府的要求，也不是一党一派的意识形态，归根结底是学术研究的成果。使大学的这种讲座具有权威性的，是其超党派性、政治上的中立性，是它所证明的真理本身的真理性。

　　大学所教授的内容，也未必立刻就能符合国民大众的意志或者社会舆论。学术研究中产生出的新思想与发现，与当时社会普遍接受和信奉的观念不同，这种情况也是有的。即使与时代的风潮和势力相左，只要是在人类过去的历史和生活中纯粹地具有价值的事物，或者适用于一切时代的真理，大学就应不惮于去主张它们。在此意义上，大学一方面走在舆论前面，站在启蒙运动前沿，另一方面又必须警惕民主政治可能陷入的舆论专制的危险，承担拥护真理的职责。

　　要而言之，大学之所以是大学，正是因为它研究并宣扬真理，涉及以上三种机能时，必须保障其完全的自由。只有这样，大学才称得上真理之殿堂、理性之府。

三

　　大学的使命除了以上所述之外，还必须再追加重要的一项。国民对于大学的期待，有比科学技术知识还重要的事。那就是"人"的培养。人格的力量比智力更强。大学不仅要在知识、学术上，还必须在道德生活上付出极大的努力。但是，在这一点上也存在着大学的自由，学生就像在学习和研究中一样，在道德教育方面也被给予了自由。这种自由，就是各自作为一个自由的人，以人格这一人类的至宝的养成为目标，让良心变得敏锐，努力塑造自我。

　　人格并不是我们靠着孤独的冥想，一味捶打自己的胸口或者凝视自己的肚脐就能养成的东西。相反，它要通过我们被赋予的义务，通过埋头研究学问和劳作，刻苦努力而得以形成。教授与学生化作一团火焰，献出各自的一切，向着共同的目的精进努力，没有比这更壮美的光景了，从这一过程里将会产生超越各自专业的、人的灵魂之间的交感。其中年龄的差异，或者能力的不同，都未必是问题。

校园生活的意义就在这里，通过共同生活，人们会各自真正认识自己，发现自己。这样的人会为了抵达真正的自觉，而进一步深耕自己的内心，不懈追求净化和提高的道路吧。在此过程中，他们将会发现自主自律的具有个性的人格，从而得以自立，无所顾忌地讲述自己的心灵。人类被创造出来，是为了让各人自己独特的果实结合在一起，而不只是为了成为从属于政党、团体的机械的人。

只有当这样的个人成为国家社会的构成者之时，新的和平民主的日本才能够建成。决定国家社会的未来的，不是制度、组织本身的完成，而是构成国家社会的人的品格与价值。如果国民不能意识到这一点，如果多数国民的个性化存在之中，没有发生肉眼看不见的内在变化，那么祖国的复兴终究是不可能的吧。

我们深知祖国目前在经济上、社会上处于怎样的困难之中。但是，真正的困难潜藏在更深处。问题在于导致这种社会、经济状态的国民的精神生活——其知性的、道德的生活之根底。我想指出这一问题并设法解决，便是大学的使命，也是治学者的任务。我们应当做的，就是成为有资格担负这一使命的人，研究、传播真理以改变社会，从而为人类文化做出贡献。

我们的大学只有完成这种使命，或者至少是决意向这一目标努力的时候，才能更好地发挥自身的特性和真正的价值吧。愿高贵的知性之芳香充满这座殿堂！愿庄严的正义之光照耀我们的校园！这是我们从心底对大学与校园的祝愿。

人之革命与第二次产业革命
——毕业典礼上的演讲

1947年9月30日

毕业生诸君！今天你们即将光荣毕业，而你们在校的这三年，实际上也是我国前所未有的历史激变的时期。首先，是赌上国家命运的那场悲痛至极的决战的最后阶段，和作为其必然结果的悲惨的全面败北与投降的一年。其后，是在蔓延全国的惨淡的荒废与穷困之中，全体国民虚脱、迷惘和彷徨的一年。回首望去，我们可以说是承受住了这样的困境，克服了它，从中走了出来。

而从废墟中渐渐站起来的我们，不，是不得不站起来的国民们，在盟军的指令下，完成了制定新宪法的伟大事业，和与之相伴的一系列政治变革，终于在今年向着新日本国的建设重新启程了。虽然本校建立已有七十年，但诸君却是在新宪法实施后，我们向新日本的国家社会送出的名副其实的第一批毕业生。

一

的确，诸君即将进入的国家和政治生活，已经不同于往昔。神圣化的国家主义和军国主义已经永远地灭亡了，新的和平与民主主义的国家正在建设之中。这是我国长期被压抑的"人性的恢复"，是"人权的宣言"。如果说民主主义有着不朽的意义，那显然就在于它不将国家权力摆在优先位置，而是最重视主体性的人性、人格的各种自由与权利。

近代国家主义，特别是在我国，严重地将人类社会非人性化，奴隶化，有时甚至是野兽化。最极端地暴露出这一点的就是战争。本来是为了人而存在的、人类自己创造的权力，变成了高于人类的事物，将自身客观化，以其独特的存在和威力君临于人类之上。此次大战的悲剧、这场人类的暴行就是这样上演的。

如今，我们获得了对人性理想的深刻自觉，期盼建立在正义之上的永久和平，绝对否定战争，甚至抛弃了一切武力。作为近代国家主义之象征的军队与战争，至少在我国是一扫而空了。

在这个变革的季节，官僚的玩忽职守仍然随处可见，更糟糕的是割据主义和不负责，而最恶劣的是为私利而滥用权力、紊乱纲纪，对于这些现象，国民会怎么看呢？我希望诸君不要梦想获得从前那种特权地位，而是真正作为国家公仆、为国民服务者，挺身而出对我国的官僚制度进行改革。公务员的工作并不会因为国家的民主化就失去意义或者变得次要。拥有优秀的公务员，是国家实力的一部分，也是国民的幸福。

如果诸君将来想要更进一步，进入国会这一新宪法所规定的国家最高机关，或者新获得自治区的地方上的各种议会，那就更需要有新的觉悟了。

政治不能依靠黑暗的非理性的阴谋权术，它必须通过自由的讨论与批判，接受高水平的知性、见识以及道义的引导。然而，在我国的政党政治中，追求一党私利的方略还根深蒂固，有时出现喧闹，甚至使用暴力，这实在让人寒心。我国新的民主政治教育，首先应该由议会付诸实践，担负以身作则的义务。

这在基础上要求我们国民各自必须能够自主自律，具备自己判断、自己决定和选择的见识和能力。政治和立法不应该尽数委托给号称政治家的专业人士，它们最终还是国民自身的权利和义务。诸君将来无论从事何种职业，都必须作为一名公民、市民，保持对国家公共团体的关心和热情，依据我们自身的意志，来创造我们自己的共同体。事实上，无论在立法、司法还是行政中，国民都是最后的主权者、裁定者。

二

但是，诸君不仅身处上述的"政治革命"之中，同时还生活在宏大的"社会革命"的时代。"自由"如果只是作为人或者说公民的各种权利，停留于法律上、形式上的自由，那么就经常会成为掩盖人的奴隶化的手段。在自由的名义之下，有多少不自由被强加于社会大众生活之上，这是近代历史已经证明的。实际上这正是18世纪与法国革命所孕育的自由主义的民主主义走过的道路。自由的宣言发布了，但人类生活中至今还没有实现自由。

这一点，诸君已经在战败后的现实中，在就学期间，不是作为观念，而是通过亲身体验感受到了吧。在最低限度的生活都得不到保障的日复一日的穷困中，你们的学习伴随着多少喘息、劳作与战斗啊。况且，在今后你们大多数人将要作为产业经营者、技术人员、劳动者而进入的社会中，还有失业问题等待着你们。在各种因素互相依存、互相交织的社会经济生活中，仅靠个人的自由和善意不能解决问题，需要的是广泛的组织化与社会化。现在日本所处的状况，需要同时推进旧的政治上的民主主义和新的社会上的民主主义。

追本溯源，在资本主义这一近代自由主义的产物中呈现出一种奇怪现象：生产不是为了人，反倒是人为了生产而存在。其中人不是经济的主体，物——巨量的财物成了主体，这是不争的事实。在这里，单纯的经济自由主义并不保障人的真正自由，反而导致了社会生活的非人性化、人的商品化。这不单是经济、社会层面的问题，更是近代文明自身根底中的问题。

形塑近代文明的主要力量，是近代自然科学所孕育的"技术"，和与其发明相关的"机械"。它们确实是人类的伟大发明和创造。18世纪末以降的"产业革命"，正是由此兴起的。它最初的目的，不正是将人类从自然的劳役中解放出来，减轻人的负担吗？然而机械最终却将人的生活机械化，把人变成了一具机械。如此，人成为他以自己的力量创造出来的机械的奴隶。这就是近代高度的技术化、机械化的资本主义将人类非人化的过程。

澎湃的劳动者集团的出现及其运动，是这种过程产生的一个社会现象。其意义，无论他们意识到与否，无论他们的意识形态如何，在根本上正是反对那种人的机械化、非人化，是夺回和解放人性人格的运动。这也是人类对于近代文明的抗议。

那么，最近震惊世界的"核能"的发现又如何呢？在此次大战中首次被运用的那种恐怖的威力，今后被广泛运用于工业界、产业界的时候，必将不同于以往的蒸汽能源和电力，带来近代文明的一场大变革。"第二次产业革命"势所必至。不，它已经开始了。

近代科学文明本身并没有过错。我们无须诅咒它，去讴歌非文明的原始生活。我们必须让近代科学和技术更加发达，由此建设人类的灿烂文明。但我们需要警戒的，是近代人对科学和技术的一种近似信仰的无条件信赖和乐观主义。科学技术必须始终是为人而存在、服务于人类的。

我们在这第二次产业革命中,一定不能重复第一次产业革命以来的失败,必须取回人的主体性。若不这样做,那么人类更进一步的大规模物化,甚至最终的灭亡都是有可能的,这种危险不只来自战争。眼下人类在这场革命面前,面临着"自取灭亡还是复兴"的二选一的岔路口。这场革命必须以人类的名义、人格的名义来进行。必须恢复人性人格的价值,让它们优先于与国家和权力同样偶像化的技术和生产。

三

这要如何成为可能呢?为此必须完成人本身的革命,也就是"人之革命"。眼下我们不仅需要政治的或者社会生活的革命,还需要人类存在内容本身的革命、内在思想的革命。

这是一种道德、宗教的"精神革命",或者"文化革命",没有它,无论民主政治革命还是社会经济革命都是空虚的,终将归于失败。这样一种人类精神与文化的革命,首先必须做的,就是对颠倒的各种价值的混乱加以纠正,找回正确的关系,确立人类精神的价值与自由。

人类的存在以高贵的精神秩序的世界为基础,身为人的这种"精神自由",在任何时代都是不变的、神圣的人格权利。它并非来自历史的必然性,或者经济的生产力,而是来自精神自身的本质。而在现代,特别是连年轻人中间都盛行的对这种精神的价值——真理与正义的不关心或者怀疑的态度,意味着什么呢?现在弥漫在我国的道德颓废与社会的无秩序、一切的混乱,都是由此产生的。

为了让自由不只是否定的和消极的，而成为积极的和建设性的，必须把它与创造性、精神性的事物相结合。唯有如此，人的主体的权利才会诞生。没有哪个时代像现代这样，将人的存在在历史中客观化、组织化到如此程度。这并不只是极权国家主义社会和垄断资本主义社会特有的现象。

新获得主权的人民大众，也同样放弃了个人的自由，正代之以集团组织的意志。由此，精神性的事物将被拉低到普通大众的要求，新文化的危机就在这里。政治经济的社会化、组织化是必然的。但是，这必须以废除对人类的奴役与剥削，拥护人的精神自由与人格尊严为目的。为了我们的精神生活，最高限度的自由必须一直保持下去。

诸君的学问和教养，本来就不是为了支配而存在的特权，而是必须用来服务于国民大众的。不过，这绝不意味着对大众意志的迎合或盲从。精神的价值永远都是创造性的个性的价值，这种人类个性之力才是从内部将社会结合起来，提高大众素质的原动力。

这一问题并不仅仅与知性和道德相关，还从根本上联系着宗教性的精神。神道自不必说，包括佛教、伊斯兰教乃至基督教在内，现在整个世界面临着一个大的宗教革命的时代。真正的宗教，首先必须为了人的尊严、自由与创造而存在。麻痹、窒息这一切的单纯的超越主义或者教会主义，是无力救赎这个世界与人类的。

宗教必须为文化各领域注入使人自由的生命力，成为人与社会实现真理与正义的力量源泉。倘若忽视这一点，那么宗教所扮演的，往往不过是维护统治阶级利益与既成秩序的保守角色吧。

不公正与虚伪是与神性不相容的。我们必须为了粉碎它们而战斗。但问题在于以怎样的态度去战斗。我们不应怀着憎恶、暴戾或复仇的感情，而应怀着对神的信仰与喜悦，对人的尊敬与同情去战斗。否则，就无非是以新的虚伪和不公正来取代旧的，结果反而比以前更坏吧。

在诸君当中，意欲成为学者、教育者的人自不必说，一般说来，但凡是从大学毕业的人，也都是受到时代的召唤，要成为这样一种人类精神革命的战士，承担着让新的精神渗透到新的政治社会生活每个角落的重要使命。

毕业生诸君！你们现在即将走向以人之革命为中心的伟大的政治社会革命。这未必就是人们所说的"无血革命"。它的背后是在战争中牺牲的数百万同胞，特别是我们年轻的子弟，曾经与诸君同窗求学的众多战友的鲜血。在今天这场毕业典礼上，我们必须再次严肃地想起此事。

今后无论你们身在什么位置和工作岗位上，都应当与我们共同铭记此事，为祖国的重建而前进。我国的精神、物质上的痛苦，今后还将持续几年乃至几十年吧。我们在这个时代把诸君送上社会，对于你们的将来，我不期待你们拥有世人所谓的"幸福"生涯。我所衷心祝愿的，是你们在这样的时代生活下去，与同胞分担苦难，为真理和正义而斗争，作为这样的人，度过有意义的"满足"的生涯。

宪法修正 其一
——第九十届议会上关于宪法修正案的质询发言①

1946 年 8 月 27 日

一

此次的宪法修订事业，是祖国战败后我们能否清算自己的过错，今后能否让我国成为完全独立的国家的试金石。在我国以往的历史上，没有哪届议会的使命比审议宪法修正案的本届议会更加重要吧。但与此相比，我想制定这一宪法草案的政府的责任更加重大。这是因为，此次宪法修订事业的成败，可以说完全取决于草案的制定。在此意义上，我个人极为重视政府当初是以怎样的根本方针和态度来拟定这一草案，它的成立过程又是怎样的。从这种见解出发，在对草案内容本身提问之前，我首先想就与上述问题相关的几点坦率地提出质疑。烦请前首相币原国务大臣②以及吉田首相③各自就此作答。

---

① 1890 年《大日本帝国议会宪法》施行后，帝国议会正式设立。1946 年 6 月至 11 月间召开的第九十届帝国议会上，通过了战后的新宪法《日本国宪法》。1947 年 5 月新宪法施行后，帝国议会解散，同年召开了新制度下的第一届国会。

② 币原喜重郎（1872—1951），日本政治家、外交官，东久迩内阁全体辞职后继任内阁首相，任期为 1945 年 10 月 9 日至 1946 年 5 月 22 日。

③ 吉田茂（1878—1967），日本政治家、外交官，币原内阁时任外务大臣，1946 年 5 月担任自由党总裁并就任首相，其后多次担任首相，组建了日本第四十五、四十八至五十一届内阁。

（一）本来，日本为了今后成为无愧于国际社会的独立国家，必须重新认识到正义与自由才是人类的至宝，对外不再向世界开启战端，自觉于人类应当实现的高贵理想，创建文化与和平之国，对内则应当建设属于全体国民的民主国家，消除人对人的压迫和隶属，让人的自由与权利再也没有受权力蹂躏的危险。这不仅是基于日本承诺接受的《波茨坦公告》的条款，也是我国为了自身的新生必须积极践行的。于是，作为我们国家统治的基本法，宪法也必然需要根本的改革。为了解决这一问题，不单要讨论法律解释的层面，更要深刻洞察世界的政治动向与时代的意义，充分对其做出回应。

那么，我首先想询问的就是，当时币原首相是否认识到上述问题的重要性，是否有着相应的明确方案呢？说得具体一些，去年10月虽然设立了以松本国务大臣为委员长的宪法问题调查委员会，但不知为何，却将其宪法草案作为松本国务大臣个人提出的草案，而且在内容上也没有对天皇统治权的大原则加以变更，这是去年12月众议院预算总会上政府当局所声明的，而且今年2月上旬报纸上发表的"谈话"也写明了这一点。① 面对政府这样一种维持

---

① 币原内阁时期，日本政府于1945年10月25日设立了以国务大臣松本烝治为首的宪法问题调查委员会。该委员会拟定宪法草案时以不变更天皇统治权为原则，其保守性受到新闻媒体的批评，盟军总司令部有鉴于此，对日本政府采取了更为强硬的态度，开始自行制定新宪法草案。1946年2月盟军总司令部向日方提出美方拟定的草案（俗称"麦克阿瑟草案"），日本政府基本按照这一草案重新拟定了宪法修正案，于3月5日发布了《宪法改正草案纲要》，得到盟军总司令部支持。同年10月，该修正案经过议会、枢密院和天皇的同意，11月3日作为《日本国宪法》正式颁布，1947年5月3日起开始施行。

现状、空耗时间的态度，当时关心国事的人都为国家忧虑不已。

（二）随后，政府在3月6日突然发表了现在这份宪法修订草案的纲要。自《终战诏书》发布以后，再没有哪个日子像这一天那样，带给国民如此巨大的冲击吧。这份草案与各政党、民间各研究团体迄今所发表的各种草案——除了极少数的例外——都相去悬殊，特别是与之前政府自身调查审议的方案，也几乎处于两个极端。

在此我想问的第二个问题就是，在宪法修订这样重大的问题上，政府的方针与态度发生如此根本性变化的原因究竟是什么？这种变化，再怎么说都是根本方针的一百八十度转换，是同一个政府所不可能采取的。国民对此感到难以理解，目前正处于极大的疑惑当中。

吉田首相是以国际形势的急速变化为理由的，就像您在众议院说明的那样，但这种形势变化也是完全可以预见的，政府难道不应该从一开始就将这些考虑在内，然后再制订明确的方案吗？恕我失礼，您二位作为外交界的元老，之所以对此没有认识，招致如此事态，岂不是由于将事情想得太简单吗？说到底，不是因为政府对于宪法修订从一开始就持消极的维持现状的态度吗？坦率地讲，我认为政府对此负有重大责任。关于这些，希望听到币原前首相的解释。

（三）接下来是第三点，先不论草案本身的内容如何，在我们看来更成问题的是这一草案的制定方法的不民主。新宪法如果要真正具有民主性，就不仅需要在内容上是民主的，即使在其制定的程序上，也应基于民意，以公正透明的自由讨论为前提条件。而且这不仅要体现在议会的决定过程中，在制定草案的过程中也必须如此。

在此意义上，本来最理想的方式是将制定草案的工作交给代表国民的议会来完成吧。政府似乎是为了保持法理上的延续性，根据现行宪法第七十三条采取了政府起草法案的形式，但如果是这样，至少也应该以议会成员为中心，联合学者以及有经验的人士，组织一个足以反映国民意志和智慧的宪法修订审议会，将草案交予其讨论。就连我国过去制定重要法案时都是采用这种方法的。然而，政府没有这样做，在国民不知情的状况下就制定了草案，并且立即将其作为政府的决定案公布出来，这是基于什么理由呢？

采用这样的做法，就会显得十分独断专行，令人感到这是又一部自上而下强加的宪法。我们非常疑惑，政府究竟为何如此急于通过这一修正案？此次议会要讨论的各项法案本来就错综复杂，为了有充分的时间来议论新宪法的规定，难道不应该在将宪法草案交付审议会讨论后，于今年秋天另外专门召开宪法会议吗？关于以上几点，希望政府能做出令国民接受的解释。

（四）接下来是我的第四点质疑。3月6日，宪法草案纲要发表之际，币原首相在"讲话"中特地声明，草案是在"与盟军司令部的紧密联络下"拟定的。几乎同一时间发表的盟军总司令的声明中说，草案是经过"盟军总司令部有关部门的深入研究和多次会谈"制定的。决定我国命运的宪法修正案在起草的最后阶段，陷入了这样的结局，不知道政府对此是怎么看的？我们虽然能够理解政府在此过程中的苦心，但对于日本政府最终未能自主自律地负起责任，亲手制定宪法草案，我们十分遗憾，甚至感到这是日本国的不幸、国民的耻辱。这难道不会带来一种危险，使新宪法在国民印象里不仅是自上而下给定的，而且还是由外人强加的吗？眼下坊间就已经在流传这样的臆测，这是无法掩盖的事实。如果这种印象广泛渗透到国民中去，那么新宪法的安定性就十分堪忧，不知政府对此怎么看呢？另外政府究竟有多大程度的信心、有怎样的方案来消除这种印象和臆测呢，关于这一点我想请教吉田首相的见解。

我们知道，根据《波茨坦公告》相关文件规定，"我国的统治权，在盟军占领期间归于盟军最高司令官"。而且实际上，由于这种现状，本来应该由我们自己亲手完成的我国多项重要的改革，都是根据盟军总司令部的指示展开的。但是我们还知道，上述文件中也规定了"日本国最终的政治形态必须由自由表明的日本国民意志决定"。那么至少在这一问题上，政府草案的制定应该遵循上述精神和宗旨，无论国际形势如何变化，都不能轻易为其左右，我国应当始终忠于《波茨坦公告》的根本要求，从一开始就站在明确的方针上，即使赌上政府的命运，也要自主自律地坚决推行改革。关于此次宪法修订与《波茨坦公告》附属文件的关系，政府是如何解释的，我想请教吉田首相。

（五）也许有人会说这只是一份草案而已。但是如此制定出来，并且在盟军总司令部的全面承认和支持下公布的草案，会具有多么大的影响力，几乎是难以想象的。只要看看如下事实便可明白这一点：这份草案纲要发表后的第二天，各政党此前发表的修正案全都销声匿迹，各方立刻迅速表明赞成政府草案。这种现象在美国等民主制度发达的国家或许是见不到的，但遗憾的是这就是日本的现状。现在日本首先正是通过宪法修订的事业，来进行民主制度的演练。

最近，在7月21日，也就是本届议会召开不久之后，盟军总司令部再次发布声明称，"在选择该宪法时，日本国民的自由意志的表明是绝对必要的"，"是直接通过草案，还是加以修正，或者予以否决,换言之,新宪法之形式和内容,均应由日本国民正当选举产生的议员来决定"。的确应该如此。然而也就是同一天早晨,吉田首相在本院[①]特地提醒我们注意,"关于宪法草案的讨论和修订固然是自由的,但也应该考虑国际关系",这是基于何种理由呢?我认为首相的这种提醒和要求,事实上也成了贵族院和众议院讨论宪法时的根本前提。吉田首相的上述言论,与麦克阿瑟元帅上述声明的宗旨是否有相悖之处呢?日本首相难道不应该对盟军总司令部的公正态度做出呼应,提出同样的要求来激励议会吗?

在这里,政府的借口仍然是国际形势。可是,日本只需遵循《波茨坦公告》及负责其执行的盟军总司令部的声明,更根本地说是忠于真理与正义,除此之外有什么好困惑和怀疑的?我们作为战败国,在保持彻底谦虚的同时,也必须大胆地主张真理就是真理,对的就是对的,为此自由地发出呼声。这也是民主的根本精神。我想联合国对日本的要求,其实也无非如此。将来也只有当日本国民做到这一点的时候,日本才能加入国际社会,赢得列国的信赖,为人类做出贡献。

(六)在政府对于宪法修订的态度和方针中,使人怀疑其自主自律性的问题还有一个,那就是整个草案的结构及其文体。只要是读过草案的人,对于它的结构和表现形式,都会感到它是以我国立法中前所未见的外国样式写成的。虽然众所周知,现行宪法也是以普鲁士宪法为模本的,但是我们的先人为了将其日本化,付出

[①] 指贵族院。贵族院是明治宪法所规定的帝国议会的上院,与下院即众议院共同组成议会。1947年新宪法实施后贵族院改为参议院。南原繁于1946年3月至1947年5月任贵族院敕选议员。

了多少苦心和努力啊。以此次战败为转机，我国现在要重新以美国的立法先例和政治文献为参照，这是完全可以想象的，而且也极为必要。但这份草案不能不给人一种感觉，即它像是出于某种理由首先以英文撰成，然后译成日文的。如果只是占领下的临时宪法也就罢了，但倘若要将其作为将来的独立国家日本的宪法，传给后世子孙，这种形式是足够的吗？我国的立法技术专家当中，果真无人能解决这一问题吗？在这几点上，政府采取的方法难道没有留下很大的遗憾吗？希望吉田首相能就此做出回应。

这并不仅仅是文体与结构的问题，更关系到宪法的内容和其中的精神。接下来，我想就草案内容当中的主要问题提出质疑。

二

（一）我关于宪法草案内容的第一项质疑，是日本这一国家的基本政治性质的问题。不消说，这也就是围绕着天皇制的日本政治民主化的问题。首先，我将不掺杂自己的主观想法，尽量纯粹客观地解释法案所规定的内容，看看它们与政府的声明之间是否存在重大的龃龉或者矛盾。吉田首相去年6月24日在回答本院一位议员的质询时，表示修正案中日本的基本政治性质没有发生变化。果真如此吗？

第一点与天皇制本身有关。根据草案的规定，天皇被称为日本国或者日本国民统合的单纯"象征"（第一条），在政治上基本没有职权（第四条），仅负责礼仪性事务（第七条）。而现行宪法规定"天皇为国家元首，总揽统治权"（第四条），并列举了众多重大职权，与此相比，新宪法可以说完全是另一个极端吧。

新宪法中使用了我国旧来法典中未曾用过的"象征"（symbol）这一新词。这原本是诗的、艺术的词语，纵使以它的神秘性来为天皇制润色，从法理上来说它也不构成任何实体概念或者机能概念。现在国会是国家的最高机构（第三十七条），天皇已经不是国家政治机构。换言之，天皇已经与国家政治意志的构成没有任何关系——连形式上的关系也没有，其只是作为礼仪装饰。这是否可行姑且不论，总之必须将此解释为日本这一国家的基本政治性质的根本变革。虽仍称天皇制，但不过只是名目，在政治制度上应该说它已经完全失去其意义。战争结束以来的历届内阁——特别是当时的币原首相身为人臣尽力护持的所谓天皇制，其内容本来就是这样吗？这是我想向现在担任国务大臣的币原氏询问的。

（二）关于国家基本政治性质的第二点问题，是"主权论"，亦即与所谓"国体"相关联的问题。这也就是与草案的上述内容一样，在第一条中被反复强调的"国民的总体意志至高无上"，"国家政治源于国民崇高的委托，其权威来自国民"云云，以及"天皇的地位基于日本国民的总体意志"的问题。这无疑是与"君主主权"相对立的"人民主权"或者说"国民主权"的理论。由这些论述来看，草案已将天皇排除在与前面所说的日本政治、法律秩序的本质关系之外，由此确立了新的国家形态的基础，其立场可以说是极为明了和彻底的。

在现行宪法中，上谕声称"国家统治之大权，朕承之于祖宗，传之于子孙"云云，与此相承，宪法第一条规定"大日本帝国，由万世一系之天皇统治之"，这与新宪法草案有着根本差异，对此我们必须有充分的认识。在这一点上，我国的基本政治性质也将从根本上发生变革。为什么政府不坦率地承认、明言这一点呢？过去我国宪法的一般解释，正是依据现行宪法的上述条文来说明国体的。无论政府当局如何强辩，我国国民普遍理解的"国体"，都与过去这种基本政治性质密不可分，有深刻的内在关联。《教育敕语》中所宣称的"国体之精华"，除此以外也别无他物。在此意义上，我国的国体观念在草案中明显是发生了变更。

而政府却试图掩盖这种变化，减慢变更的步伐，想出了极为奇怪的解释，把天皇包括在"国民"之中，还从一开始就解释说"国民的总体意志至高无上"一句并未规定主权的所在。然而对于"国民"一词的这种解释和使用方式，在我国从前的国语以及法律用语中是从未有过的，而且英文译文（可以视为内阁官方的翻译）中明明白白地写着"Sovereignty of the people's will"和"Sovereign will of the people"。此外，特别是3月6日盟军总司令部的声明中也明确宣称"主权直接交于人民手中"。当局罔顾如此明了的事实，强行主张日本不是人民主权，这种态度难道不是"掩耳盗铃"吗？

现在，在此次众议院宪法委员会的审议中，经过种种曲折，最后不知为何是在执政党的提议下，才完成了将"主权属于国民"明文化的修正，而政府同意此次修正的理由又是什么呢？在我们看来，经过这种修正，草案的逻辑变得更彻底，完全体现了"人民主权"，忠实于英语译文的精神，在这一点上政府有何见解呢？不过，将天皇包括在"国民"一词中的解释也依然残留下来了，于是产生了奇异的现象：一方面，迄今为止主张"主权在君论"的政党转换到这一方向上来；另一方面，有的政党则认为这是重新规定了"人民主权"而予以赞同。然而，无论议会和政府如何妥协地解释，都无法抹消"国民主权"或者其同义词"人民主权"这种全世界共通的政治学概念所具有的真理性吧。如果现在还坚持说我国既有的根本政治性质乃至国体观念并未发生变更，那只不过是自我满足、自我安慰，甚至自我欺骗吧。

经过此次宪法修订，在天皇制和主权论的问题上，尽管政府试图否定，但从纯粹客观的角度来解释，可以说一场建国以来前所未有的大革命正在国民不知不觉间进行。我们并不一定要躲避这种革命。但问题在于国民自身是否意识到它，自觉地要求革命。政府如何看待这一问题呢？根据首相和金森国务大臣的解释，此次宪法修订的理由之一是对国内形势变化的考量，那么，到制定这份草案为止，各政党以及各种研究团体所发表的宪法修正方案，究竟有没有对此的要求呢？更不用说健全的国民大多数还保持着沉默。无论何时，总是迎合时代势力的少数者的意见出现在前台，这是我国的实情。我担忧的是，这样的状态如果持续下去，在将来——十年或者二十年后，会不会成为招致国民严重反弹的口实，不，应该说是大义名分？在这一点上首相是如何认识的呢？烦请您结合刚才我提到的新宪法安定性的问题做出回答。

战败至今已满一周年，如今我们通过宪法修正的重大事业，可以说站在决定祖国兴废的重要关头。这是因为，战败和投降并未带来日本的国家根本性质的变更。就像一部分论者所说的，并不是在我国接受《波茨坦公告》的瞬间，日本就实行了国民主权。在这一点上，我赞成政府的意见。但是，现在我们根据国民的自由意志，正是在本届议会上，要决定国家的人民主权性质。我想在这一时刻，就像前述的盟军总司令第二份声明中所提示的那样，我们应该"排除政略上的信条、不正当的野心以及利己的阴谋，真正对本国、对国民负责，基于尊严和睿智，并且怀着爱国心"来做出决断。

草案过多地借用了外国政治哲学的术语，而与日本传统思想之间有断裂，这是外国权威人士的批评（参见5月13日远东委员会①声明）。现在我们在吸纳有益的新事物、果断推行改革的同时，还需要继承从国民的历史本质中成长发育起来的事物。所谓宪法的"法理上的延续性"，只有以这种"历史的延续性"为支撑，才有具体的意义，做不到这一点，新宪法就绝不会化为我国国民的血肉吧。由此看来，我国政治的基本构造不能只是保守地维持现状，也不能像草案那样与历史相割裂，而需要选择第三条道路。这是我的看法，不知当局怎么看呢？

当前各政党以及各重要研究团体所公布的各自的草案，提到主权的所在时，或者归于"日本国家"，或者归于"包含天皇在内的国民协同体"，或者认为主权来自"以天皇为首的国民全体"，可以认为在这一问题上表现了舆论的某种程度上的一致。与政府草案相比，这些草案无论哪一份都更注重立足于日本历史来修订宪法，更不消说，与众议院此次修正案中那种"主权在国民"的思想相比，它们有着根本不同的出发点。我自己是一贯倡导"民族共同体"或"国民共同体"（national community）的。这样的概念，一方面是

---

① 远东委员会（Far Eastern Commission）是"二战"后联合国于1945年年底在美国华盛顿设立的、管理占领下的日本的最高决策机构，原则上有权通过美国政府向盟军总司令部发布指令。1952年《旧金山和约》生效后解散。1946年3月麦克阿瑟发布声明支持日本政府的《宪法改正草案纲要》后，围绕麦克阿瑟此举是否越权、宪法草案是否应经过远东委员会审议，委员会与麦克阿瑟之间发生过争论。1946年7月2日远东委员会通过《关于日本新宪法的基本原则》，麦克阿瑟对这一指令并未提出异议，但没有公开宣布。同年10月17日委员会通过《关于日本新宪法的再讨论的规定》，规定新宪法实行一年以后，在第二年内应经过国会重新审查，这一指令直至1947年3月27日才被盟军总司令部公布。

为了让我国历史中超越君主主权与民主主权的所谓"君民同治"的日本民族共同体的本质能够继续发挥作用，另一方面，与民主主义在原理上以个人及其集合为基础不同，这种概念可以为进一步构成国家共同体提供新的世界观基础。这一概念，可以说恰好意味着从18、19世纪的所谓"自由主义的民主主义"向新的"共同体的民主主义"发展。而在我国，从根源上支撑着国民统合的一直是皇室，我想这一点也会为我们新的民主主义赋予其特有的意义。

当局并不反对我们说的"国民共同体"思想，在某些场合还采取这种解释，而它与"国民"这一单纯的集合概念属于不同的范畴。既然如此，政府是否可以考虑进一步将"国民"概念替换为"民族共同体"或"国民共同体"，令其更加明确呢？不过，这种新的"国民"或者"民族共同体"的思想，不消说当然要去除一切古代的神权要素、中世的封建要素，而且也要排除"憧憬的中心"之类浪漫、神秘的要素，就像今年年初的诏书所揭示的那样，要完全以作为人的天皇为核心，将国民的结合变成人与人之间相互信赖和尊敬的关系，由此建立新的伦理、文化共同体。从这一点上说，政府当局也不应再一味强调国体观念并未改变，而应该主动声明它是变化的、与时代共同发展的，不，应该说是必须使其变化发展。同时在宪法上，也有必要明确宣布我国的政治权威来自这种"民族共同体"或者"国民共同体"，是不是呢？

进而，由于国家正是这种"国民共同体"的最高组织体，所以作为国民结合之中心的天皇，当然也就必须在国家中具有相应的地位。宪法修正草案虽然规定议会、内阁、最高法院各自承担独立功能，从而实现彻底的三权分立，然而其法律上、政治上的统一，却在某一点留下了空白。补全这种形式上的统一的，正应该是天皇的位置。天皇不仅仅是"象征",还是国家的一种"机关",也就是说,需要令其构成保障国家统一性的机关——我认为将其视为日本国家统一意志的表现者是妥当的。在此范围内,天皇的行为就不单是礼仪性的,还必须具有关于政治的国务上的名分与形式。在各政党关于天皇制的议论中,除了左右两极之外,这一点也是有力的在野党以及民间研究团体所发表的一致意见。

我所主张的正是这一点。这是我国统一的政治法律秩序所要求的理所当然的逻辑结论,既然保存了天皇制,就不能低于这种要求。同时,也不可强行高于这种要求。换言之,不能让天皇拥有现行宪法中那种综合性的大权,必须尽量限制其权力,而且天皇在国务方面的一切行为都要以内阁的辅佐和同意为条件,内阁要负起这种责任,此外还要确立内阁对国会负责的议会政治,这些都应该像宪法修正案所规定的那样,不,非如此不可。这样一来,天皇和国民之间就不再有少数人的独裁政治介入的余地,于是对外就绝不会有任由这些人重新挑起战争的危险,在国内也不再有以天皇之名义践踏人的自由与权利的可能,和平民主的日本的建设由此得以完成。像这样,此种天皇制与民主主义本来就没有任何矛盾,可以结合在一起,而"日本式民主主义"将由此实现。只要我们这样做,焕然一新的日本新宪法就一定会得到全世界和联合国的理解。我想请教的是,当局在制定宪法修正案时,是否赌上了内阁与国民的命运,做出了这样的努力呢?

(三)关于宪法的内容,在上面所说的基本政治性质之外,我想质疑的是宪法第二章,即关于"放弃战争"的条文。这不仅是新生的民主日本对此次非法战争的赎罪行为,还主动表明了我国国民为世界永久和平而努力的理想和决意,其精神是我们完全赞同的。

自古以来众多哲学家、思想家所思考的这一理想，如今在一个国家的宪法中被采用和实现，这是人类历史上值得大书特书的事件。但在这一重要事项上，是否也存在重大的问题呢？理想越高，就越要深入思考现实状况。如果不考虑这些，就会止步于单纯的空想。本草案发表之际，美国报纸上有文章批评其为乌托邦，这值得我们深刻反省。"世上不应有战争"的确是政治道德的普遍原理，但只要人类还存在种族之别，那么尽管令人遗憾，"世上有战争"就是历史的现实。因此，我们必须直视这一现实，至少要保持国家的自卫权，和自卫所需要的最低限度的军事力量。

吉田首相表示，由于以往许多侵略战争都是在自卫权的名义下进行的，所以要放弃这一权利，但如果在客观看来自卫具有正当性的场合，您也不主张自卫吗？换言之，我认为拟定这一条文时应该预想到，我国将来会被允许加入联合国，而联合国宪章是承认各国自卫权的。而且为联合国的武装组织提供武力，是各加盟国应负的义务。请问，将来日本加入联合国时，要同时放弃这些权利和义务吗？这样一来，日本是否有陷入永远依赖他国的善意和信赖而存活的东洋式谛念主义①的危险？为了主动拥护人类的自由与正义，各自付出血汗牺牲，协力为世界和平做贡献——这样一种积极的理想，难道我们反而要放弃它吗？

此外，就当前国际政治秩序整体而言，如同一位美国评论家所言，一个国家至少应该有保卫国民的准备，这是普遍的原理，任何国家都没有道德义务要在宪法中规定放弃自卫、作为国家而采用不

---

① "谛念"原为佛教用语，指领悟佛理、脱离迷惘苦恼的境界，后引申出放弃执着、认命等意义。此处的"谛念主义"大致是放弃主体能动性的意思。

抵抗主义。而且任何国家终究都不可能仅靠警察力量来维持国家秩序,国家军备的目的大约有一半也在于此。尤其是日本这样可以预见将来国内局势会进一步复杂化的国家,更需如此。请问,政府面对即将到来的讲和会议①,对于国内外破坏秩序的行为,连最低限度的自卫也要放弃吗?倘若如此,何异于自行放弃国家的自由与独立?联合国绝不否定各国的自主独立权,不如说它是为了让这种权利更加完整而将各国联合起来致力于树立全世界共同的普遍政治秩序的组织。

大凡国际运动,其理念最终都是"同一个世界"——以超越各自的民族共同体的世界人类共同体为理想。而这种世界共同体的理想,不会止步于保持现有的国际和平与安全,还必然要求各民族齐心协力,跨越人种、语言的差别,积极推动世界上的普遍正义——"国际正义"的实现。为此,就不能单是功利主义地维持现状,还要努力建设政治、经济领域的更好的秩序,并且不能依靠强力,必须始终诉诸人类的理性与良心,以和平的方法展开努力。日本既然要清算自身的错误,就不该只是向世界宣布放弃战争,更重要的是在上述方面对于将来各国之间应当实现的理想目标有相应的自觉。不,对于已经快要到来的讲和会议,这一准备也是必要的。

此次众议院对宪法草案的修订,在第二章中加入了"日本国民

---

① 1946年7月至10月,反法西斯同盟国21国与纳粹德国的盟国意大利、罗马尼亚、保加利亚、匈牙利和芬兰在巴黎举行和谈,次年2月签订和约。南原繁此言可能是鉴于国际形势,认为同盟国与日本的和谈也即将展开。事实上战胜国与日本的和约到1951年9月才正式签订,此即被批评为"片面讲和"的《旧金山对日和平条约》。

衷心谋求基于正义与秩序的国际和平"这一表述，从上述角度来看这是极有意义的修正。也就是说，这一条文不仅在否认战争的同时宣布了本民族的和平理想，更重要的是还指出这种和平不单是现状的和平，更是基于国际正义的和平。政府对于这种修订，关于上述问题是如何思考的呢？在这方面又有什么准备呢？我想就此请教吉田外务大臣。

（四）接下来，我对宪法内容的第三项质疑，与国民的社会经济生活有关。没有全体国民的经济基础的确立，民主政治的发达是不可能的，而宪法草案第三章"国民权利及义务"的规定，对于这一问题的解决是否充分呢？草案一般性地保障了个人的自由以及关于权利的基本人权，虽然有些迟至，但作为我国启蒙思想的完成，与现行宪法相比是一种进步，对它的这种意义我们愿意高度评价。但是，就像在国家政治生活中一样，在国民社会经济生活中，仅靠个人的天赋人权思想也不足以解决问题。在这方面，我认为有必要确立新的共同体民主主义，而不只是延续18世纪的自由主义的民主主义。特别是我国，国土狭窄，资源显著不足，比起过去那种个人的利己主义追求和各企业的发达与竞争，更重要的是树立整体的计划经济，确立新的经济秩序，由此保障国民生活的安定。我是这么认为的，不知道政府怎么看？这比起个人的自由及权利，更是社会正义与福利的问题。在面向世界宣布了放弃战争的伟大理想的日本，对于国内社会正义的实现，现在是不是也有必要在新宪法中多少显示一种划时代的新方向呢？

的确，草案中不是没有规定不得滥用个人权利，个人有责任为了公共福利而行使其权利（第十一条、第二十七条第二项）。借助这些规定，政府在某种程度上大概也能制订出恰当的方案吧，但这也是有界限的，一旦超过界限，在新宪法下最高法院就能裁定其为违宪，于是政府好不容易制定的政策也会以失效告终，在这一点上，最近的美国就有苦涩的经验。

在这里，我想举一个例子来论述。草案中承认"全体国民都有劳动的权利"（第三十五条）。既然承认这一点，那么国家就有义务通过具体举措为所有人提供劳动的机会，让人们能够获得正当的报酬。为此，毋庸置疑的是，政府有必要根据具体情况来推动经济的重构。而在本草案中，财产权不可侵犯是一以贯之的原则，私有财产如果得不到正当的补偿，就不能用于公共的目的（第二十七条）。如果是出于特定目的征收公用款项，这样的规定或许没有关系，但国家如果为了保障全体国民的劳动权，想要实行有组织的计划和举措，在这种规定下几乎是不可能实现的吧？政府对于劳动权的保障，究竟在多大程度上有具体的意向和计划呢？如果忠实地执行宪法的规定，在牵涉上述问题时是否会招致新宪法中的矛盾或者障碍呢？关于这几点，希望厚生劳动大臣能够做出说明。

此外，关于"国民生活保障"的问题，此次众议院修订宪法草案时规定"全体国民都享有健康并且有文化的最低限度的生活的权利"，作为上述的社会正义之实现的约定，这一条文是令人欣喜的。与此相关，我想问的是，政府对于当下国民大众的生活是怎么看的？这里就先不谈配给的长期延误所导致的主食供应大幅延迟的问题了。现在由于盟军善意地发放粮食，我们东京市民总算活过了最近的七八个月。尽管如此，仅以当前的配给量，别说健康的生活，想要继续维持生存都是绝对不可能的。同时，当局坚持否认的通货膨胀正愈演愈烈，物价不停上涨，至于享受文化生活，国民大众更是连想都不敢想。在这样的状态下，所谓国民的生活保障是没有意义的。纵使我们十分理解事态的困难，但就政府而言，为此做出的政治举措未免也太少了吧？

总而言之，在这类问题上，无论在宪法中怎样以明文规定，如果没有政府的热诚和努力，规定终究有沦为一纸空文的危险。在修订宪法之际，既然国家承认国民的生活权利，那么首先，面对当前的问题，政府自己所设想的与过去不同的国民生活标准是怎样的？在这方面准备确立哪些新的具体方案？这些问题，我想向农林大臣请教。

（五）接下来，我对于宪法内容的第五项质疑是关于教育及文化的问题。此次宪法修正，几乎可以与制定新宪法相比，因此从一开始就应当具备伟大的构想和体系。而正如上述国民社会经济生活的问题一样，关于国家的文化使命，草案中也没有多加一句，仅仅在"国民权利及义务"一章里有两三条零星的规定。而本世纪其他各国的新宪法，在这方面都设专门的章节，至少也明确体现了基本方针，这难道不值得我们参考吗？特别是在今后的日本，不能只是对世界宣布独自否定战争，还要让我国国民自觉于文化国家的使命，积极为人类做贡献，这有必要体现在宪法中。同时，在国内想要让新的民主主义充分发展，与国民经济生活同样重要的，是国民普遍的道德知识教育，不，应该说这是其基础条件。为此也需要强调国家的文化使命，不是吗？我知道政府的方针是另外制定《学校教育法》等法律，但是贯穿教育整体的基本方针，以及国家相关任务的规定，难道不应该写进这部宪法吗？

我想进一步向文部大臣请教一个与此相关的问题，那就是他所宣布的"确立教权"①的方针，会不会引起误解呢？我想这一方针，是意图确保教育的独立，使其免受各政党之间正再次激化的对立、争斗及其势力交替的影响，在此意义上包含正确的主张，但与此同时，这会不会在结果上导致教育脱离国民的政治、社会基础，树立一种以文部省为顶点的"等级制度"（hierarchy），由此带来新的"文部官僚主义"呢？特别是在地方教育制度上，当局所传达的设想是把全国分成以各国立大学校长为首脑的几个学区，直属文部省，同时在地方各府县设置文部省的分厅，这样的构想是否与教育民主化背道而驰呢？我想地方教育更应该和今后将要完全更新的地方自治体联系起来，由社会各层次的教育家，特别是从一般国民中公选出来的代表所组成的"教育委员会"之类的机构来运营，这是更恰当的。这是教育的"地方分权化"的问题，美国教育使节团的报告也可以认为是与这一方向相吻合的。要而言之，我们不应该把教育与一般国民分离开来以确立教育的权威，而是应该让教育与国民直接联结在一起，通过国民公众的自觉和亲力亲为来推动教育的进步，这才是关键所在。大抵说来，教育理念只要不停留于真理、正义等单纯的抽象概念之中，就不能超然于一个时代的政治、社会精神，其具体的内容必定要从国民公众的现实生活中来。我们需要超越各政党之间的世界观的分裂与对立，创造出任何一个生活在新宪法下的国民都应具有的、属于国民的世界观乃至政治观，并提高它们，我想这大概是近代民主主义的使命。在此意义上，我认为一般国民的政治教育要扮演新的重要角色，请问政府对此有何种方针

---

① "教权"是日本近代学校教育中形成的一个概念，所谓"确立教权"，主要是指确立教育者的权威性和教育的独立性等。

以及准备呢？

在这里，我特别想要请教的是，文部大臣①对于本草案有关我国政治基本性质的描述的形式与内容，是怎么看的呢？今年1月下旬，当时您兼任文部省教育局长和东大教授，在《朝日新闻》上发表了《天皇制的辩明》，人们至今记忆犹新。在文中，您基于日本悠久的历史事实与民族的独特性，认为天皇制有合理的根据，尤其从我国法律秩序的理念出发强调了天皇制的必要性，在这一点上您不惮于被讥为"保守"，向民间广泛呼吁，期待支持这一见解的同志的出现。当时许多年轻学生以及有心者都感到共鸣，称赞您的信念与勇气。以您这样真诚的态度和努力，仍然无法变更这一草案吗？又或者，是您的信念和心境发生了变化？这是关乎我国文化教育之根本的问题。对于文部大臣的态度，许多有心者都一直保持密切关注。借此机会，我们想请文部大臣坦率地讲一讲自己的想法和心境。

三

正如我在上面所质疑的，本草案确实包含很多重大问题，首先是围绕天皇制的我国民主政治的存在方式的基本政治性质，同时也涉及世界上史无前例的放弃战争的问题，以及今后在我国尤其紧要的国民社会经济生活及教育文化各领域的诸多问题。现在，这份宪法草案在众议院没有经过根本上的重大修正，就进入了表决通过的阶段，因此我最后想要质问当局准备如何对待这一修正案。

---

① 此时的文部大臣是田中耕太郎（1890—1974），日本法学家、法哲学研究者，曾任东京大学法学部部长，于第一次吉田茂内阁时期担任文部大臣，后来曾任日本最高法院院长。

（一）首先，是贵族院的修正权问题。本来根据《波茨坦公告》的附属文件，日本最终的政治形态应当由日本国民自由表明的意志来决定，由此看来，作为国民代表者，经选举产生的众议院与此相符，而贵族院原本并不能说是这种意义上的代表者。但政府既然依据现行宪法第七十三条①提出了本次修正案，那么贵族院当然就有权对草案的全部内容做出修订。这中间的关系应该如何理解呢？我个人的见解是，根据上述附属文件的精神，贵族院至少应该在关涉到政治的基本性质的规定上避免做出改动。我想贵族院不久后总会决定它的态度，但是政府自身对于这一问题是怎么看的呢？由于这是本院接下来要进行的宪法审议的根本前提，所以我想先听一下政府的见解。

（二）其次，虽然众议院作为正当选举产生的国民代表者，首先对宪法修正案进行审议是恰当的，但既然此事本该由国民自由表明的意志来决定，那么最后还是应该由全体国民投票表决，我是这样认为的，不知对不对呢？如果政府真正忠于《波茨坦公告》相关条文，就理所应当采取这样的举措。此外，从最近法国、意大利等国家的事例来看，这也是被普遍采用的方法。唯有如此，真正民主的宪法才能够成立吧。本草案中也规定，将来如果对宪法进行修订，必须向国民提案并获得其承认。而比起将来的修订，此次新宪法的制定是更加重大的事，难道不更需要征求国民的同意吗？至少，现在我们可以在新宪法（增补条例）中规定该草案通过后的一

---

① 明治宪法第七十三条规定："本宪法之条款于将来有修改之必要时，须以敕命将议案交付帝国议会议决。议此案时，两议院非各以其议员总数三分之二以上出席不得开议，且非以出席议员三分之二以上之多数通过，不得做出修改之决议。"

定期限内交由国民投票，请问政府是否考虑过这种措施呢？

本草案中规定，只有在修订宪法时，才需要向一般国民提案并征得其承认，这种规定本来是不是就存在一个根本问题呢？根据草案，我国的制度将成为其他国家没有先例的议会绝对主义。而对于议会——特别是在多数党流于专横之时，想要防范它，唯有靠其背后的国民公众的意志来做决定。这也是近来的共同体民主主义不同于单纯自由主义的代议民主政治的主张。因此，我认为在关涉到重大的基本问题时，根据状况，最终应由国民做出决议，亦即建立所谓全民公决（referendum）的制度，不知政府是如何考虑的？这是涉及日本新的基本政治性质的一个重要问题，我想顺便在此一并向当局请教。

（三）在结束对宪法修订的质疑之前，请允许我再多说一句。现在，值此宪法修订之际，我们正要重建祖国日本，让它发展为真正自由和正义的完善的国家。因此，如果我们在出发点上不能保卫这种自由与正义，不能在这种基础上建立国家，那么祖国将来的独立终究是不可能的，我们建设国家的事业总有一天会土崩瓦解吧。真相虽然可以被遮蔽一时，但历史终将让一切袒露在青天白日之下。这是我们在此次战争中应该已经见过的。让我们首先承认对就是对、错就是错，为了发现真理而携手努力吧。今天众议院通过了这部决定祖国命运的宪法修订方案，而贵族院即便不能从根本上加以任何改动，也可以自由地提出批判和质疑，为了将来的宪法修订之日，向国民提出劝告。这是与贵族院地位相符的最后的职务。我作为一名议员，一名学者，虽然缺乏能力，但也依从自己的理性与良心，负起责任进行了质疑。希望相关的各位大臣为了国家的将来，也做出负责任的答辩，借此机会在国民面前阐明真实情况。

宪法修正 其二
——宪法修订案特别委员会议事速记记录

1946年9月4日、5日

一

南原繁 我的质疑正如之前说过的，分为四项，第一项是宪法修订的方针及过程，第二项是主权以及国体的问题，第三项是新宪法与教育的问题，第四项是放弃战争这一我国国际政策的问题。每项之内各有两三个论点。这些问题中的一部分，其实我在议会的大会上已经提过，但不知为何有一些没得到回答，所得到的回答中也有一些是我无法理解的。只是由于大会上时间有限，考虑到后面的发言者，我就没再提问。我还有些更进一步的问题，下面就在此次委员会上提出来，另外再追加一些新问题，一并向当局请教。在我的第一项质疑中，即关于宪法修订的方针及过程的问题中，第一点是政府制定原先那一版宪法修订方案的理由。据说这是鉴于国际形势的急剧变化，当时币原首相对宪法修订的态度方针的原因也在于此，对吗？如果是这样，那么我想问的是，其中是否存在政府的责任问题？关于这一点，吉田首相在众议院的答辩中专门对事情的经过做了详细说明，即去年（1945）秋季组成的宪法问题调查委员会，虽然形成了松本国务大臣的草案，但为了应对后来国际局势的剧烈变化，又决定制定新的草案。

关于此事，在之前的大会上我曾经质询当时任首相的币原国务大臣：国际局势这种急剧变化的原因，难道不是币原首相当初在宪法修订问题上并未持有明确的方针吗？当时币原国务大臣的解释是，自己最初并无任何方针，所以才成立调查委员会进行调查。对此我抱有很大的疑问。也就是说，币原内阁本来是把宪法修订问题当作纯粹学术问题来对待，设立了宪法调查会，由此将问题完全交给学者来研究，自己则并不了解情况。当局的方针似乎是等待这种研究的结论，或者一边等待一边拟定修订的策略。对此我深感遗憾，并且认为这很成问题。当局对于宪法修订本来不应采取这种态度，而是应该在具体的研究内容之外，有内阁自己的某种明确方法、方针，至少也需要朝这个方向展开研究，不是吗？我认为，去年秋天发布的废止神道的指令[1]，对于这一问题具有决定性的意味。换言之，作为国家宗教的神道的废止，绝非易事，而由此事也可以看出，对现行宪法进行某种根本的修正，势在必行。而当局此前的解释所体现的那种方法，就像我刚才所说的，难道不是一种过于消极的维持现状的态度吗？于是，直到今年2月初为止，在很长一段时间里政府都是以这种消极的维持现状的态度进行调查，白白浪费时间，这难道不是造成所谓国际局势的剧烈变化的一大原因吗？一位旅居日本的合众通讯社[2]记者恰好传递了其中的消息。这篇文章刊登在日本的报纸上，其感想与

---

[1]　1945年12月15日，盟军总司令部发布指令，命令将神社、神道从国家管理下分离出来，禁止国家、公共团体、教育机构举行宗教仪式。

[2]　合众通讯社（United Press）是成立于1907年的美国新闻通讯社，1958年与国际通讯社合并为合众国际新闻社（United Press International）。

我完全相同。他的推测是，日本对于修改旧宪法的这种消极态度和长时间的拖延，终于让麦克阿瑟元帅[①]失去了耐心。作为研究政治的一名学者，我对此一直感到遗憾，因此首先想请币原国务大臣就此做出坦率的说明。

国务大臣（币原喜重郎男爵） 您刚才说我曾表示自己在宪法修订计划的审议中并不清楚具体情况，但我不记得曾经这样说过。我只是讲述了自己作为一名阁僚参与审议时的心情，并没有做出"我什么都不知道"这样不负责任的回答。然后是修订宪法的方针的问题。不消说，大的方针当然与《波茨坦公告》的内容一样，是民主主义宪法的彻底强化。这是根本的主义。但是在具体条目中，要怎样贯彻这一主义，采取怎样的语言，我们的看法在调查过程中有过多次变化，这也是事实。我认为这种变化也是理所当然的。如果一开始就决定这一条要怎么写，那一条是什么内容，那就不需要什么调查了，调查的目的就是要讨论这些问题，而大的目的始终是彻底强化民主主义。除此之外，没有别的大方针。依据这一方针，在拟定条文时出现了各种各样的议论。最开始确实也有一种观点认为旧宪法第一条至第四条无须更改，只要对宪法运用得当，就足以推进民主主义的彻底强化。但随着调查的进展，我们开始认为这样敷衍的处理并不妥当。如同我在贵族院大会上已经说过的，就算宪法本身无罪，但既然在宪法之下事态发展到流血流泪的地步，那么就不如脱掉这件外衣，就算这衣服质地很好，没有任何瑕疵，也应该把它整个换掉。这就是我们心情上的变化。这种变化有什么需要

---

① 日本当时的说法。下同。

负责的呢？我不认为这是我的责任。根本的责任、目标，是我们从一开始就决定的。没有决定的，是为了达成目标要采用怎样的方法。这就是真实情况。听您刚才的话，似乎在想象某种外部的理由，但如果有这样的原因，那么考虑到日本整个国家的利益，恐怕我们就只能设法与之妥协，关于事情的经过怎么能够详细回答呢？我之所以在大会上没有详细说明此事，原因正在于此。请体谅我们的苦衷。出于对日本的国家整体利益的考量，我无法回答比大会所述更多的内容。在这一点上，希望南原先生能够谅解我们的苦衷。

南原繁 我之前说到币原国务大臣对此次宪法修订的内容并不了解，这句话在刚才的答辩中意外地成为问题，我想可能是我的表述不够充分吧。这个问题只要看一下速记记录就可以弄清楚。下面再重新解释一下我本来的意思。根据我在大会上所听到的，此次宪法修订，在专门知识方面都是经过松本国务大臣同意的，是在此基础上进行的，币原国务大臣当时只是不知道具体的内容吧。而我的问题是，在制定宪法修订方案时，为何政府的宪法问题调查委员会直到最后都只有松本国务大臣这一份草案？我手头现在就有2月1日松本国务大臣发表在报纸上的讲话。为什么在如此重大的问题上，从去年10月到今年2月，政府没有将这份草案作为官方方案来考虑、商讨和敲定，而是始终将其作为松本国务大臣个人的草案呢？对此我十分疑惑。另外，您刚才说新的草案不是因为国际形势而制定的，但是请看一看速记记录，在吉田首相的答辩中，特别是他在众议院的发言中，明确说新草案是面对国际形势的急剧变化而制定的。这样一来，在此之前，从10月到2月或者其后的一段时间内，以松本国务大臣为中心的宪法问题调查委员会的调查结果，究竟与本次草案有怎样的因果关系呢？这是我们十分关注的问题。另外，您提到大方针是履行《波茨坦公告》的内容，这是当然的。我相信当局确实有这样的方针。但我所质疑的是更具体的问题，也就是说，如果把去年秋天的废止神道的指令，与现行宪法中上谕的第一条进行对照，那么必须根本改革的具体内容是什么，已经很清楚了，如果具有政治家的眼光，难道不是在当时就应该有这样的觉悟吗？这一问题您刚才没有作答，在这里我想再问一次。此外，关于国际形势急剧变化的内容，我很能够理解政府的苦衷。因此我并没有要求政府解释这方面的具体内容，这也没有必要。总之我的问题是，就像刚才说过的，国际形势的这种急剧变化的根本原因，是不是政府的那种态度呢？烦请作答。

国务大臣（币原喜重郎） 当时松本国务大臣一直将调查委员会的方案称为试行方案。之所以这样称呼它，而不作为官方方案推出，是为了方便起见。实际上松本国务大臣在这一方案完成后就与内阁进行商谈，交换了许多意见，但是没有做出最终的决定。因为这不是政府自己能决定的，必须和各方进行讨论，所以多少推迟了一些。这不是理所当然的事吗？在制定宪法这样重要的法典时，是不可操之过急的，必须从许多方面加以考虑，这就是事情的真相。至于突然改变方案是为什么，这是我刚才已经解释过的。也就是说，我们经过多次讨论，交换了意见，最终还是认为更好的办法是把旧衣服直接脱掉，像换一件新衣服那样，为国民的头脑带来全新的思想，这是我刚才说过的。换言之，旧衣服上沾着、渗透着血与泪，这样的衣服还不如索性脱掉，把一切旧思想、旧事物全部抛弃，从新的见解出发，以给人清新之感的书写方式来起草宪法，这就是我们的决定。至于我们是怎样形成这种认识的，其过程想必您不是很感兴趣吧。为国家利益起见，我现在也无法在这方面进一步回答。

委员长（安倍能成） 南原委员，吉田首相眼下似乎暂时不能出席，他那边还在召开重要的会议……

南原繁 我对币原国务大臣的质询还没结束，可以在此期间继续等待首相……

委员长（安倍能成） 好的，那么请继续……

南原繁 我提出的质疑中，有的问题仍然没得到币原国务大臣的回答，即废止神道的指令与现行宪法之间有何种程度的重要关系，作为当时的首相您是怎么看的？这一点您尚未回答。此外，所谓必须换衣服，换掉沾着血泪的旧衣服，这一决定究竟是不是调查的结果？是宪法问题调查委员会的结论吗？我怀疑不是这样。虽然吉田首相现在不在场，但正如我刚才反复提到的，吉田首相对此有不同的解释。他举出的理由包括欧美及其他国家对日本的感情。我想问的不是草案内容的变化。我只是想听您坦率地解释一下，这种变化的原因是什么？问题不是内容本身，而是这种变化究竟是基于宪法调查委员会的结论，还是与其无关，完全是形势逼迫所致？请允许我再问一次。

国务大臣（币原喜重郎） 这些问题也是我回答过的。从国际形势来看，旧宪法无论怎么说都是沾着血泪的，我想这毫无疑问。考虑到这些缘由，我们最终认为还是应该对宪法进行全面修改。这正是基于我们对国际大局势的发展的观察思考。我就说这么多，请见谅。

二

南原繁 这个问题我就不再重复询问了，只是最后再多说一句。刚才我反复询问的神道废止与现行宪法的关系问题，仍然没有得到任何回答。如果去年秋天首相就认识到了这一问题，那么从当时起就应该采取我所说的明确的积极政策了吧。但这个问题我不再多说，就把它交给历史来审判吧。换言之，在当时的日本，有没有具备先见之明、拥有睿智和决断的勇气的政治家（statesman），这是一个历史批判的问题。

下面我要谈第二个问题点。这就是制定新宪法草案的手续的问题。我想对于任何一部宪法来说，宪法的制定者是谁，是什么机关，都是重大历史问题。明治宪法便是如此，这是历史上明明白白的事。而在当前这一场合，新宪法一旦成立，那么当初其修订方案的形成过程，就是今后我们捍卫新宪法时需要面对的重大问题。然而这一新宪法草案，与调查会……与去年年底成立的宪法问题调查会的方案是不同的，这是清楚的事实。而我们最近才从贵族院大会上获悉的一个事实是，现在担任国务大臣的金森氏①，当时与此事

---

① 金森德次郎（1886—1859），日本官员、宪法学者，1934至1936年曾任冈田启介内阁法制局长官，战后成为贵族院敕选议员，第一次吉田内阁时期任宪法担当国务大臣。

有关。此外与此相关的一个问题是，3月6日那份草案发表时，特别是当时的首相发表讲话时，声称草案是在与盟军司令部的紧密联系下拟定的。在这里我是纯粹将此问题作为一个客观的法理解释的问题提出来的。如果在此事上得不到国民的认可，那么新宪法的制定过程将来就会成为问题。这么说是因为，《波茨坦公告》附属文件的第一项中规定，盟军占领期间，日本天皇与日本政府的统治权从属于盟军总司令部，服从总司令官的指令。众所周知，基于这一条文，我们在总司令部的指令下实施了多项改革。但是在此项规定之外，文件第四项还规定日本的最终形态由日本国民自由表达的意志决定。而这恰恰适用于宪法修订的问题。那么，对于这两项规定之间的关系，政府究竟是怎么理解的呢？这是我们希望明确了解的。这是纯粹客观的法理解释的问题，而在此之上，还有一个问题是我在大会上询问过的：诚然，是占领下的特殊状态导致了这样的结局，在这方面我充分理解政府的苦衷，但是政府对于这种结果究竟有无遗憾呢？这也联系着我刚才的第一项质疑。关于此问题，希望币原国务大臣予以回答。

国务大臣（金森德次郎） 南原委员的问题涉及此次宪法的制定……修订案的制定顺序。也就是说根据《波茨坦公告》附属文件，一方面日本天皇及政治受占领军总司令的指挥，另一方面，日本国的最终形态又取决于日本国民的自由意志。这两条规定，如何交织在一起，体现在宪法制定的过程中？我想您问的应该是这个问题。我认为本宪法草案形成的过程，在很多方面都与《波茨坦公告》相吻合。这部宪法绝不是只规定了日本国政治的最终形态，还涉及民主政治的强化、复活，或者国民基本权利的保障，这些都体现了《波茨坦公告》对日本制度上的直接影响。因此我认为，公告的各种原理，在其各自的适用范围内，发挥了影响或者限制的作用。

南原繁 刚才金森国务大臣的答辩，是否可以理解为：至少，关于日本国最终政治形态的事项，亦即我所说的日本政治的根本性质，即天皇制问题和相关的一系列事项等最根本的重要问题，属于《波茨坦公告》附属文件第一项的例外？因此在这些事项上，我们可以完全根据日本政府的自由意志，自主地制定宪法条文，也应该这么做。我的理解正确吗？

国务大臣（金森德次郎） 我说的意思可能与此稍有差异。我的回答是，公告文件中的各种制约，在其各自的必要限度内、适用范围内可以发挥影响。

南原繁 这一点上还存在问题。不过在此我就不要求进一步的解释了。只是关于这部宪法，就像刚才说的，应该忠实遵循《波茨坦公告》的规定，并且为了日本自身，应该由政府自主自律地坚决推行改革，这是根本问题所在。正如刚才我说的，如果当局从一开始就坚持这么做，在该问题上事态就不会是现在这样了。我关于这一点的质询就到此为止。下面是我的第三项质疑：在审议宪法之际，当局特地要求我们议会考虑国际状况，这状况到底是什么，政府是怎么想的呢？吉田首相在众议院和贵族院的讲话中屡次提及这一点，金森国务大臣也有所触及。如果政府指的是国际信义，我完全理解。也就是说，我们接受了《波茨坦公告》，因而对联合国负有根本性的重要义务。我们始终需要坚守这种国际信义。但是如果政府所指的不止于此，还要求我们考虑现实中变迁的国际形势、国际状况,那我们对国际状况的具体变化并不总是非常清楚。另外,特别是就像近来经常在报纸上看见的,在一些重大的时刻,例如远东委员会近期将对政府发出关于宪法修订案的指令……不是政府,是对麦克阿瑟元帅发出指令,这种事情时时在日本报纸上被重点报道。所谓国际状况是指这类情况吗?在我们审议议案时,这一问题对于应当自由表明意见的日本众议院,以及我们这个特别委员会会议来说,都是审议宪法的前提,是我们应当充分了解的重大问题。请币原国务大臣或者金森国务大臣做出说明。

国务大臣(金森德次郎) 这一说法(所谓国际状况——译者)的意思是,就像南原委员刚才说的,我们在某种程度上还受到世界各国的怀疑,这种情况我想是有的。也就是说,外界怀疑我们是否会真正遵循《波茨坦公告》的精神。为了彻底打消这样的疑念,我们必须采取诚心诚意的态度。在这一点上,我们必须用自己的态度让国际社会充分认识到日本的宗旨。这就是我对上述言论的旨趣的理解。

南原繁 那么,根据您的说明,可以认为那种说法指的就是我刚才所说的国际信义。这是我们原本就有的共识,正是为此,我们才要像现在这样在此问题上坦率地、更进一步地加以质询。但同时我需要补充的是,在6月21日,也就是众议院大会召开的当天早上,麦克阿瑟元帅所发表的第二次声明中,特地强调了议会应当自由地表明意见。虽然声明的内容也包含国际信义的问题,但它的主旨是劝告我们从各自立场出发认真讨论问题,为此需要自由的讨论。然而,就像我在大会上质疑的,正是在同一天早上吉田首相使用了"国际状况"一语,要求我们考虑这方面的因素。因此我感到疑惑，二者的发言在精神上是不是有所差异呢？我的理解是，我们正应该在本届议会上从各种角度进行讨论，将这部宪法作为我们自己的所有物加以审议，这是制定民主宪法的最重要的条件。我想麦克阿瑟元帅第二次声明的目的也正在于此。这个问题就到此为止。下面是我第一项质疑的第四个论点，这就是《波茨坦公告》附属文件所谓"日本国民自由意志的表明"中的"日本国民"一词的意义，是这个概念的问题。我想就此向当局请教。据我所知，直到最近为止，政府对于"日本国民自由意志的表明"这一表述，都不是单纯将国民解释为日本国的天皇与国民。然而最近在贵族院大会上，佐佐木博士[①]提出了这一问题，他对此有不同的意见，认为就像当年批准《伦敦条约》时一样，所谓日本国民应该单纯指日本国、日本国公民。而金森国务大臣对此的回答其实也并不明确，我记得您说可以这样理解。而在本次委员会会议上，之前佐佐木博士再一次提出了这个问题，或者说要求明确的回应。他要求吉田首相回答这个问题。虽然令人十分遗憾的是今天吉田首相并未来到现场，但我认为请教金森国务大臣也是一样的，所以在这里再问一遍。对于这一概念，我与佐佐木博士有着不同的解释。为什么呢？因为这份《波茨坦公告》的附属文件，原本是从《波茨坦公告》正文衍生出来的。而《波茨坦公告》本身规定，日本政治的最终形态由日本国民自由表达的意志来决定。这样一来，所谓"日本国民"就不仅仅像批准一份条约的时候那样，单纯意味着日本国对外的代表，这实际上是如何决定日本国政府的形态的问题，是日本国内

[①] 佐佐木总一（1878—1965），日本法学家，贵族院议员，曾参与宪法问题调查，在议会上持反对修改宪法的立场。

政府与国民之关系的问题。这是我的解释。因此，"日本国民自由意志的表明"中的日本国民、日本人民这一概念本身具有非常重要的意义。一个证据是，在本届议会刚召开之际，麦克阿瑟元帅就在声明中引用了这一表述，随后声称在采用这部宪法的过程中，表明日本国民的自由意志是绝对必要的，宪法内容应该由日本国民正当选出的议员来亲自审定。这份声明后面还解释说，最近的选举是真正民主的，前所未有地表明了人民的自由意志，因此本届议会充分代表民意，在宪法问题上有资格表达人民的意志。我认为正应该这样解释。然而需要补充说明的是，这并不意味着像有些人认为的那样，日本从承诺接受《波茨坦公告》的瞬间起就成了民主国家。决定这一点的是将来，亦即议会的问题。在这里有一个尚未解决的法理上的难题，那就是将现行宪法第七十三条作为此次修宪的依据是否恰当。但就像我之前在大会上说的，这是无法作为法律问题来解决的，只能作为政治问题来解决。在这一点上，政府是如何解释的呢？烦请金森国务大臣重新做出说明。

国务大臣（金森德次郎） 首先我回答一下《波茨坦公告》中所谓由国民（people）决定国家基本组织的问题。直到贵族院大会上佐佐木博士向我提问之前，我还不曾在任何场合正式回答过这一问题。因此也不能由此得出结论说我讲了很多含糊不清的话。对于佐佐木博士在大会上的提问的旨趣和目的，当时我不是十分清楚，所以多少有些答非所问，这一点通过他的再次质问，我已经充分理解了，所以在第二天大会一开始就做出了回答。我的大意是，所谓"people"指的不是与君主相对立的国民，而是把君主和国民都包含在内，可以说是构成一个国家的所有人，这就是我的回答。但今天南原委员对这一问题的见解似乎略有不同,您通过解读麦克阿瑟的宣言,将其作为一个论据,这种对"国民"的理解接近本次修订草案的前言[1]。不过我对于外部的意见并不想加以批评。在我自己可以选择的范围内,我想说的是,就像宪法草案前言中说的,在政治的实际运行层面,应该由国民选出的代表来行使权力。但在议论的层面,本来构成国家的所有人都负有这一任务。然而在现实中,会有种种限制随之而来,例如年少者没有选举权,或者在监狱里的人无权选举。就像我反复说的,毫无倾向色彩的公平无私的人,未必就会在选举中出现,这是丝毫不足为奇的。接下来的问题是依据现行宪法第七十三条来进行本次修宪,从法律层面能否获得充分的解释。这是我近来在很多场合详细谈过的——说是很多,不过在贵族院确实不太多——总之我自认为已经解释得很明白,如果由于偶然原因,您对此还不是十分了解,那实在是很遗憾,所以今天我想再解释一遍。现行宪法并未因《波茨坦公告》而发生特别的变更,这是南原委员已经承认的。因此在修改现行宪法、提出修订案的时候,现行宪法第七十三条仍然生效,这没有什么不可思议的,至少从国内的法理上可以说是很明了的。既然国家继续存在,没有发生任何革命,那么天皇在国内的法律地位也就没有变化,在此前提下,我认为丝毫没有理由怀疑宪法第七十三条在国内的法律效力。最后剩下的问题,就是本次修宪是否满足《波茨坦公告》规定的必

---

[1] 日本新宪法草案中的前言规定,"国民的总意"具有至高地位,国家政治的权威来自国民的委托,权力由国民的代表者行使。前言内容主要来自盟军总司令部提供的修订案,日本政府1946年3月2日发表的草案中省略了这一前言,但其后在盟军总司令部的压力下又将前言重新加入。

要条件，对此我的看法是，国内的法律要求和国际法上的要求，在现实的操作层面，可以包含在同一程序当中。为什么呢？因为《波茨坦公告》要求的是由国民自由意志来做出决定，而所谓国民的自由意志，并不是说把七千万人中每一个人的意志都像算数一样加以统计来做决定，而是通过今天的社会秩序下能够被认可的某种代表方法来体现国民的意志。所以，如果众议院充分具有这种资格，那么我相信根据现行宪法第七十三条启动的程序中，也就包含了《波茨坦公告》所要求的国民总意的自由表明。既然已经包含在内，那么在程序中就不可能存在二者不相容的问题。退一步说，倘若这一程序的进行过程中，由于各种复杂的理由，在结果上没有充分反映出国民的总意，那就确实是与《波茨坦公告》的宗旨背道而驰，但只要我们处理得恰当，我相信可以让修宪程序符合国内外的上述两种要求。

南原繁 刚才，关于宪法修订的手续，金森国务大臣对现行宪法第七十三条的问题做出了恳切的回答，不过我谈的其实不是这些，而是像我在此前的大会上所陈述的，这一问题作为政治的问题，虽然包含困难，但仍然是可以解决的，我所表达的是这一感想。不过，在金森国务大臣的说明中我注意到了一点，这正是我刚才最先询问的问题的答案，也就是说，"由日本国民的自由意志决定"中的所谓日本国民，意思是把天皇和国民都包括在内的日本国，或者说日本国人。实际上，日本的国家事务由日本国民决定，这在某种意义上说是理所当然的，重要的是国民名义下的自由意志的决定、自由意志的表明，这才是我的论点所在。而且根据金森国务大臣刚才的说法，现行宪法第七十三条之所以可以满足《波茨坦公告》的要求，也是因为本次选举产生的众议院议员能够根据自由意志做决定，能够表明其自由意志。诚然如此。换言之，重要的是以《波茨坦公告》本身为根本前提，在此基础上由选举产生的国民代表者的自由意志来做出决定。在这一点上我还有疑问，但在此就不多说了。

三

南原繁 刚才听说吉田首相今天另有要务，无法出席，所以接下来的问题，就请币原国务大臣代为作答。下面我想就与主权及国体相关的几个问题请教当局。其实我想在这些问题上币原国务大臣是无法代替首相回答的，所以先简单陈述一下，希望此后首相出席时能够回应。第一个问题是，吉田首相是否不承认日本的基本政治性质的变更？其实这是我在大会上就问过的，不知为何当时并未得到回答。吉田首相在6月24日贵族院大会上回答议员质疑时，明确表示不承认变更。在本委员会前天的会议上，首相回答委员质疑时，也明言以天皇为中心的国家构造并无变化。然而在这一点上，金森国务大臣却最终承认了日本的基本政治性质发生了重大变更，那就是以天皇为中心的现行宪法的构造发生了根本的改变。然而如果把这种说法和吉田首相的上述答辩放在一起，就会给我们以及国民一种矛盾的感觉。我们绝不能说仅仅因为天皇依然存在，以前的宪法和本次草案就是一回事。天皇制作为政治制度，问题正在于天皇的位置。并不是说日本没有总统而有天皇这么简单。天皇的存在方式才是问题所在，用英国的语言来说，就像刚才某位委员提到的，天皇的职权是"reign"而非"govern"，翻译过来就是虽"君临"但不"统治"。然而在新宪法中，天皇并未作为君主而君临于国家。也就是说，天皇并不会作为一个机关参与国家意志的构成。在此意义上，像很多人说的，不如说天皇的位置变成了一种礼仪性的、形式上的位置，这是十分重大的变更。顺便说一下——虽然这样讲很不好意思——就像前些天本委员会的会议上植原国务大臣在答辩中所说的，日本并不能单纯因为有天皇就算作君主制国家，问题不是这么简单。问题正在于天皇的存在方式，在这一点上首相的言论会对国民造成很大影响，因此我希望有机会能听到他的答辩。接下来，关于主权及国体问题，我要陈述的第二个论点与战争结束时内阁的宣言有关。当时内阁在面向盟国的声明中，作为希望对方了解的事项，提出要"护持国体"。而我们是否可以认为，此次宪法修订草案放弃了这种意义上的"护持国体"呢？希望币原国务大臣回答这一问题。

国务大臣（币原喜重郎） 这一点我在大会上已经回答过了。就算政体改变了，国体也不会改变。日本的政体经常发生变化，这一点只要回顾一下日本的历史便可明白；而国体并未改变，那么问题就在于国体是什么了。关于这一点，从去年以来我已经多次回应过质疑，现在没有什么特别要说的。

南原繁 但我认为这里还存在问题。这么说是因为，在铃木内阁对盟国的声明中，包括了作为统治权拥有者的天皇之大权不受影响这一附加条款。也是在那一届内阁期间，8月14日颁布了《终战诏书》，诏书中就有"得以维护国体"一句，明确使用了"国体"二字，指的正是当时的国体。而倘若根据币原国务大臣现在的解释，这也是政体，因而即使在统治权问题上发生根本变更，也与护持国体无关。那么，即使同样谈论"国体"和"护持国体"，但内容实际上已经不同，这对于国民是否会产生非常重大的心理影响呢？换言之，因为多数国民并不知晓我们在这里讨论的详细内容，或者这些内容太复杂，所以他们就会仍然根据当时内阁发表的声明，或者根据《终战诏书》来理解国体。而现在当局解释说以前的所谓国体只是政体，在新宪法下国体依然得到了维护，这对于多数国民，会不会造成期待被辜负的感觉呢？我是这么想的，所以对刚才币原国务大臣的解释难以感到满足。在这里我暂且放下这一问题，继续下一环节。

关于国体与主权的第三点问题是，本次宪法修订是否相当于日本建国以来前所未有的一场革命？政府能否坦率承认这一点？这是本届议会的根本问题，特别是在贵族院，政府的回答是"主权在民"这一表述包含天皇在内。换言之，这是修宪并非革命的一个理由。但是在我看来（这里先不说明理由），在"主权在民"的问题上声称"people"中包含天皇，并没有什么意义。另一个问题是，金森国务大臣反复解释说，人民主权、国民主权是我们过去的历史上就有的，不是今天才提出的，虽然提倡这种口号是第一次，但其作为事实是历来就有的。这一点上是否存在根本的问题呢？换言之，自古以来日本国家的统治权绝非与主权无关。有些人，包括我自己，认为二者是一回事；即使认为二者不同，也应该承认所谓的统治权与主权有着内在的本质上的联系，而关于统治权，现行宪法中的上谕写着"国家统治之大权，朕承之于祖宗，传之于子孙"。接下来宪法第一条写道"大日本帝国，由万世一系之天皇统治之"。其中所说的"统治"，很容易被理解为一种权力关系，像今天金森国务大臣向本委员会解释的那样。您解释说这只是一种现象性的事物，但在我看来，宪法中写到的"统治"并不是那种一时的现象，而是日本古来所谓的"統べる"，也就是"治ろす"①，是日本国家政治上的重要特色。也就是说，过去日本的统治权（也与主权相关）的正当性，是从何而来的呢？这种正当性的根据实际上就是从日本古代传至今日的所谓神敕。这一神敕成了基准，实际的政治虽然因时而变，有时是摄关时代，有时是将军时代，但日本的统治权正当性的根据，却总是来自上述神敕。总而言之，这就是日本的大义、名分。而此次宪法修订案的意图，则是以国民自身的总体意志为根据，据此确定天皇的地位。而且所谓基于国民的总意，也是承诺接受《波茨坦公告》的当然结果，刚才说的国民自由意志的表明，正是公告内容的一部分。因此在理论上我们完全有否定天皇制的可能性。然而我们超越了对它的否定，将其作为国民总意予以永远的肯定，我想本草案的意义正在于这里。换言之，现在日本的权威、统治权乃至主权的正当性根据发生了变化。也就是说，国民超越了他们可以选择的另一种可能性，在这里做出决断，以国民的自觉意识保卫了天皇的地位，于是权力正当性的根据完全变了。这实在是神武天皇开国以来所未有的一大变革。《教育敕语》中所谓"国体之精华"，实质上也是同一个问题。也就是说，紧随着明治宪法颁布的《教育敕语》，开篇第一句就是"朕惟我皇祖皇宗肇国宏远"，其中的"肇国"一语正反映了问题的一个侧面，是以具体政治状况为背景的。刚才金森国务大臣在答辩中说，教学革新委员

---

① 日文中"統べる"也写作"総べる"，意为支配、统辖；"治ろす"亦作"知ろす""領ろす"，有管理、治理之意。

会①所审议的有关国体的内容，应当放在当时的时代背景下看待，其中染上了一个时代的色彩，换言之就是有超出词语本来含义的要素。但与明治宪法同时期颁布的《教育敕语》中所显示的国体，恰恰无法这样来解释。由此看来，就不得不说日本的统治权以及国体主权的正当性之根据完全改变了，不是吗？金森国务大臣一再重复说，（国民主权的）实体是过去就有的，只是后来才被发现，对它的认识是发展变化的。您还打了一个比方——虽然您谦虚说这例子很愚蠢——那就是地心说和日心说的例子。我认为这是极不恰当的例子。因为我们这里讨论的问题与自然现象不同，是人类社会关系的问题。在人类的政治、社会关系中，是认识和意志创造着社会的关系。脱离认识的事实是不存在的。在此意义上，现在我们对国家有了这样的认识，就是认识的变化，这也不得不说正是一种思想的变化，是思想革命、精神革命。事实上，日本从古代、中世、近代

---

① 所指应为"教学革新评议会"（日文：教学刷新評議会）。1935 年，以美浓部达吉"天皇机关说"为导火索，日本兴起所谓"国体明征"运动。在此背景下，1935 年 11 月日本政府设立教学革新评议会，作为文部大臣下属咨询机构，强化国体观念的教育，1937 年文部省根据该机构的审议结果出版了《国体的本义》。在 1946 年 9 月 4 日的贵族院"帝国宪法改正案特别委员会"上，议员田所美治在发言中引用了战前教学革新评议会对国体的定义，即"大日本帝国由万世一系之天皇奉天祖之神敕永远统治之，是为我国万古不易之国体，基于此大义，日本为一大家族国家，亿兆一心，奉体圣旨，发挥忠孝之美德，是为我国国体之精华及尊严所在"。田所美治指出这种对国体的定义以明治宪法和《教育敕语》为依据，进而质疑国务大臣金森德次郎修宪后"国体不变"的说法，金森在答辩中解释说教学革新评议会的国体定义有其特殊的时代背景。南原繁的发言是承接这些议论展开的。参见「第九十回帝國議会貴族院 帝國憲法改正案特別委員會議事速記録第四號」，https://www.kenpoushinsa.sangiin.go.jp/kenpou/kizokuin/contents/s210904i04.html。

发展到现代，从最初的贵族阶级的时代，演变为武士阶级的时代、庶民阶级的时代，现在到了国民大众时代，这正是社会关系随着各时代的认识变迁而不断变化的过程。今天包含国民大众在内的全体国民对此问题产生了自觉和认识，而这又成为皇室存在的根据，这实在是一场巨大的精神革命。自从日本肇国以来，无论是大化新政，还是明治维新时，都不曾有过这种意义上的思想革命、精神革命。这是第一次。

就像之前也有人议论过的，虽然我们仍然可以解释国家在法理上的延续性，但在政治思想和民族精神的问题上，我们认为现在确实发生着重大变化，为什么政府不承认这一点呢？这才是问题所在。换言之，我认为政府有必要坦率地承认这一事实，直视战败导致的冷酷事实，让国民对此产生觉悟。装作什么都没发生一样，声称日本作为国家的基本性质千古不变，将会延续下去，这不是太脱离事实了吗？坦率地承认变化的事物就是变化了，发展的事物就是发展了，不是更好吗？昨天岩田委员提问时谈到了对外关系，我认为那的确是非常明智的见解。但这不仅仅是一个对外关系的问题，更是日本人自己必须意识到的问题。也就是说，只要想创制一部新宪法，就必须考虑到这个问题。我想说的是，就像我此前在贵族院大会上讲过的——这应该也是本委员会以及贵族院整体的看法——既然众议院已经批准通过新宪法草案，那么关于这一基本问题我们就应该承认。进而，从这一角度来看，如果要承认，那么就必须有相应的自觉和觉悟。换言之，这一次是全体国民基于其意志、自觉和认识，重新为皇室的存在赋予基础，这是意义非常重大的事。毋宁说，现在天皇才重新获得了稳固的位置。虽然建立在这种稳固基础之上的天皇制，不再拥有统治权，但在新的意义上，天皇作为日本国家和国民统合的象征，其基础得以奠定。在这一点上，明确承认日本现在形成了新的国体，澄清这种新国体的变化和发展，不是更合理吗？根据最近几天金森国务大臣发表的意见，所谓国体并不存在于既成的条文中，倘若按您今天的解释，国体毋宁说存在于条文背后，在其根基中。但只要是拥有成文法的国家，国体就与条文有关系，存在于条文的背后或者底下，就算条文内容本身不等于国体，但构成其中心的正是国体，即国家的根本性质、政治性质。前些天您的发言将国体区分为法律上的国体和道德上的国体，然而国体并不是这样一种分裂的东西。在日本古来的历史发展中，宗教和政治以及更广泛意义上的伦理结合起来，综合形成了日本的国体。然而，正如我刚才所说，这种宗教背景现在被切断了，现在的问题在于新的日本这一国家，前述的那种基于日本国民总意的天皇，作为象征的天皇才有意义。如果不把重点放在这里，国家的根本性质就无从谈起。金森国务大臣还提到，为什么一定要进一步追究国家的基础，即所谓隐藏的基础？他认为这是有待解释的。就像各位知道的，政治学关于国家权力来源的理论大致可以分为几种。一种是神权说，也就是国家产生于神的权威这种既往的学说，现在它在日本已经被抛弃了；另一种是心理说，这是诉诸人的感情、心理的一种解释方式。金森国务大臣此次采取的解释，我认为就属于广义上的后者。这就是说国民心理之中，存在着有别于神权说的另一种意义上的近代宗教，或者说可以将宗教式情绪纳入思考的一个领域。关于这一点，金森国务大臣在最开始的答辩中，针对所谓感情容易变化的问题，提出了与此有别的"心意"这一概念来做解释。而在昨天的委员会会议上，金森大臣直接使用了"国民感情"一词。我不是要责怪这种变化。毋宁说，我认为国民感情是重要的要素，但这种要素是薄弱的，所谓感情是主观的。于是，为了解释一个国家的根本，还需要引入国民的民意问题，亦即契约说。这一点是很重要的，它才是新宪法草案的基础。坦率地承认这一点不是很重要吗？因此，我们应该树立新的国体观，与其声称千古不易的国体仍在延续，不如提出发展新的国体，这样不是更能够促进我们以及全体国民的新的觉悟吗？我想在这一点上再次提出质疑。与此相关，我在国体及主权问题上的另一项质疑是，政府难道不需要改变迄今为止的解释，确立对于主权及国体问题的官方见解吗？前些天内阁成员之间多少存在着意见上的差异，最近似乎又达成了一致，但我认为这仍然是重大的问题。也就是说，我担心国民中间会产生严重的思想混乱。为什么呢？因为前些天当局关于国体的解释，我想应该是由金森国务大臣提出的，这种解释原本不是为了个人，而是从国家的角度出发，但仅靠一个人的主观绝不足以解决这个问题。通过此前的贵族院大会也可以明白，这是在场的专业人士不约而同的一致意见，对于其中的问题，政府难道不应该相当慎重地予以考虑吗？换言之，难道不需要尊重真理的客观性吗？作为就职于各学府、各大学的人，这是我们的使命。在场者有公立、私立大学的教授，而他们都采用了当局对主权和国体的那种解释，已经开始在讲台上教授，或者写进文章，或者作为教育者与学生一起形成了新的觉悟。事到如今，虽然金森国务大臣自己也说真理是最后的胜利者，但我们不禁怀疑，他究竟在多大程度上相信这一点呢？在战争中也发生过类似的事情。我想请内阁全体成员仔细考虑一下，是否需要改变这种解释？先前有人曾批评我们学者只会发抽象的议论，但其实并非如此。真理会化为现实的力量起作用。民主主义在某种意义上就是批判的精神，所以必须经过分析。因此，先前会议上提到的君民一体的问题，也应该经受分析，接受批判。通过这种分析和批判，然后才能够综合。在此次宪法修订的过程中，所谓基于日本国民的总意，从世界普遍历史或者政治学上看，也就是超越君主主权与人民主权、君主与人民的对立，由此可以形成新的世界观。首先要获得世界共通的普遍性，然后才能够重新谈论特殊性。如果不经过这种分析与批判，也就谈不上是日本特有的事物，必须先有普遍的根据，特殊性才能够存在。顺便说一句，我所说的国民协同体，或者民族协同体，包含着这种意义上的普遍性，是经过这种分析、批判之后的特殊性，并不等于您所引用的君民一体。本届贵族院会议以及此委员会的会议，都是在为发现真理而努力，希望政府不要只顾自己的颜面，在上述问题上做出决定。有请金森国务大臣作答。

国务大臣（金森德次郎） 南原委员对各个问题点按顺序做出了非常细致的说明，启发了我们，请允许我在此谨致谢意。但是，在最基本的问题上，我无论如何都不认为日本对于国家的根本观念突然发生了变化。我们绝对没有轻佻的态度，不是以8月15日为界，以前说东，以后就说西。我们认识上的变化是经过了应该经过的各个阶段，自然而然发展起来的，不是突然就变化了。随着人的理智的发达、思想的进展，问题才逐渐明朗，呈现出现在的状态。您从学术理论的角度出发，指出国家主权的合理化根据有神授说和民意说。如果观念化地分解，确实是这样吧。但如果您是说我们过去纯粹以一种思想为依据，现在则完全换成了另一种，那么我们实在不敢苟同。从日本国的历史上看，的确，历史屡屡被改写，每个时代书写历史的人也有不同的特色，一种思想变得显著，另一种思想随之隐没的情况也是有的。但是至少在明治初期自由民权思想兴起的时候，只要看看当时的诸多文献便可知道，其中已出现了相当彻底的国民思想。此外，最近在关于宪法的学术问题上我们受到社会上一部分人的攻击，但这个问题也不能单独用一种学说来解释，在把天皇视为国家枢要、以国家为其背景的思维方式中，包含着很多不能单纯用神授说来解释的难题。虽然此刻我没有足够的知识来一一论证，但我认为，日本国民大概同时有着两种天皇观，其一是基于信仰的天皇，其二则是基于理性的天皇，这两种思维方式随着时代而变迁。《太平记》的作者叙述了"天皇谋反"这样不像话的事，这类事例就是用神授说难以解释的一种思想的显现吧。像这样，我们的天皇观分化为两种系统。所谓天孙降临的敕谕，也只是显现在日本政治的某一部分当中，这方面的史实根据自古以来已有很多议论。但问题不是这么简单，天皇制的基础并不仅仅在于这里。我们的祖先之所以拥护天皇制，其根本原理我想是相当复杂的。其中显著的因素包括刚才提到的神授说，以及国民的意志……顺便说一下，在众议院我提到了"心意"，这是在宽泛的意义上说的。在此意义上，不同的时代表现出来的天皇观也不同。当然这也不是说，这一次我们就要把神授说的倾向从我们的政治法律领域抹除，但是现在理性的标准才是我国基本的思维方式。这也成了新宪法的基础。因此我认为，日本绝没有什么革命，只是随着思维方式的变化，一种意识逐渐发展起来，现在借此契机，明确地反映在政治法律层面，宪法草案就是以此为基础形成的。接下来是国体的思想和如何确定国体概念内涵的问题。这不是实质性的问题。实质性的问题是作为统治权拥有者的天皇的权能不复存在，这是我反复讲过的。总而言之，对于国体这一概念到底应该赋予怎样的内容，正如我屡次强调的，在日本还没有明确的定论。法学家有法学家的语言。刚才您引用了《教育敕语》，但《教育敕语》中的国体与法学家说的国体是两回事，我想这是很明白的吧。这不用我来说，社会上应该自有定论。日本的国体一词包含着各种各样的内容，但现在社会上对此议论纷纷，为了回应舆论，我们对这个概念的各种不充分之处进行了调整，向社会说明：如果这样解释国体一词的意义，那么就可以认为国体没有变化，是政体发生了重大变化。我认为这是本宪法的根本原理。刚才您批判了我所举出的哥白尼的例子，提到了心理现象和自然、精神现象的区别，这一点您批评得很对。但就算是对于同一个实体，我们的认识也是逐渐更新的，关于这种现象我仍然认为自己的说法是正确的。因此，虽然这么说让我十分惶恐，但我自己认为国体是不变的，变化的是政体，至于对天皇地位的基础的认识，关于那些很明显可以说是神秘化的思考，我想改日再谈，仅就政治层面，亦即世俗层面而言，我认为天皇存在的明确根据就在于国民的心理。放眼世界各地，但凡是略为发达的国家，这种思想都是共通原理吧。这就是我的见解的前提和结论，敬请谅解。

南原繁 您刚才在答辩中表示，迄今为止日本都从神话中寻求统治权的正当性，而其中究竟有多大程度的真实性是不清楚的，从中寻求正当性是不正确的。不过神话这种事物本来就说不清楚是否真实，毋宁说可以认为它们不是事实。但是，书写神话的是国民中自觉的知识阶级吧？而这知识阶级书写的神话的思想，就是重要的事实。它会成为一种基准，而不是单纯的观念。大概所谓日本的统治权的正当性，就是以此为依据。迄今为止，日本的历史由此得到一贯的解释。如果说这样的解释方式是错的，那么我们就要和过去所经历的全部日本历史一刀两断。就算是金森国务大臣，也不至于想要这样彻底地否定历史吧。这与神话无关，是我们所说的大义名分的由来。我希望澄清这一点。而根据本次新宪法草案，统治权正当性的来源变成了国民的理性意志。这种理性意志，刚才国务大臣说它是世俗的、政治的，但我有不同的看法。您所谓景仰的中心、心的联系云云，这种纯粹感情上的因素……在某些场合或许也很深刻，但比起以变动不居的主观感情为基础，将基础建立在全体国民自觉的理性意志之上，才是统治权的更重要的根据。如果说宪法修订草案有着重要的意义，那也正在于这里。这一点是我特别要强调的。另外您还引用了《教育敕语》，说《教育敕语》中的国体和宪法学家说的国体意思完全不同，这是众所周知的。但事实并非如此。诚然，《教育敕语》中的国体增加了法律层面之外的某种东西，亦即道德因素。但正是《教育敕语》中说"皇祖皇宗肇国宏远……"，这句话是与现行宪法中的上谕相呼应的。《教育敕语》与明治宪法是在同一时期先后颁布的。您解释说《教育敕语》中的国体与法律上的国体完全是不同的意思，我感到这是一个很大的错误。这个问题就到此为止。

四

南原繁 接下来我想简单地提一两个关于教育方面的问题。第一个问题是，政治教育应该采用怎样的原理和方法来进行？尤其是新宪法通过后的政治教育，其原理和方法是什么？其实我在贵族院大会上已经提过这个问题，当时我问的是，今后是否有必要超越政党的思维方式、世界观的对立，创造一种但凡是生活在新宪法下的国民都应该持有的国民的世界观，或者国家观、政治观？这是否是国民所应具备的最低限度的国家观，同时也是近代民主的课题？我记得当时文部大臣给出了肯定的答复。然而在后面的大会中，以及近日的委员会会议上，当局在答辩中表示无意对关于宪法的根本问题做出官方权威解释，这是我的理解，不知是否正确？如果确实如此，那么这与此前大会上文部大臣对我的回答是否存在矛盾之处？应该怎么解释呢？换言之，政府的意见是将宪法的解释交给个人来自由判断、自由思考吗？我认为在这方面国家至少应该给出一种最低限度的解释，特别是对于公民教育来说，这尤为重要。我想先请教这个问题。

国务大臣（田中耕太郎） 我在大会上曾回答说，在宪法公布之际，政府对它的解释应该保持慎重态度，不可超过一定的界限。简言之，就是不应该做出官方的解释。我认为其中绝不存在矛盾。过去我们对国体的解释非常狭隘，诸如国体之本义、臣民之道云云，这种情况是今天我们仍然应该警惕的。由政府来制造一种学说，这种想法本身就是错的，在这一点上我的信念一贯如此。不过作为最大公约数来说，作为常识的宪法，具有常识的社会成员所能够平心静气地思考的宪法，必须成为公民教育的内容。而所谓不作官方权威解释，并不会妨碍在教育上形成一种最大公约数的内容，我认为不存在矛盾。

南原繁 我想您的意思总不会是说，在新宪法颁布之际，政府只负责将宪法条文广而告之，其他事情一律不管吧。之前首相在回应我的时候，也提到要将宪法向国民广而告之，但我想在这样告知国民的时候，政府自己不能没有一种明确的态度。我想这不单是确定一种学说，或者传递一种常识的问题，从中会自然而然地产生出一种思考方式吧。不过这是程度的问题，所以我就不继续询问了。

我的第二个问题是，在制定新宪法时，当局对于现行的《教育敕语》是如何考虑的呢？昨天，我记得好像也是在本委员会的会议上，文部大臣曾经回答说天皇在教育上的位置不会改变，就算天皇的地位变了，也不会引起教育方面的任何变更。我记得您似乎是说，只要天皇存在就够了。但果真如此吗？这里是否还存在重要的问题？至少在既往的教育和今后的教育之间，在日本的世界史位置的转换这一点上难道不存在重大的问题吗？也就是说，天皇在现行宪法和新宪法草案中的不同地位，不会带来教育上的重大变更吗？就像我刚才说的，现在的《教育敕语》中开篇第一句就与现行宪法中的上谕相呼应。我认为这与我们现在讨论的问题是有关的，今后在这方面也会存在关系重大的问题。进一步说，《教育敕语》的内容对于今后的教育，会不会构成重要问题呢？例如像刚才其他委员已经询问过的，虽然《教育敕语》中的"一旦缓急"[①] 等话语可以有各种解释，但现在的宪法草案已经完全放弃战争，从这种立场上看，《教育敕语》中那些文句究竟是否吻合宪法草案的宗旨，就很成问题了。今后新宪法颁布之际，正如其前言中所规定的，一切违反新宪法的诏书、法律、政令等当然全部作废。而我担心的是，

---

① 《教育敕语》中有"一旦缓急则义勇奉公以扶翼天壤无穷之皇运"一句，规定了日本臣民为皇室作战的义务。

这种解释是否会牵涉到《教育敕语》？在这一点上我想请教文部大臣的见解。另一个与《教育敕语》有关的问题是，在文部大臣看来，今后有无可能发布新的《教育敕语》？我记得您之前曾在哪里说过这是可能的，不过这或许是报纸上的误传。总之您虽然没提到相关方针，但似乎是发表过相关的见解。而今天金森国务大臣却在答辩中说，根据新宪法的规定，不可以发布新的《教育敕语》。这是我的理解。请问这究竟是怎么回事呢？

国务大臣（田中耕太郎） 您刚才说，我曾表示天皇的地位在教育上并无变化，但没有您的具体解释，我也不清楚这究竟是指我说过的哪些内容。这里暂且就您刚才指出的几个问题点谈谈我的理解。在公民教育方面，天皇的权限大幅缩减，必然会带来很大的变化，我想我应该从未说过，天皇宪法上的地位在这种意义上不会对教育造成影响。但如果您确实认为我说过教育上不会有变更，那我的意思应该是，我们仍然拥戴天皇，也就是说日本的元首不是总统，在此意义上日本并非共和政治，而是仍然维持天皇政治，在这种政治下维持着国家的秩序，这是国民思想问题上极重要的一点，在这一点上今后当然也和过去一样。所谓天皇的地位在教育上没有变化，我是这么理解的。至于《教育敕语》的内容，现在看来，就像今天早上我曾说过的，当然需要补充的地方也很多，另外在语言表达等方面也有需要更改之处，但从整体上看，其中所包含的原理，是适用于古今中外，放之四海而皆准的，我想这是谁都不能否定的。"一旦缓急"这类表述也可以有各种不同的解释，它们未必就是单纯属于军国时代的原理。此外，关于新宪法实施之际能否颁布新《教育敕语》的问题，其实我并未说过，应该上奏向天皇请求一份新的《教育敕语》。我也没说这绝对不行。今后教育革新委员会①将就此进行讨论，另外美国使节团来访之际，其发表的研究报告也触及了《教育敕语》的问题，而日本方面配合美国使节团建立的委员会的报告中，也阐述了对此问题的精彩见解。关于《教育敕语》，我想应该把这些情况也考虑在内，仔细斟酌，现在还无法向您提供结论。从宪法上说，颁布新《教育敕语》究竟是否可能，这是我们还需要继续研究的。简言之，我想还不能说是完全不可能吧。我的答辩就到此为止。

南原繁 关于田中文部大臣的答辩，我想再说几句话。您刚才说，因为新宪法草案中也有天皇的位置，所以对日本的教育没有必要加以变更。但我的意思并不是指秩序这类形式上的问题。我问的不是秩序是否得以保持的问题，而是教育的问题，是对于国民的精神，教育应该有怎样的原理和方针的问题。从这个角度来看，对于现在的《教育敕语》，我们难道不需要从根本上重新思考吗？这也需要结合我刚才所说的《教育敕语》内容上的问题来看，希望您对此加以思考。与此相关的另一个问题是，在现在的《教育敕语》

---

① "教育革新委员会"（日文：教育刷新委员会）是1946年8月设立的内阁首相下属的调查审议机构，负责研究和审议与教育改革有关的重要事项，包括对《教育敕语》的处理问题和对新的教育基本法进行审议。其前身是为了协助1946年3月来日的美国教育代表团而设立的日本教育委员会。1949年更名为"教育革新审议会"，一直存在到1952年6月文部省设立中央教育审议会为止。成立之初，由安倍能成担任委员长，南原繁任副委员长。虽然1946年9月该委员会通过不再"奏请"新《教育敕语》的决议，但对旧《教育敕语》如何处置仍然存在争议，直至1948年，在占领军民政局的要求下，日本国会才正式通过废除《教育敕语》的决议。

中，姑且不论是否称之为自然法，总之有大量对人伦纲常之道的论述。虽然这些是不变的，但正如刚才文部大臣所言，《教育敕语》中的不足之处，特别是在新的民主主义体制下显得不充分的地方还很多，这些不足之处毋宁说比其中不变的道理更多吧？在这样的状态下，让《教育敕语》原封不动地保留下来，好像与过去没什么不一样，不是很不妥当吗？关于不颁布新《教育敕语》一事，刚才金森国务大臣的答辩，跟田中文部大臣的想法似乎有所不同，我还是希望政府能够在研究的基础上，通过恰当的办法，立法也好，颁布新敕语也好，发布政令也好，总之推出一种完善的、能够取代旧《教育敕语》的事物。

接下来是关于放弃战争的问题，但考虑到今天外务大臣、首相没有出席，而且时间有限，这个问题我就留待以后再提吧。那么，作为我的总结和结论，下面再问最后一个问题。这一问题我想请币原国务大臣代替首相来回答。这也就是新宪法的安定性的问题。前些天在贵族院大会上，我直接向政府提出这一问题时，吉田首相也姑且做出了回应。但现在我想进一步听听您的意见。就像刚才一开始就说过的——这也是众所周知的——本宪法草案是在特殊的状况下制定的。换言之，既然政府已经声明，草案是盟军司令部和当局煞费苦心的会谈和研究的产物，那么这势必给国民造成种种印象，进而招致误解和臆测，这已经是事实，是我近来亲眼所见，亲耳所闻。而我提出这个问题时，首相回答说政府并不知道有这种事。如果政府真的不知道这些事实，那就不得不说政府相当糊涂，不了解国民的状态。如果其实是知道的，却说不知道，那就只能认为是政府的答辩缺乏诚意了。为什么这么说呢？因为我手头就有资料，这里先不念了，总之日本最近发行的外文报纸以及外国的报纸上，就明明白白地记载着我所说的情况。随着今后日本的英语研究的兴盛，日本的青年知识阶层学会英语之后，就能读到这些报道。而与此相伴，那些对新宪法的误解或者解释就会传播开来，这会带来怎样的问题呢？特别是最近从美国流入日本的某杂志上，记载了更多详细情况。随着这类资料渐渐传入日本，我想会有各种消息广为流布，让民众信以为真。这对于新宪法的安定性，有着极其重大的影响。我希望政府对此制定相应对策，并在充分考虑这些状况的基础上，确切地公布宪法并使之普及。不知当局对此准备采取怎样的措施呢？我想就此向币原国务大臣请教。

国务大臣（币原喜重郎） 您询问我们，在公布新宪法时有无特别的方针或措施，我不太清楚这是什么意思。总之您的大意应该是，外国报纸上报道说这是被强加的宪法云云，我们不能给民众这种印象。这是理所当然的。我们从来没有说过新宪法是被强加的。我们相信应该由政府负责制定这样一部宪法，基于这种信念制定并提出了宪法草案，然后首先告知国民，征询了国民的意见。最后，新宪法在本届议会上得到了充分的讨论。它绝不是外国强加给我们的。您也清楚，众议院也对本宪法做出了修订。我们绝不是被人操纵着做了不符合本意的事。这一点请您放心。

南原繁 刚才币原国务大臣回答说，新宪法绝对不是被外国强加的，或者在强迫下制定的。但我问的并不是这个问题。这种事当然是不可接受的、不应该的。但问题在于就像刚才说过的，目前国内外资料有可能传递各种各样的消息，而政府对此应该充分加以考虑，做出反驳，并进一步在明确的信念之下更加自主地对待宪法，将其作为属于日本的事物，作为真正具有安定性的日本新宪法来对待。我强调的是这样的态度和方法的必要性。这一问题实在是非常重要。我们应该坦率地看待此事，在此基础上形成一种将本宪法作为我们自己的所有物来实行的觉悟，如果这一宪法正式颁布，不消说政府当然要有这种觉悟，而我们这些赞成新宪法的议员也负有非常重要的责任。而政府由于负责制定宪法草案，责任自然也更大。国民中也有一部分人说，这毕竟是占领下的宪法，其中也有不得已之处，所以今后也可以再修改吧，这样的意见是广泛存在的，我也有所耳闻。但我认为我们不可以抱着这种不真诚的态度。不管背后有怎样的理由，这部宪法毕竟是日本政府制定、日本帝国议会赞成通过的，那么日本就要对它负责，我们必须彻底把它作为日本自己的宪法而确立起来。我想今后在这一点上，尤其是政府有着非常重大的责任。在此意义上，我是希望政府自身能有一种更加积极的热情，而不只是在说宪法发布时要采取何种举措之类的琐细问题。这一点上我要再次向政府表达期望。我的提问就到此为止。

国务大臣（金森德次郎） 我想稍微申辩几句。刚才南原委员似乎认为，关于《教育敕语》，我和文部大臣说的话之间存在漏洞或者矛盾，但根据我的记忆，我说的是不可以用权力取代道德。因此，天皇个人的意见，只要是正确的，国民当然也应该尊重。我只说过这样的话，而关于您表示疑惑的那些问题点，我应该一句话都没有提及。我想说的就是这些，敬请谅解。

委员长（安倍能成） 今天的会议就到此结束。我们明天上午十点再见。

五

委员长（安倍能成） 会议现在开始。请南原委员继续昨天的提问。

南原繁 由于昨天吉田外务大臣①没有出席，我有几个问题没展开谈，这些问题与放弃战争相关，现在我想重新提问。

我想向吉田外务大臣询问的第一个问题是，将来我国加入联合国时，此次成立的新宪法是否会进行修订呢？就像我在贵族院大会上曾经说过的，根据联合国宪章，加盟国家的自卫权受到承认。此外如您所知，重要的是加盟国家有提供武力的义务。而此次我国宪法的修订草案中不仅放弃了自卫，而且规定我国不保留任何军队，那么在这样的状态下，如果我们加入联合国，岂不是无法履行作为加盟国的义务吗？但是，大概是前天吧，我记得吉田首相在本委员会上解释说，政府起草宪法草案时未必直接考虑到加入联合国时的问题。那么如果将这一点纳入视野，考虑到加入联合国的问题在将来会越来越具有现实性，关于上面这一点，也就是宪法第九条是否还有再作修改的可能性呢？我想请教吉田外务大臣的意见。

国务大臣（吉田茂） 我回答一下这个问题。关于要不要加入联合国，我的意见是，为日本的利益起见，我们应该尽快回归国际组织，无论从经济的利害，还是政治关系上说，政府都希望日本国能够尽快回归国际组织，同时也正在为此而努力。那么，关于是否

---

① 吉田茂任首相兼外务大臣。

加入联合国,我们当然是希望加入的,但正如之前所说,加入联合国有很多限制条件,如果不能满足条件,没有相应的资格,或许就会遭到拒绝。日本将在怎样的条件、怎样的状况下加入联合国,目前还无法预测。眼下我们的想法是,为了回归国际组织,首先要尽快举行讲和会议,或者说缔结和约,目前我们正为此专心致志地努力。在缔结和约后,我们要考虑那时的国际形势,或者日本内部的形势等,来判断加入联合国是否合适。如您所知,现在也还有其他国家并未加入联合国。因为这是缔结和约以后的事,所以关于加入联合国的条件,或者是否准备修改宪法等问题,我们现在还难以立即回答。这需要根据讲和后的国际形势、国内形势来判断。这就是我的看法。

南原繁 这个问题我就不继续询问了。下面是第二点。我想请教吉田外务大臣,在放弃战争以后,我国将推行怎样的国际政治、政策,其基本方向是什么呢?其实这个问题我在大会上也提过,但不知由于什么缘故未能得到回应,因此今天我想再具体地谈一下,听听您的见解。我认为这里存在着对今后的日本极为重要的问题。在我们看来,和平当然是人类伟大的目标和理想,但是和平绝不只是指安全第一、维持现状不变。如您所知,第一次世界大战后的《凡尔赛和约》,已经让全体人类尝到了苦果。也就是说,《凡尔赛和约》只是把"一战"后的现状彻底加以固定,试图维持下去,可以说这是引发第二次世界大战的原因之一。在此意义上,我们认为不幸的人类在经历过这有史以来的第二次世界大战后,决不可以再重蹈覆辙。因此,最重要的是让世界建立在正义之上,确立普遍的、基于国际政治的和平。我们要的和平主义,不是那种单纯功利主义的、只求方便的安全至上主义，这一点我想无论是谁都不会有反对意见。那么，从结果上说，我们就不可以只是维持现状，而必然需要变更现状，当然这不是说要依靠武力、强力来进行变更，而是要遵从人类的理性与良心进行和平的变更。换言之，和平地变更现状，是当然的要求，是必不可少的。我认为这关乎国际民主的确立。现在我们虽然倡导民主，急于实现一国的民主，但从这种逻辑往前推，我们也当然要为世界的、国际的普遍民主之实现而努力，这应当是我们真正的理想。从这一点上说，我们过去的确犯了错误，因此国家陷入如今的状态，对此我们必须作为失败的结果接受和忍耐。但我们要做的不仅是赎罪，在此之上还要更进一步，将来被接纳为国际组织的一员以后，就要像上面说的，为了世界正义的确立、基于正义的和平的确立而努力，即便力量有所不及，也必须朝着这样的理想而前进，我认为这是至关重要的。换言之，只是放弃战争是不够的。在此之上更重要的是将上面说的这种和平，基于正义的和平作为理想，这才应该是日本将来的国际政策的大方向，是为世界做贡献的政策。此外，在思考我国的未来时，如您所见，无论是政治上，还是经济、外交方面，眼下的前景都十分黯淡。我们应该充分向世界诉说这一事态，试图通过国际舆论获得合理的解决，我想这也应该是日本的一项政策。这不只是为了日本，其他国家也一样，对于地球上任何一个国家发生的事，我们都应该以正义的确立为目标，谋求各民族的团结协力，这应当是我们今后整体上的外交政策。当然，正如首相刚才说的，我国的现状尚未发展到这样的阶段，目前外交的目标还是缔结和约，进而被国际组织接纳。事实确实如此。但在这一过程中，是不是也应该以上述目的为方向，来处理即将到来的讲和会议问题，向世界发出呼吁，推动真理的实现呢？是不是应该从现在开始就具有这样的抱负和计划呢？我认为这非常重要，关于这一点想请教政府的见解。

国务大臣（吉田茂） 对于您的提问所表达的宗旨，我十分认同。我认为自己也正在为这样的宗旨而努力。我们在宪法中特地规定放弃战争，希望通过这样一种在世界上没有先例的条文，在宪法中明确表示日本是爱好和平的国家，有着为世界和平做贡献的希望和抱负，从而作为爱好和平的国民向世界发出呼吁。同时，我们还有这样一种抱负：通过主动放弃武力，来站在和平团体的前沿，促进和平，为和平做贡献。出于这些考虑，我们把放弃战争的条文写入了宪法。

南原繁 感谢总理对我的回答，但是我刚才询问的不只是这些，重点是说我们追求的不是单纯的和平，而是基于正义的和平，我是从这一角度来询问政府的意见，并表达自己的希望的。所谓不是单纯的和平，而是基于正义，具体说来就是将来各国要协力达成对现状的和平变更、依靠和平手段的变更，我们应当以此为理想。我希望外务大臣能够对此深思，将来为了帝国而努力。

接下来我要提出第三个问题。新宪法草案的第九条宣布放弃战争，但之前众议院对这一条进行了修改，在开头部分增加了一句，即"日本国民衷心谋求基于正义与秩序的国际和平"。关于此事，之前金森国务大臣也做过简单说明，但我想进一步询问金森国务大臣，政府是基于何种见解同意了这样的修改？众议院的意图姑且搁置不论，至少在我看来，只有当我们把这一条文中的和平理解为基于正义的新的和平，而不只是单纯维持现状的和平，并以这种新的和平为目标时，条文中增加的这句话才具有重要意义。政府是基于怎样的解释而同意这种修改呢？我想先请教金森国务大臣的意见。

国务大臣（金森德次郎） 我认为，众议院之所以对第九条的这一句话进行修改，其宗旨正如南原先生所说，是在强调追求基于正义与秩序的国际和平。

南原繁 如果众议院的修改，以及政府对此的同意，的确是出于这样一种自觉，有着明确的意图，那么这句话在宪法中就与放弃战争的规定同样重要，甚至是一种更重要的面向世界的宣言。或者说，这是显示着帝国理想的一句话，值得我们高度评价。为什么呢？因为众所周知，即使在联合国目前的宪章中，在这一点上也还存在问题。根据我的解释，它还并没有这么深入。但我认为，只要我们的理想是超越民族协同体、一国的国民协同体而走向根本上的世界共同体，那么当然也就必须有联合全世界的目标和计划。在此意义上，我想第九条中新增的这句话实在是日本划时代的伟大理想的宣言。我衷心希望政府从现在开始努力，将来在这样的远大理想下建立计划，并在即将到来的讲和会议上，首先披露一部分计划。下面是最后一个问题。虽然昨天首相没有出席，但当时我也简单地提了一个问题等待您的答复，这与日本的国体或者说主权有关，不知道您是否已经了解。这就是所谓日本的政治性质的变更问题，现在借此机会，希望能得到您的回答。

国务大臣（吉田茂） 我回答一下。刚才我的回答不够充分，导致您重提这个问题，其实我不仅充分理解您的意图，并且深有同感。为了回应您的期待，政府在今后的讲和会议等事项上，也会充分强调基于正义的和平，并为此而努力。这一点希望理解。另外，昨天在我没有出席的时候，关于日本的政治性质问题，您似乎对我的答辩——对我在贵族院大会上的答辩提出了质询。不过我当时对佐佐木博士的回答的大意是，所谓民主政治，并不是今天才开始的……不是宪法修订被提起之后，日本才有了民主主义，而是自古以来就有，就算不使用现在这样的词语，但是民主主义的心情，或者作为原则或者作为国体，在日本是已经得到承认的。在我看来，从历代天皇的和歌中，也能看到以民心为心、惦念百姓幸福的作品，可见民主主义政治不是从现在才开始的，也就是说，就日本国体而言，作为国体的事物并没有发生变更。但是要说天皇在政治上、法律上的地位是否会有所不同，答案当然是会有很大的不同，在天皇的政治权能或者大权事项方面，会有重大变化，所以说是发生了变更。这是理所当然的，但国体本身则是以日本国民的思想为根据，无论是新宪法成立之后还是之前，民主的心情一直都存在，我之前说的就是这个意思。

南原繁　听了您刚才的回答，我的感觉是，佐佐木博士对于这一问题的质询，与总理的答辩之间，是不是存在某些错位呢？因为佐佐木博士在提问时，对于什么是日本的基本政治性质，有明确的定义。这定义就是，日本总是以一位天皇为统治者，天皇属于同一家系，因为这个缘故才获得其地位，也就是说，天皇并不是由于国民的总意而登上皇位的。那么从这种定义来看，现在日本的基本政治性质有无变更呢？这才是他的问题。而对于这一质疑，吉田首相只是像刚才那样说日本古来就有民主政治云云，最后的结论是绝不认为日本国民的政治性质因为新宪法发生了变更。无论是国民还是我们议员之间，对于这一点都怀有疑惑。另外，前天您在回答一位委员的提问时，断言以天皇为中心的日本的国家构造不会改变，这一点也联系着刚才的问题。根据日本这部新宪法，国会是国家构造中最高的唯一的中心。天皇作为象征的地位，另有其他意义。日本国家的政治构造，分明从根本上发生着变化。我想首相应该也有这样的认识，但正是您的答辩有可能给一般国民带来某种疑惑，出于这种担忧，我才说这些话。当然我想您应该也有充分的自觉……我的质询就到此为止。

退位的问题
——第九十一届议会上关于皇室典范^①草案的质询演说

1946 年 12 月 16 日

一

过去，皇室典范与帝国宪法一同被视为我国两大法典，而伴随着前一届议会上新宪法的确立，现在皇室典范的修改也提上了日程，而且是交给议会来自由讨论，这同样是我国的一大历史事件，值得永远铭记吧。

那么，本草案理所当然要符合新宪法的理念，总体上基于自由与民主的精神而获得新面貌，这也是我们所赞同的。从有关"皇族"和"皇室会议"的章节中我们尤其会看到这一点。

但是，其他问题姑且不论，至少有一个极为重要的问题是草案中尚未触及的。那就是在关于"皇位继承"的一章里，完全没有针对天皇退位或让位的相关规定。我想专门就这一问题坦陈己见，询问草案的意图和政府的见解。

首先，我想问吉田首相的是，从根本上说，如果无论何种情况

---

① 皇室典范是规定日本皇位继承顺序等皇室相关制度的法典，自 1889 年开始施行。战后，日本政府以《日本国宪法》为基础制定了新的皇室典范，作为宪法的附属法典，经国会通过后，于 1947 年 5 月 3 日起与新宪法同时施行，旧皇室典范随之失效。

下都不承认天皇可以退位,这是否会与新宪法中规定的天皇的新性质产生矛盾呢?

说到底,此次宪法修订的核心,其实正在于天皇的性质的变更吧。我认为,这就是从过去那样神秘的非现实的天皇,转变为自然的、具有人性的天皇。而且,这也正是今年年初天皇自己所表现出来的精神①的实现,即将天皇与国民的结合重新建立在平等的人与人之间的关系上。可以说,在各种因素的共同作用下,如今天皇通过否定自己作为现人神的神格,宣告了天皇的自然性的恢复和人性的解放与独立。

然而,根据新皇室典范草案,由于皇位是世袭的,所以根据一定顺序而确定的皇族成员必然会即位,而一旦登上皇位,那么无论在何种场合,有何种理由,他都必须留在天皇的位置上。在这里,是否仍然存在着反自然、反人性的思维方式呢?

尽管新宪法中天皇的地位和性质发生了重大变化,但是新皇室典范草案在其中最重要的皇位继承问题上,除了将继承权限定在天皇嫡系子孙身上以外,与旧皇室典范没有其他任何区别,在这一点上不得不说新宪法的精神并没有得到实现。

我想进一步把此事分成三个方面来提出质询。

二

第一种情况是:万一天皇在精神或身体上患上"不治之症",法典仍然不承认皇位的变更吗?这是基于什么理由呢?我想请教金

---

① 指1946年1月1日昭和天皇的"人间宣言"。

森国务大臣。

在新宪法下，天皇不再是过去那种继承自皇祖皇宗的神圣统治权的总揽者，其地位是基于国民总意的"日本国的象征""日本国民统合的象征"。因此，天皇不再是神秘的、超脱常人的观念性存在，毋宁说更重要的是符合其作为国民之象征的身份，首先要具有一个人的精神和身体上的健全性，至少是正常性吧？

新皇室典范草案中规定，假如皇位继承人在精神或者身体上患有"不治之症"，那么就应该变更皇位继承顺序。那么，倘若天皇在位期间也出现同样的情况，却没有这样的规定，这岂非不协调吗？现行的皇室典范在这方面也对皇位继承人和天皇分别做出规定，但这一点是有待改正的。

天皇罹患重病时，如果有康复的希望则另当别论，但在确定是"不治之症"的情况下，还以其在位为由而不允许皇位变更，那就是不合理的、反自然的。如果将天皇的国家事务完全交给摄政者，那就不得不说是事实的歪曲、法律的虚构（fiction）了。

总之，在新皇室典范中，天皇一旦即位，无论出现怎样的状态都不能退位，这是不是仍然把天皇视为一种不可触碰的超越自然和人性的存在呢？是不是残留着过去那种神秘化的思维呢？这是我所担忧的。

三

第二种情况是：天皇不是由于上面那种生理原因需要退位，而是作为一个自由的人，出于不得已的理由，无法继续承担其作为天皇的义务和责任，希望获得余生的自由。在这种情况下，如果仍然不允许退位，是不是对天皇作为个人所享有的基本人权缺乏尊重呢？

在过去的明治宪法中，天皇尽管拥有广泛的大权，但作为一个人却生活在极度的不自由当中，在此意义上，可以说迄今为止我国受中世纪的封建传统束缚最深的人就是天皇自己，这虽然是悖论式的表述，却也不算言过其实吧。当年伊藤博文首相请求辞职时，明治大帝感叹"卿可以辞职，朕却不能辞职"，这是有名的逸事。

当然，从一方面来说，天皇作为皇位的持有者，其特殊的地位、身份也伴随着责任义务，即使在天皇的地位由统治权拥有者变为一种象征之后也仍然如此。但是，另一方面，姑且不论新宪法中的"国民"概念是否包含天皇，既然他作为一个人，处于国民统合的象征这一位置上，那么就应该遵循法律面前人人自由平等这一民主主义的大原则，享有个人的基本人权——完全的自由。

也许有人会说：如果天皇能够依其自由意志而让位，就有可能导致皇位的任意变更，带来争夺皇位的危险，就像我国历史上也出现过的那样。但是，现在皇位的继承已经有了固定的顺序，而且不再像明治宪法下那样由少数人组成的皇族会议和具有特权的枢密院来决定皇位归属，而是由新组成的民主的皇室会议来负责，能够客观公正地做出决定。

因此，今后如果一位天皇出于不得已的理由希望退位，特别是在他已经肩负国家的命运履行过他的义务之后，如果他有让位的意愿，却仍然受到本草案这种制度的束缚，不得不违背自身意愿一直留在皇位上，这就意味着对成为人的天皇的再次否定，而且对于国家公共事业也不会带来好的结果吧。在这种场合，天皇作为皇位持有者的身份，与他作为个人所享有的基本的自由人权之间的关系应当如何协调呢？我想请教政府的见解。

金森国务大臣在众议院好像回答说,从"天皇无私事"这种观点看来,天皇因其个人想法而退位,是与国民的信念和感情不一致的。但这种见解仍然是神权思想的反映,说到底是否定拥有自由人格的天皇的人性,我想这样的观点与他所谓的信念、感情云云一样,现在都需要彻底更新。金森国务大臣似乎还说,这是从国民的传统中发展起来的思想倾向的要求,不是对自由的否认,如果他真的这样说过,那么恕我直言,这完全是诡辩而已。是不是呢?

四

第三种情况是:天皇退位的意志恰恰来自其道德的自由意志——对于义务和责任的自觉。在这种场合,如果天皇的意志得不到实现,那么就是以法律制度遮蔽了天皇的道德,甚至会对国民道德产生重大影响,关于这一点,我希望听到文部大臣和首相的见解。

当然,天皇不承担任何政治上、法律上的责任,根据明治宪法中的"天皇神圣不可侵犯"这一君主无答责的规定,这一点是十分明确的,而新宪法中虽然没有这种规定,但规定天皇不从事与国务相关的事务,即使有特定的与国事相关的行为,也是由内阁负责,因此天皇在政治、法律上的无责任就更加明确了。

但是,所谓"无答责",并不意味着在政治法律之外,将天皇道德上的义务、责任也一并免除了。我国自古以来,在国家发生大的变乱时,甚至是发生天灾之际,天皇往往会自称"朕不德",将责任归于一身,在历代天子的记录中这种记载所在多有。就算不谈遥远的古代,在曾经公开的明治天皇的翰墨中,也明确写着"天下亿兆,有一人不得其所,皆朕之罪"。正是因为有这样的传统，皇室才成为我们民族结合的中心，受国民尊崇直至今日。

那么，倘若我们认为天皇不仅在政治、法律上，而且在道德上也不承担责任的话，这就不得不说是对我国历史上那种皇室之美德的无视，同时也是把天皇当成了超越道德的、神一般的绝对存在。

有人说，经过此次宪法修订，成为日本国的象征、日本国民统合之象征的天皇，在政治上是无色透明的，但这绝不意味着天皇在道德上也变得无色透明了。天皇不再有所谓的政治大权，但作为永远的国家理念、日本国民精神的体现，其精神上、道德上的位置和意义应该说反而比从前更加重要了。如果天皇基于对自己这种至高地位的省思，在面临国家大事时，强烈感到自身的道德责任，不惜以其地位为代价来表明态度，却没有表达的途径，那么从结果上来说这就等于我们阻止了至高的天皇的道德行为。政府对此是怎么考虑的呢？

五

谈到这里，我不能不想到此次的世界大战。陛下对于战争没有政治和法律上的责任，这一点从现行宪法中也能得到明确的解释。而且陛下自始至终都比任何人更加心系和平，自己承担了整个国家的苦恼，这是全体国民都知晓的。

尽管如此，不，正因如此，对于陛下在位期间肇端的这场我国史无前例的大战，上对祖宗，下对国民，最强烈地感到精神、道德上的责任的，我想正是陛下本人吧。

去年8月15日，陛下所说的"无论朕身上发生什么……"等话语，至今似乎仍在我们耳边回响。的的确确，陛下所期盼的唯有国家的大义和国民的幸福，为此不要说退位，就算要牺牲自己都义无反顾。

现在，全体国民都在物质和精神的悲惨深渊中彷徨。其中更有几百万战死者家属、伤残军人和不计其数的战争难民，充满了大街小巷。就算误导他们的是军阀和当时的领导者，但他们都是呼喊着陛下的名字、为陛下而战斗并遭受苦难的。另外，以部分重臣和陛下的亲信为首，在中央和地方，有许多政治领导者正受到严酷的法律审判，被处刑或者开除公职，在这种状况下，我想陛下一定是怀着外人难以知晓的苦恼和责任感，在这非同寻常的转折时期，暂时在自己的岗位上继续坚守吧。

在这种情况下，如果还像什么事都没发生一样，以国民的传统感情不能接受为理由，主张将来天皇也永远不能退位，那就只能说是不懂得何为大义名分，同时也是对国民心理的现实视而不见了。

对于以道德义务及责任为宗旨的教育者——从国民学校到大学的各阶段的我们这些教育工作者来说，这尤其是一个深刻的问题。战争削弱了人们的责任感和义务感，目前整个社会已有道德颓废的征兆，祖国将来的命运完全取决于道义精神能否兴盛起来。在此意义上，重建祖国的精神基石就是作为国民象征的天皇的行动，这么说也不算言过其实吧。

那么，倘若当局以国民传统的感情为借口，对国民的感情加以强制，万一在国民中间引起不满的声音，还怎么彰显天皇的大义，重振国民的道义呢？关于这些问题，我想请教主管文化教育的田中文部大臣的见解。

最后我想问的是，政府是否考虑到了以上问题，将来如果陛下表明退位的意志，政府有没有为此进行特别立法工作的准备呢？还是说只要没有来自外部的要求，政府就会一味寄希望于天皇一人的安泰，又或者出于对皇太子年纪尚幼的顾虑，到了那时仍然会像现在的草案一样，永远封闭天皇退位的道路？假如从这种功利上的考虑出发，坚持不认可天皇退位的可能，那就会妨害天皇自律的道德意志，遮蔽陛下的圣明，是不是呢？虽然我能体谅政府的苦心，但这样做只是看似忠诚，实为不忠，恕我直言，在这一点上不得不说内阁未能尽辅弼之责。

与此相反，有心的国民们无不希望天皇能够在这混乱与变革的时代，见证历史转折的大业，从而有朝一日成为国民道义的精神生活的核心，彰显天皇自身的大义。唯有如此，才能让我国国民断裂的道义之纽带重新联结起来，为曾经辉煌的历史填补残破空白之处，让昭和天皇的英明决断彪炳史册，同时对于国际世界也能证明日本天皇的大义吧。我衷心希望，以内阁诸公为首，各位审议国政的同人能够思考其中的道理，怀着更大的忠义之心，在制定新皇室典范时讨论这一重大问题。

值此贵族院会议之际，我提出上述质疑，恳请各位谅解我的一片真心，如有非礼的言辞，还望各位议员海涵，也希望相关的各位大臣能够坦诚地做出答辩。

教育与国家
——第九十二届议会上对首相施政方针的质询演说

1947 年 2 月 14 日

战争结束一年半以来,经过几届议会,以日本国宪法为首,我国政治行政制度的根干,以及产业、劳动、经济各领域都发生了前所未有的变革,但还有一个最重要的领域尚未被触及,这就是教育方面的改革。政府至今尚未阐明在这方面的基本方针,也不曾提出任何一个具体提案。

此次首相的施政方针演讲,在这个问题上也完全没有明确化,这是令人遗憾的。在此我想就政府对于教育和文化的态度、方针以及几个重要问题进行质询。

一

首先,政府在重建祖国的方案中,究竟在多大程度上把重点放在教育及文化上?这在全部预算中是如何具体化的呢?烦请吉田首相作答。

眼下我国正在展开各种史无前例的政治、社会改革,为了让国民不把它们当成外部给予的,而是视为自己的所有物,将其在现实中实体化,我想就需要让新宪法彻底保障的个人自由扎下根来,需要国民从过去的极权主义的束缚中解放出来,获得自主决定的能力，能够基于理性的思考方法和自己的良心做判断，这是必要的前提条件。否则，当下正在进行的各种民主改革也就只是一时的，会止步于表面，将来要被保守反动的浪潮冲垮，甚至陷入连从前都不如的可悲状态吧。

在此意义上，祖国重建的成败，系于国民的新教育，这么说也不算言过其实吧。日本之所以放弃战争，祈愿和平，重新在民主主义的基础上举起建设"文化国家""道义国家"的理想，也是为了这个缘故。这就意味着，国家不能再像过去那样让文化和道义服务于自身的权力目的，而是必须服务于道义和文化本身。为此，最重要的是以发展主体性的、创造性的人性——开发人的个性为目标，创造与此相适应的教育制度机构。因此，目前最紧要的莫过于对我国以往的国家极权主义式的各种教育制度进行全面改革，为了实现这一目的确立相应的财政措施。我想这与政治社会领域的各项改革同样重要，不，甚至应该放在更优先的位置。

然而，政府忙于应对面前的产业、经济等方面的问题，对于教育文化政策，则因为其结果不会立刻显现在眼前，就忽视了它本来的重要性。这种倾向是不是存在呢？这从到目前为止的预算方案来看也很明显，当局的教育文化政策还很薄弱，完全不能和其他领域的政策相比，对此我们深感遗憾。

虽然我也能够体谅当局的苦衷，但我担心的是，就像之前在众议院上酿成问题的石桥大藏大臣直截了当的发言所说的，"现在顾不上教育的事"，这种态度是不是渗透到整个政府的政策中了呢？对于当前的经济危机，固然必须努力制定对策，但与此同时，面对国家的百年大计——特别是重建祖国这一大的课题，政府还应该坚决推行教育制度的全面改革，为此在财政层面也需要有具体的计划,我是这么想的,请问政府的信念是什么呢?

我们知道,去年盟军总司令部邀请来日的美国教育使节团经过调查发表了建议书。我们也知道,我国设立了从属于内阁的教育革新委员会,该委员会已经提出关于教育的具体改革方案。我想,我国教育改革必然要沿着这一大方向来进行,但问题在于怎样采纳这些建议,怎样迅速地付诸实践。

二

接下来我想询问的第二点是,政府对于教育领域尤其重要的方面,即构成我国民主教育的基础的义务教育制的扩充,有什么实施计划呢?

只有让国民大众平等地接受基础的普通教育,从而使自由的精神渗透到每个人心中,让这样的个人,无论男女,都成为负责任的、团结一致的社会成员,我们才可以期待民主主义的实现。尤其是对肩负未来世代的儿童、青年的教育,更是建设新日本的基石。民主和平的日本不是一天就能建成的,为了达成这一目标,我们不仅要付出一代人的努力,还要从现在起就致力于培育下一代,否则,日本就不会有回归国际社会、重获光荣的独立的一天吧。

这就是扩充国民的普遍义务教育制度之所以紧要的缘故,也是新宪法重新规定国家"有义务让全体公民子女无偿接受普通教育"的原因。现在,是时候确立制度上、财政上的相应措施了。

而且,这并不是一个现在才出现的新问题。我国设立八年制义务教育制度,已经是很久以前的事了。然而,这种制度只是写在纸面上,迄今为止都是一纸空文。国民大众大多只受过很少的教育,或者几乎不曾受过教育。

我认为，现在我们有必要对国民学校和与它衔接的各种中学进行整理、统合，从新的观点出发，重新确立男女平等的、尽可能长期的义务教育制度。

自从"六三制"方案发表以来，全国的教育者和家庭都对此表示欢迎，地方町村也表现出设置这种学制的热情，在这样的时期，如果国家出于财政上的理由，推迟新学制的实施，想必是一种很大的不幸和损失。政府对此究竟有什么计划，在本年度准备怎样实施呢？我想请新上任的高桥文部大臣作答。

另外，据说完成这一任务需要二百几十亿元的巨额经费，请问大藏省对此准备采取怎样的财政措施呢。此外，其中相当一部分经费必须由地方承担，那么伴随着基于新宪法的地方自治制度的实施，政府在制订税制改革的方针时，有没有将地租、营业税等税款大幅移交给地方的意向呢？在这种情况下，我国是否会征收教育税等有特定目的的税种呢？同时，在支出这些经费时，我想也需要考虑到通货膨胀的对策和物资材料等方面，制订一定的多年度计划。这一点我想请教大藏大臣的见解。

去年12月的教育革新委员会上，据说某位国务大臣在半公开的会晤中明言，我国在接下来的几年内还没有实施"六三学制"的可能性，就像这一问题已经决定了似的。不得不说，这是没有认识到问题的重要性，也否定了内阁设立教育革新委员会的意义。

这个问题并不只是文部省或者文部大臣的责任，实际上是整个内阁的责任，它与煤炭、粮食问题一样，需要我们全力加以解决。我是这么想的，请问政府怎么看呢？

三

下面是第三点。依据新宪法的精神,我国的学校制度和高等教育机构都必然需要根本的改革,而我想请政府说明在这些方面的方针以及实施计划。

学校虽然不是唯一的教育场所,但我国新的学校制度,必须设法使完成国民普通义务教育者,能够比较容易地进入更高一级的学校学习。这是新宪法所保障的"教育机会均等"的问题。在过去的制度下,对国民大众来说这些更高级的教育的大门极为狭窄,它们似乎只是以培养统治大众的少数人为目的。因此,这种教育易于灌输军国主义和官僚主义,也就不足为奇了。

而且,我国过去的高等教育机构的体系太过复杂,并包含阶级上的不平等。例如我国特有的高等学校,由此派生出来的各种专门学校和大学的差别,以及作为教员培养机构的特殊的师范学校制度等,都是如此。有人说学生从这些机构走上社会,就染上了狭隘的学阀、派系之弊,不是没有道理的。

对这样的制度必须尽快加以改造。要让那些完成普通义务教育的人有平等的机会,根据其能力和特点来接受更高级别的、各种层次的高等教育。同时对于那些有能力却因交不起学费而不能继续研究的人,有必要设法予以财政援助。必须通过这些举措,让高等教育不再是少数人的特权,而是为尽可能多的人所有。为此,就需要在全国增设和加强大学等高等教育机构吧。

像这样,只有让人们能够更广泛地接受高等专业教育,使高水平的知性和道德在国民中间普及开来,国民才能成为有理性的、有自己的判断的国民,才能在获得自由的同时也充分自觉于自己的责任，共同建设自己理想中的国家、社会吧。

而这绝不意味着大学水准的降低或者学问的通俗化。从根本上说，这要求我们鼓励文科与自然科学各专业探寻新的哲学理念和科学发现，并为此扩充研究设施和机构。建设新日本的究极的动因，唯有学问与教育。

我想问的是，伴随普通义务教育制的实施，政府准备如何强化对整个高等教育制度的改革呢？

四

我的第四点问题是，面对从中央到地方的教育行政制度的民主化、地方分权化改革的迫切需要，政府准备怎样进行这种改革，另外究竟有没有向本议会提出议案的准备呢？

前面说的从初等学校到大学的学校体系改革，只有以管理它们的教育行政制度本身的根本变革为前提，才能达成其目标吧。无论哪种层次的教育，都只有在不受压迫性统制，处于自由的氛围中时，才能让教育者最充分地发挥其能力。在这种环境中，教育者就会产生自律性和自发性，展现出自由的精神，这同时也是文化的创造力。教育行政管理的关键，就在于让教育者获得这种对自身使命的自觉，主动承担责任和义务，齐心协力完成其任务。因此行政厅最重要的工作，就是创造出这种自由的氛围，而绝不可妨碍它。

我国既往的教育行政制度，在这一点上充满缺陷，这是令人极为遗憾的。过去的制度具有太过强烈的中央集权主义和官僚统制的特色。文部省这个中央机构从制度上成为支配日本教育界的权威中心，实际上也确实一直支配着全国的思想与教育。这样一来，教育这一神圣的公器就往往有被文部省内部或者外部的掌权者利用的危险，这是过去的事实所证明的。

过去我国虽然在制度上承认大学相对的自治，但这种自治也是极不完全的，在国家的名义下，学问研究的自由被显著压缩，对当时掌权者有用的思想学说得到庇护，与此相反的思想学说则屡屡遭到迫害和镇压。更奇特的是地方教育行政。众所周知，在地方上，是内务省任命的毫无教育经验的年轻地方官吏，和其属下的、由文部省从极狭窄的范围内选拔出来的督学，指挥并监督着全部教学岗位和教育内容。

这样一种高度中央集权化的教育制度，正如美国教育使节团的报告中所指出的，"即使没有落入极端国家主义与军国主义的网罗中，也必然受到顽固的官僚政治的危害"。

我们必须把我国的教育从这样的官僚主义和中央集权制度中解放出来，将其改编为民主的、地方分权的制度。为此，首先文部省不能再像过去那样控制学问与思想或指定教育内容，而应将其机能集中于新的广泛的方面，包括通过技术上、财政上的支持，为各种公立、私立学校提供研究和教育设施及资料，改善教师待遇，等等。而对于地方教育行政，尤其需要彻底实现分权化、民主化。

据说文部省为此正在准备关于设置地方教育委员会的法案，我想这一法案应该与去年流传的文部省方案在精神和构造上有所不同。去年那份方案，是从所谓"确立教权"的立场出发，计划在各地设置以各国立大学校长为首脑的学区厅，在其下设置类似于各府县的文部省支厅的机构，而新的法案究竟会有怎样的组织内容呢？这一点我想请教高桥文部大臣。另外，内务省在设立这种教学委员会时，准备怎样将它包摄融合在依据新宪法实施的地方自治制度之内？我想其中会存在若干问题，在此想听听新任内务大臣的植原先生的见解。

　　我之所提出这些质询，是因为我认为在这个构筑重建祖国之基石的时期，教育改革至关重要。为此不仅需要教育者自主地努力，用创意来革新教育内容与方法，也需要政府抓紧对我国教育制度的根本改革，一日不可松懈。

　　在史无前例的悲惨战败之后，如今没有人不感到我国正面临精神的荒废，其程度丝毫不逊于物质的崩溃。如果我们现在不为此做出长远的规划，那么祖国的复兴终究是不可能的吧。在近代历史上，同样从战败的深渊中重新站起来的民族，我们可以想到的有拿破仑战争后的德意志，以及后来被德意志、奥地利打败的丹麦。它们都因为战败在领土上、物质上遭受了很大损失，而通过精神和文化的提高来补救之，重建国家的第一步就是倾全力以复兴学问、振兴教育。众所周知，这不仅推动了文化和教育，还成为其国家独立与发展的根本动力。我国国民应当深思这一点，特别是执政者更应该以这些世界史上的教训为鉴，从现在开始谋划教育与文化的革新和振兴。

　　无论是什么样的内阁，无论多党联合内阁能否成立，但凡是肩负时局的政府，在这方面都应该超越政党派阀的分歧，着手推行这一事业。这是政府必须认真面对，议会也必须认真讨论的问题。借此机会，我希望以首相为首的相关各大臣能够给出有诚意的答复。

精神革命

1946年1月1日

以战争的结束为界,旧时代过去了,新时代即将开始。在这样的黎明时分——这是既往的各种制度和生活方式都面临巨大变革的时代——最需要的就是人的个性的发展,在某种意义上,也可以说这是一个最适于个性发展的时期。因为在这样的时代,新的政治精神、社会精神的要求,起初还处于茫然的摸索之中,它们将渐渐驱使我们走向清新的思想革新与行动,真正促进个性的创造性活动。

在日本近代历史上,我们迎来过两个崭新的黎明时代。第一次当然是明治维新,但在那个时期,人们忙于众多制度器物的外在的移植与改革,而内在的真正意义上的维新可以说还并未完成。而现在正在到来的第二个更加伟大的黎明时代,正是真正意义上的昭和维新,它不仅是制度组织的改革,还必须是内在的革命——人的思维与精神的革命。这样的昭和维新正在展开。其中与政治、社会革命相并列的是人的革命,或者不如说后者是前者的前提。

那么,人的革命——国民的精神革命——怎样才是可能的?它应该以什么为目标?

第一个目标,就是发扬敬爱真理之心。明治以来,人们往往把学问作为个人荣达之阶梯和处世之术,结果利己享乐的功利主义动机占据了主导地位,不是吗?或者,与此相关,是不是有人追随国家权力的目标,为了迎合一个时代的势力而做学问呢?然而,无论哲学还是科学,但凡基于理论思维的学问或学术,都有其自身的法则,其动机和目的必须是对法则本身的发现,是为真理而真理。这些法则、真理只有通过明了的认识和批判才能够把握,治学者的乐趣和喜悦也正在于此,只有怀着这样的喜悦与热爱来面对学问本身,真理才会展露在我们面前。

第二,只有从这种对待真理的纯粹态度出发,我们才能期待精神的自由和创造性活动的意欲与勇气。因为不为外物所动的纯粹的意志,不是从人的自然、茫然的感情或者独断的信念中产生的,它只有依据坚固的真理价值——即使这不是唯一的根源——才能形成。传统道德规范的简单列举,僵化的说教训诫和修养,无法唤起人们高尚的道义之心。我们必须让人们的精神自由活动,依从道德世界的秩序自己做出判断,进而在实际生活中凭自己的良心与意志付诸实行。这种明了的学术知性,和纯粹的道德意志,有助于一个人内化、深化其人格。但是,审美艺术情操的涵养姑且不论,仅凭这些,还不足以将人格改造至完满。

作为必要条件,我们还需要第三样事物,那就是对全新的世界——宗教的永恒世界——的思慕。过去我们往往认为宗教只是属于朴素之民乃至特殊的"宗教性的人"的事物,学者或者文化人通常不愿触碰它,或者以自己不需要它为傲。然而,如果没有对超感觉的永远实在之世界的渴求,也就不会有深邃的哲学真理、纯洁的道德心情。没有对超越人类的绝对存在的敬畏和信仰,人的革命、人格的完成也都是不可能的。我们必须把那种单纯作为谋求人的利益幸福和国家社会之安泰的方便法门的宗教,把一切基于利己动机的人类宗教,都替换为真正能够满足我们灵魂之渴望的、内在化的、更加崇高的宗教。

从这种观点出发，在近代精神和文化普遍浅薄化，其弊端显著暴露出来的当代，整个欧洲文明在根底上存在着共通的问题，严格说来，我们必须呼吁世界各民族都展开新的思维与精神革命，由此进行人自身的革命，唯有如此世界的永远和平才是可能的。但是，姑且不谈别国，身为战败国的日本在这样的时代尤其有必要、有义务对此充分自觉并付诸实践，我国的教育方针必须向着以上的目标进行根本变革。

但同时需要强调的是，无论在怎样的制度之下，为了达成上述目标，更重要的都是各人的"自我教育"，每个人必须根据各自个性的要求而努力和培养自己。过去诸君所受的是过于形式化的整齐划一的教育——近年来这被称为"国民的铸造"。这种教育把所有人都塞进固定的模子里，试图外在地制造出国民，各人只需形式化地、被动地服从其规则。但是我们在身为国民的同时，或者说在此之前，首先必须作为一个人，各自培养其自由的个性化的人格。也就是说，人要各自将自我作为本源性事物，发展其自由的精神，我想这就是人生存在世界上的意义，也是使命。

也只有这种个性之力，才是让国家、社会等一切超越个人的存在得以在历史中延续发展的原动力。现在我国国民置身于比战争更深刻、更严酷的斗争中，只有这种新的人，才能够忍受并克服眼前的苦难，肩负起重建祖国的伟大事业吧。他们将会爱祖国更甚于爱自己的存在，为了国家不惜牺牲自己的生命。这是因为，祖国才是足以寄托人类个性所创造的高贵文化财产的永恒场所，是永远为人的自由精神提供保障、促使其发展的世界。对祖国的这种爱与热情，不同于过去军队所体现的那种常常发挥于战争中的形式上的爱国心——那实质上只是名誉心和利己心的伪装——而是内在的、真正的祖国之爱。

国家绝不只是保障国民衣食住行与和平幸福生活的场所。国家必须拥有崇高的文化与道义，更进一步说，还必须是让神的正义在大地上实现的永恒秩序。以这样的祖国与国民为媒介，我们就能为人类文化做贡献，也能参加世界的新秩序吧。在此意义上，现在我们首先必须恢复国民失去的独立与自由。为此，需要依靠的不是军队和武力，而是理性与良心，是灵魂的战斗。我们决不能输掉这场和平的战争。

但战争结束以来，实际的情况如何呢？全体国民都因自己蒙受的损失和由此产生的痛苦而陷入颓唐，仿佛心灵被夺走一般。痛苦中有怠惰、自卑、怯懦。但这种痛苦不是恰恰能够促使我们进行反省，下定决心，展开实际行动吗？让我们清醒地认识现实，坦率承认我们犯下的过错，凭借自己的力量——而不是外国的帮助——无所畏惧地去做自己应该做的事吧！

这就需要许许多多有着自主自律个性的人，这种人能够自己感觉、自己判断、自己行动。为此，我们要根据上述的新构想，以人自身的革命为目标，完成国民的精神革命，除此之外别无其他道路。

在政府被占领军的指令驱赶着，国民大众茫然自失的当下，至少代表国民之理性与良心的学生诸君应该有此种自觉，首先向着自我的精神革命出发。战时你们总是被安置在战争和后勤工作的第一线。这是此次战争中由官方策划的极具特征的安排。而现在，你们必须基于各自的自觉，各自怀着胸中热情的火焰而努力精进。

崩溃与屈辱的旧的一年过去了，与新的一年一同到来的是新的世界——建设新日本的曙光已经升起。富士的灵峰①披着元旦的晨光,仿佛象征着崭新的未来。让我们怀着新的希望与勇气,沿着面前这条路笔直地前进吧!——无论这路上充塞着多少荆棘和苦难。

这些话送给年轻的学生诸君,同时也是作为广义上的"学徒"②的我自己的反省。

广播节目《对学生的寄语》

---

① 由于日本古来的山岳信仰,富士山被称为"灵峰"。
② "学徒"一词在日语中既有学生之意,又可以指治学之人、研究者。

人格与社会

1947年1月1日

一

无论是怎样苦难的时代，喜悦的日子还是会给我们带来喜悦。今天是战争结束后迎来的第二个新年，我们心中也感到某种新的希望与欢喜。

这不是因为我们认为周围的环境、我们的生活条件多少会有所改善。不如说，可以预见这些状况在今年会更加恶劣吧。尽管如此，我们仍然感到希望和喜悦，这是因为无论在何种条件及环境中，我们都依然有自己的心灵生活，可以从中发现新的进步与发展的理想，并且为实现这些理想而倾注新的努力。这才是我们应当做的，也是我们可以达到的生活的最高境界。

在新的一年开始之际，我对诸君的期望，就是盼你们能够认真思考这种崇高的生活理想，为了获得它而展开顽强的战斗。在这样动荡混乱的时代，人的心思很容易向外部——客体的世界分散，而我们要将其收拢，努力向内在——向自我集中。换言之，就是要彻底挖掘我们自身，贯彻内在的反省。

这绝不是说要变得感伤或者浪漫。单纯的主观感情的沉溺、悲哀的沉潜，与我们的理想相去甚远。毋宁说，我们要有一种精神上的自信，它能够驱使我们做出决断和行动，即使面临种种艰难和悲惨，也能负重前行。为此，我尤其希望诸君发挥理想精神之力，鄙视庸俗的无价值的事物，识别真理与正义，培养热爱高贵的、永恒性的事物的灵魂。

二

当代青年学生所欠缺的，不一定是知识。在某种意义上，诸君恰恰受到知识过剩的毒害。种种知识的堆积，只会造就单纯的"博识之人"。其所欠缺的，是一种活生生的人格的生命之力，唯有它能将那些知识综合起来，塑造为人类理性所需要的整体。人们高呼当代社会知性无力、文化颓废，我想其原因也就在这里。

的确，我们如果想要将价值变成一种活生生的人格，就只能依靠自主自律的意志和努力。而这种意志和努力，终将走向神的无限与绝对。这是因为，人皈依于神，是其最高程度的自由行为。在这样的时刻，主体性的、创造性的个性之自由与价值将得以确立，抵达这些词语最深刻的意义。

而正是这种主体性、创造性的人格个性之力，才能创造文化、确保其进步，同时也是不断唤起政治的、社会的精神，由此改造和发展国家社会组织的动力。从根源上说，自由主义的产生正是以这种活泼的自由个性为前提。创造灿烂的人类文化的努力，改善社会民众状态的行为，都是从其中产生出来的。

三

我想，社会的理念（idea），就存在于这样的人格个性共同生活、共同营造的关系中，在我们尊重彼此自由的人格，以相互间的爱与努力结成的关系之中。

然而，伴随着近代文明带来的社会生活方式、经济生活方式的变化，这种社会理念失落了，社会关系与其说是拥有灵魂与精神的人与人之间的结合，毋宁说化为了物与物之间的非人的关系。人类习惯了将自己的同胞当作可以量化的商品或者人力资源，个人的价值与命运在国家社会的发展中遭受蹂躏，就这样，国家权力主义与资本主义猖獗横行，共同引发了大规模战争。

现在，我们最紧要的任务，就是着手恢复建立在自由的人类个性的结合之上的社会理念。民主主义倘若不以人与人内在的结合关系为支撑，决计不能维持；政治社会组织的改造，必须与此并行，不，必须以此为前提。那么，就不得不说，现在民主主义革命的道路上正酝酿着新的危险和威胁。人们由于过度相信社会组织与机构，结果以巨大的组织之力压迫个性的自律，多数人自己放弃了作为自由的人格来思考和提出主张的权利，追随集团之力——这样的倾向是不是存在呢？

如果期待新的人与文化的理念本身能够从社会组织和制度中产生，那么不管这是一种什么主义，都是错误的。我们前进的志向，应该求诸理性的、伦理的、宗教的精神。制度与组织的价值只不过是容纳它、承载它的条件。只有当这种条件性价值与精神性价值之间的正常关系被人们充分认识，并得到恢复的时候，真正的道义国家和文化国家的建设才会成为可能吧。

四

当代社会最大的特征,莫过于"精神的贫困"吧。所谓"政治的贫困"也来自"精神的贫困",即精神自律和伦理理性的欠缺;就连物质、经济领域的贫困,说到底也需要依靠这种理想与精神的变化,才能得到真正的解决。

于是,当前的要务,首先是我们每个人要获得具有独立理性精神的人格个性,然后是要保障这种个性之间共同生活、共同营造的关系,这也是社会内在的纽带。我们的使命,就是由此对民族内部的政治经济上的各种对立,乃至民族之间的对立进行协调,从而让真正的文化理想的实现成为可能。

目前,日本国民直面肇国以来所未有的败北,不得不展开深刻的自我反省。我们必须在国民中间掘出内在精神的泉眼。人们现在已经感到一种需求,那就是在对崇高思想和神性的强烈感动中,恢复失落的精神上的一致。我国以往那些所谓日本的或东洋的哲学和宗教,不足以满足这种需求。国民或有意识或无意识地要求这新的精神与思维之革命。

这种倾向,有心之人可以从祖国各地和社会各阶层中观察到吧。切身地感受到这种要求,并能够回应它的人是谁呢?倘若青年学生诸君不能对此产生自觉,并主动付诸实践,还有什么人能担当这一使命呢?诸君必须走在多数人前面,自己实现这种精神革命,向大众发出呼吁。

我这么说,并不是对诸君要求得太多。但凡是人,谁都会有这样的感受、意欲、体验,这完全是"大众的哲学"。只不过,诸君可以通过知性的反省为其奠定基础,将其建构成我们的理性所要求的整体性世界观。这是学生诸君的使命，也是本分。

五

在祖国战败，到处充斥着饥饿与失业，国民全体陷入混乱而悲惨的状态之时，上述呼吁也许听起来有些迂阔。但是，只有靠这种自觉与确信，人才能承受任何命运与考验，获得自由的行为与实践的力量。

可以说，祖国能否复兴，就取决于国民中的大多数能否以这种理想作为自己的志向。如果能做到这一点，不仅可以实现个人与国民的精神内面的革新，而且也会建成更高层次的国家社会秩序吧。

但这不是说，我们很容易就能达成这一目标。日本民族面临的道路漫长而艰险。我们所经验的人生苦恼，今后也不会减轻，只会更加严酷吧。但是，只要相信我们内在的理性与精神的力量，不断努力，这种力量就能跨越一切障碍，将我们导向救赎与成就吧。

我国近代诞生的一位伟大的有信仰的诗人曾这样歌唱：

> 雪正在落下。
> 但是，春天正在到来。
> 严寒凛冽。
> 但是，春天正在到来。[①]

的确，我们面前横亘着艰难困苦。但是，通过这种艰苦与考

---

① 引文出自内村鉴三《欢喜与希望》一诗。

验，祖国的春天终将到来吧。不，我们一定要让它到来。

青年学生诸君！请不要失去对理性与精神之力的信赖，怀着希望与勇气，向着我们自己、我们民族的新生，重新出发吧！

广播节目《对学生的寄语》

学校的复兴与新文化的创造
——在庆应义塾创立九十周年纪念庆典上的贺词

一

一个伟大的、有个性的灵魂，是怎样地永不磨灭，永远鲜活，福泽谕吉先生和他留下的庆应义塾大学就是最好的例子。先于明治维新，作为"天下之桃源"而创建的义塾成为新时代的主导力量，为摧毁封建思想和输入西洋文化而倾尽全力，在近代日本的形成过程中扮演了重要的角色，这不得不说是我国历史上的一个奇迹。几十年来，义塾已经发展为从幼儿园直到大学的一大综合教育机构，为国家社会输送了无数人才，这实在是当代的奇观，我国国民的骄傲。

但是在此过程中，庆应义塾面对一次次存亡的危机，是如何克服财政困难，为了学校的自立而战斗，其中的艰苦与操守终究是我们公立学校所难以想象的。如果没有福泽先生不屈不挠的自由独立精神和义塾全体同人的共同努力，不可能成就这样的事业。而近些年，自"满洲事变"以来，在大战期间军部官僚的压迫下，为了捍卫学问的自由与真理要付出怎样的牺牲，这是我们也多少有些体会的。

二

命运是残酷的，此次大战的战火让庆应义塾损失了大半设施，这无疑是一场新的严峻考验。现在贵校在废墟中特地举行创立九十周年纪念庆典，我想这不只是为了纪念过去的历史，也是为了表明建设未来的新的理想与决意。而这也正是同样正要从废墟中站起来的祖国日本的身姿。

对于庆应义塾的徽章所体现的"笔胜于剑"这一道理，如今我国国民以同胞的鲜血和祖国的牺牲为代价，终于有了深刻的认识。剑从我们手中永远地脱落了。日本必须恢复战时失落已久的文化与道义，不再把真理与正义作为自身权力的手段，而是真正侍奉它们，走向新的建设。特别是我们从事学问与教育的人，更要荡除既往那种公立和私立学校间不平等的习气，携手共进，为了学问的恢复与学校的复兴而努力。

三

但是，学问的恢复与学校的复兴，不仅仅意味着寻回丢失的东西，或者物资、设施方面的复兴，更是与精神文化的新创造紧密相关的问题。现在我们所面对的，实际上是比明治维新更深刻的、肇国以来所未有的精神革命。无论是多么悠久的传统和历史，在这种革命面前都必须经受根本的批判和检讨。

在这样的时期，我盼望贵校首先在校园之内，然后在校园之外确立起大学的自由，在义塾创始者所期望的世界文化真正的普遍基础之上，进一步发挥自身的创造性精神，树立新的文化理念。我们这样做的目标,是终结我国文化长期以来对外依存的学徒时代,真正以我们民族的个性来为世界人类做贡献。

在此,我对义塾过去九十年来的光荣历史致以真诚的敬意与祝贺,同时也衷心期待贵校将来的发展和新的创造。

教育的理念
——"教育研究集会"开幕式上的演讲

1947 年 7 月 21 日

一

现在,在我们面前展开的各种改革之中,我想最根本、最重要的就是教育改革。而这一改革的效果并非立即可见,而且不是一代人就能完成的,只能期待其成功于后世,正因如此,这是极为困难的事业。但是,这一事业成功与否,真正关系到我们民族的兴亡。

以最近开始实施的"六三学制"为首,我国确立起新的学校制度,而且近来教育行政制度的改革也在中央和地方逐渐实现。这些工作一旦完成,将为我国带来划时代的改革。我们很清楚,我国现在有多少要做的事,而财政经济又是多么穷困。但是,政府自不必说,国民自己也尤其要为教育改革的达成而倾尽全力,否则祖国的复兴终究是不可能的吧。

但是,无论教育行政制度和学校制度整备到何种程度,如果不对教育的内容和精神进行改革,那么制度本身就不会有任何意义或效果。关于这一点,需要说的是,虽然最近我国制定了《教育基本法》,但如果我们只是像对待《教育敕语》一样,把它当作被给予的事物,一味反复诵读,那么它就不会产生任何效果。教育精神与内容,就算在国民全体的名义下,用法律一一加以规定,也无法强行实现整齐划一的变革，它只有靠我们从事教育的人不断思考、研究，凭自己的经验和努力去发现和创造。借此机会，我想就教育的理念略抒拙见，以供各位参考。

二

我认为，教育不能单纯以某一时代的社会为对象，只有将"人"本身作为主体来思考时，它才具有本质上的意义。为什么呢？因为社会永远变动不居，而人却始终是人。所以，塑造真正的"人性"——让每一个人在其所处的环境里，与其各自的个性相应，形成最完善的自由的人格，从而能够自己思考，基于自己的意欲而行动，这应当是教育始终如一的理念。

旧日本的教育的错误，就在于忘却这种意义，一味灌输国家思想，想用一个国民的模子来熔铸各不相同的个性。这就导致了对人格的自由与尊严的践踏，在民族发展的名义下，我国发动了那场战争，不是吗？然而，现在就没有同样的危险吗？当前我们面临着经济、社会生活的苦难，期待社会组织与结合的力量能够拯救人。由此就会产生一种主张，再次要求个人牺牲其固有的存在和自由，只是将其作为构成巨大组织的一分子来加以教育。不得不说，这与把我们自己交到国家的手里一样，会导向同一种危险。

人的本质，存在于其人性的完全充实之中，在于他生而为人。人的真正意义，并不存在于他作为国家公民的生活，或者他的社会活动里，而仅仅在于他是一个人——存在于他自身的意识的内在自觉之中。那么，教育就必须是有着自己灵魂的自主自律的人的个性的开发和完成。自我实现，就是教育的理想。我指的不仅仅是狭义的道德人格。教育要培养的，是对一切伟大事物、美的事物、真实的事物敞开心扉的人。

三

这绝不会导致唯我主义或个人主义。人在本性上是社会的存在，我们为了真正实现自我，就绝不能停留在孤独之中。人的存在以他人的存在为前提，只有通过与他人的关系才成为人。也只有在与他人的关系中思考和行动时，我们才是"自由"的。唯我的、利己的人绝不自由。人类生活的真正实在，也就是处于人格的相互关系中的人的实在。

在此意义上，人的教育中最终的一个词语，就是对一切人的"爱"，只有爱才是让我们正确认识人的存在方式的真正的"人类知识"。这种爱，不只来自人的自然性质，在终极意义上需要超越人的至高存在的恩宠。教育工作确实需要神的恩宠与援助——必须以宗教信仰为支撑，否则，人道主义（humanism）也不过是单纯的词语而已。

如果没有这样的人类知识和人类之爱来构成全世界、全人类的内在纽带，那么现在我们所期待的"世界联合"，以及作为其目的的永远和平，终究是无法实现的吧。近代社会道德主张的人类社会的"进步"的思想，毕竟不足以构成它们的基础。这种思想认为，人类处于不断进步的道路上，社会随着时代发展会渐渐改善，人的存在意义就在于对人类社会的奉献。然而，这种主张仍然是要将人的存在的本质统一于社会之中，虽然统一的中心变成了社会的极限即人类世界，但这与以国家或其他社会组织为中心，并没有真正的差别。

我再重复一次吧。人的存在的本质,在其自身的内在统一——其自身的人格当中,而这样的人格的相互关系之中,存在着世界的实在的根据。

四

这样看来,以此次大战为界,需要重建新的人生观与世界观,和以此为基础的新教育理念的,并不只有日本,这是世界共通的问题。但战败的日本尤其有义务率先完成这一任务。在此,我想谈的另一个与此相关的问题,就是新的"祖国"思想。

祖国,或者说民族共同体,不能理解为单纯以个人为其细胞、分子的生物性整体或者权力的集团。它是保障人的自由——人性理想,使其得以纯粹地发展的精神性共同体,而且是自然的共同体。人类各自划分出不同的边境,分为一个个特殊的民族,不是由于单纯的偶然,而是源于事物本来的秩序。我们首先要当一个好的美国人,或者好的日本人,而不能直接就成为好的世界公民。

真正爱人类的人,是怀有祖国之爱——爱国心的人。各民族的个性之价值和历史之意义,就在于它们以各自的方式拥护人类的自由,作为永恒事物的尘世保障者,为人类做贡献。我们日本民族虽然在此次战争中犯了严重的错误,但这并不意味着我们全部的历史都是罪恶。在漫长的历史中,虽然有着时代的局限,但我们的祖先确实追求着精神的自由,创造了许许多多善与美的事物,这一事实我们绝不应该忘记。

目前,面对肇国以来所未有的失败,在进行根本的变革时,我们既需要再次从全世界汲取新事物，又必须保持我们自己培育出来的优秀事物。如果只因为许许多多善与美的事物是旧的传统，我们就亲手将其毁坏，这会是极大的损失，外国的有识之士反而会为此感到惋惜。

五

考虑到这些因素，可以说教育的确是极为艰难而伟大的艺术（Kunst）。它以人为活的素材而进行创造，使其发展至能够达成的最完善的程度。就我们而言，这就是要在一个日本人的内部，发展和完成纯粹的人性，从而塑造出鲜活的现实的人之形象。不，是要让我们的青少年将来自己朝这样的方向发展、成长。

这样的教育，需要运用自然所培植的生命力，通过人类的知性和技术来实现，但最重要的是对人的爱，和真理与正义的勇气，没有它们就无法完成。因此，从事教育的人，比从事其他职业的人更需要对崇高任务的自觉和神的旨意。在此意义上，教育未必是靠体系化的组织架构就能完成的，也不是单纯靠研讨会就能讨论决定的。

我就先谈这些，此外还有很多没提到的事项，都可以从心理学、社会学乃至伦理学上去考察，也必须进行考察。此次在文部省以及盟军总司令部民间教育情报部的协助下，本校得以召开"教育研究集会"，邀请全国教员培养学校的代表者参加，这样的会议在战后可以说还是第一次，意义十分重大。而且本研究会与过去那种单纯的讲习会不同，采用了美国的"工作坊"（workshop）这一新方法，将以会员之间的研究讨论为中心而进行，这是我国前所未有的一次崭新的尝试。

我想，本研究会成功与否，完全取决于会员诸君的热情与协力。我期望诸君在讲师及顾问的恰当指导下取得丰硕的成果，将来让这种集会在全国各地普及开来。在此意义上，我期待这次会议的召开成为通向我国教育界革新的一个新路标。

Ⅲ 真理之斗争

前　言

　　这组文章，是以我在东大的演讲为主的第三个小辑。时间跨度是从昭和二十三年（1948）春至二十四年（1949）夏。在这一年多的时间里，特别是最近两三个月，我国社会出现了比战后以来任何一个时期都更加深刻的危机和不安的局势。全国各地出现了非法的骚乱事件，人权和社会秩序遭到悍然践踏，有组织的暴力行为被公开宣扬，并且在当前的形势下确实有可能变成实际行动。某种令人联想到"革命前夜"的沉重空气包围着我们国民。

　　在我国的政治经济状态正渐渐摆脱困难和贫穷，走向安定和改善的时期，反而出现了这样的事态，这是为什么呢？问题未必来自国民的政治经济生活本身。我相信，从根本上说，这种事态产生自国民大众的思想、精神生活的对立冲突与混乱。

　　这种混乱和危机，绝不是凭借政治权力和特别立法的手段就能防止和克服的。我国国民战败后所直面的状况中，本来就存在着各种政治、社会组织甚至教育制度的改革都难以挽救的问题。

　　我可以断言，唯一能够让我们从这场危机和困境中走出的本质性的方法，就是对真理的大胆追求，舍此无他。这是因为，只有真理才是关乎人类未来可能性的新的价值与力量，唯有真理才能指导现实的人类行为与社会生活，提供改革所需要的行动自由。真理一方面让我们从封建的,或者单纯维持现状的思想中解放出来,另一方面也要求我们不能成为破坏性的教条主义意识形态的俘虏,必须为了建立真正具有批判性和创造性的精神而前进。

这是依靠知性与良心的"真理之斗争"。人是否自由,从本质上说,与他所属的阶级无关,而是由我们自己的内心决定的。这种真理的斗争,是比其他任何战斗都更加困难的、根源性的战斗。但是,如果我们不坚持斗争到底,也就不可能实现祖国的重建与民族的独立。

这个问题并不局限于身为战败国的我们日本。目前人类正面临着有史以来最严重的精神混乱与危机。近代关于精神的全部概念,将不得不发生重大变化。如果我们不希望过去半个世纪中两次袭来的战争悲剧再次重演,那么就必须完成对人类自身的知性与精神的改造,努力建设新的社会与世界秩序。

这种知性与精神革命的事业,不是一朝一夕就能完成,也不是只靠特定阶级的人就能实现的。只有依靠几代国民不屈不挠的精神和努力,和全世界人的团结协作,它才有成功的可能吧。笔者衷心期望,在未来的某一天,人类与世界的荣光——真理的胜利将在我们民族乃至全人类的上空闪耀。

职业的伦理
——毕业典礼上的演讲

1948 年 3 月 31 日

一

毕业生诸君！今天，你们过去十六七年来漫长的学校教育的最后阶段，亦即大学生活，就要宣告结束了。这对你们来说，不只是大学毕业，也是整个人生中校园生活的终结。

回首过去，你们经过了备受双亲宠爱的天真烂漫的童年时代，然后进入青年时代，各自跨越了即便是亲人也难以知晓的思想和人生中的诸多苦恼与省思，现在怀抱新的理想与希望，即将从这里出发，走上现实社会。因此，这一天在你们的人生中，一定是个重要纪念日。

但是，比起纪念诸君十多年来的学业的完成，我们更要庆祝你们今后新生活中的事业的开始。美国习惯于将毕业仪式，特别是大学的毕业典礼称为"commencement"（开端），我想其中有着深长的意味。诸君现在终于告别了准备与修行的时期，即将开展你们的事业与活动了。

二

那么，接下来诸君要走向怎样的事业呢？你们各自选择的工作是多种多样的,但我想强调的是,无论选择何种职业,你们都肩负着一项共同的事业。那是什么呢？那就是"复兴祖国"——重建战败的祖国的事业。但这并不是要复兴旧的传统的日本,而是重新建设正义与和平的民主日本。

因此,这一事业不是像过去那样由政府或某些阶级自上而下发布命令,统一筹划,而必须是国民自己自下而上、自主自发地自由创造的事业。这就必然导向国民大众的运动和组织化。建立新的社会秩序,实现公平的福利分配,绝不是仅靠个人的力量就能做到的,政党、工会、各种团体组织等现代汹涌蓬勃的社会大众运动的意义也正在这里。

无论是谁,对这一事实视而不见,或者投以白眼,都是不被允许的。毋宁说,诸君要置身其中,推进和提高这些运动。但是,这种运动不可以是为了破坏的破坏,为了斗争的斗争。它们必须基于知性和良心,致力于建设更好的社会。我们建立组织,团结在一起,是为了这种积极的建设。祖国的兴亡——新日本建设的成功与否,可以说就取决于这些社会集团运动今后能否正确地发展和进行吧。

这里存在一个值得思考的问题。当代的集团运动,是不是有一种动辄受到"群众即权力"的感情的支配,以此取代知性与良心的倾向呢？而当他们心甘情愿地将这权力委托给少数人时,就有一种危险：取代旧指导者的权威的是新的少数独裁者的权力。这样一来,个人就会埋没于集团组织之中,再次沦为没有人格自由和品德的非人性的存在吧。无论是哪一种意识形态,我们都不允许它取代人格的尊严,再次以超人的权力凌驾于我们头上。

权力是不择手段的。它往往不惜唤起狂热的暴力行动,同时也煽动民族、阶级之间的憎恶和复仇的念头。而正是这种憎恶和复仇的意识，无论在民族之间，还是在有产阶级或无产阶级任意一方，都会酿成深重的危害。但社会之恶的根本原因，在于缺乏从人与同胞的纽带中产生的——不论是什么民族、什么阶级——一切人对一切人所应具有的友爱和责任感。部分阶级和某些民族忘记了这一点，牺牲他人以谋取自己的利益与权势，这就是近代资本主义与极权主义社会的缺陷所在。

我们还清楚地记着近代东洋诞生的世界伟人甘地。他站在民族运动的前沿，但又排斥一切暴力，高举名为"Ahinsa"[①]的指导原理，主张不加害任何生灵，对一切人都宣扬同情和友爱，同时标举"Satyagraha"[②]这一指导原理，教诲人们为了实现真理而进行执着的努力与奉献，由此兴起了印度国民的自由独立运动。这完全是一种伟大人格的力量、内在信仰的力量，而这力量实现于现代的国民大众运动中，将其导向最终的胜利，这是震惊世界的事实。

在实现毕生夙愿的半年后，在恒河畔进行黄昏的祷告时，甘地不幸为暗杀者的子弹击中，留下许多有待解决的问题撒手人寰。尽管如此，他的灵魂将永远活在人类中间，发挥作用，在当代混沌的社会大众运动的前行方向上，化作巨大的火炬照耀我们。

三

此事并不局限于领导者。无论在怎样的集团组织中，全体成员

[①] "Ahinsa"（Ahiṃsā）为梵语，意为不杀生、非暴力，是印度传统宗教思想中的概念，也是甘地所强调的重要主张。
[②] "Satyagraha"一词为甘地所造，是其核心主张，通常译为"非暴力不合作主义"。

都应拥有生机勃勃的自由的人格，在各自的岗位上，自觉于对同胞的友爱和责任，通过履行自己的职责来实现真理与正义，为全体努力奉献。

我们不必像甘地那样，特地排斥近代文明，呼吁回归中世纪的手工业时代。但不管我们从事的是近代产业中多么细枝末节的技术工作，都绝不可以因此将自己变成单纯的经济分工和效率主义下的一台机器。外在于人的组织、经济，本来是人所发明、服务于人的，却变成了钢铁的外衣，沉重地压在人的身上，这正是近代社会所独有的史无前例的可悲特征。我们必须脱下这种钢铁的外衣，恢复人的主体性。

由此，我们的一切职业也都通向全体的目的，必须携手共进，建设人类自身的共同社会，这是自觉的完满人格的事业。将人非人化、机械化，让大众处于持续的压迫和穷困之下，是不符合人类共同社会的价值的。我们必须排除妨害人类的自由与主体性的各种条件，保障一切人都过上人所应有的生活，为此必须实现政治社会的民主化，确立新的经济秩序。

但是，新的社会秩序中不可或缺的是"大众的伦理"。当代社会所缺乏的，是社会大众的"职业伦理"。我们的劳动，并不只是为了维持生计，或者为了满足我们对快乐和幸福的需求。真理与正义、友爱与奉献，并不是仅仅属于直接从事公共事业的人，特别是那些被选拔出来从事精神事业的人的道德。它们恰恰需要在一般大众的世俗生活中实现，即使在银行、公司或者政府部门的窗口，人们也必须通过履行各自的职责来实现这些道德。就算在日常生活里物质方面卑微的工作中，为他人考虑，本身就是属于精神领域的事情。

追本溯源，这种伦理精神并不产生于经济的必然法则，也不是来自社会秩序本身，无论这秩序是多么组织化、合理化。它产生自人作为自由人格的伦理本性。即使在参加社会组织之后，人也仍然对自身负有这样一种高尚的义务。每个人都要作为一个人格，时常遭遇疑惑和动摇，但经过这些又进一步以新的理想的改造与追求为目标，不断反省和努力，这是人的命运与使命。虽然这是眼睛看不见的、在人的内部进行的事，但也是毫不逊于外在事实的严肃现实。

从今往后，诸君在与周围社会中的虚伪和不正之风战斗的过程中，一定会体验到更深一层的苦恼，有时是挫折和失望。而且，就算在引人注目的社会活动中，在世俗的人生巅峰上，你们也会体验到难以排解的精神上的"孤独"吧。但这些终将成为让人与神对决，将我们引向永恒生命和未知幸福的阶梯。像诸君这样获得了高层次的教养和学问，在真理面前睁开过眼睛的人，切不可让自己内部的真理之声归于沉寂。

无论在世界的何处，支撑着国家社会的根底的，都是通过这种精神苦斗而觉醒的人的内在力量。这才是让社会大众运动走向崇高，推动一国与世界的文明进步的真正动力，一个社会如果不依靠这种内在力量不断地实现净化和改革，就不能存续下去。

四

诸君！对于我国面临的社会上、经济上的困难，你们自己有着切身的体会。现在以克服这些困难为目标的各种改革正在展开，正等待着你们的参加。但是困难还存在于更深的地方。造成这些社会上、经济上的困难的正是国民自己，如果没有国民自身的改造——没有精神和道义的革新，祖国的重建就是不可能的吧。

这个道理，是应召参加此次大战、亲历了战争的诸君自己最清楚不过的。我们的失败，就像一些人说的，未必源于我国科学、工业的落后。归根结底，我们输掉的是"人"的战争——人的道义与精神之战。如果诸君没有这样的自觉，不能率先奋起，那么你们同僚战友的死亡也就没有意义了。

身为学生兵的他们，最大的心愿就是让祖国成为真理与正义之国。"让正义得以实现，就算世界灭亡"也是他们的信条。虽然我国因战争土崩瓦解，但正义在世界上获得了实现。我们虽然身处战败的痛苦当中，却应当祝福世界历史上正义与真理的实现。然后，让我们缅怀在战争中牺牲生命的诸君的战友，那些本来能够出席今天的毕业典礼的我们年轻的子弟，把他们的灵魂长久留在心间，向着新的真理与和平日本的建设而前进吧！

战争结束已经两年半，在盟军的善意援助下，我们活到了今天。但是，我们切不可不做自己应做之事，习惯于接受他人的恩惠。否则，长此以往，我担心我国国民会丧失自由和独立的精神。除非依靠我们自己的力量，我们绝不可能得救。《波茨坦公告》并不是要把我国变成永久的殖民地或者属国。它要求我们成为自主自律的国民，作为和平的国际社会的一员，恢复自由与独立，为人类文化做出贡献。

当然，在这条道路上我们必须做好心理准备，面对今后几年物质的、社会的困苦。但是，这种艰苦，不也正是激励我们团结在一起，重新建设崩溃的祖国的鞭子吗？歌德曾经说过：

> 社会的纽带不会被切断，

将它重新联结的是谁呢?
唯有我们面临的困苦
——无比的艰难困苦。

再见了,毕业生诸君!我衷心祝愿你们承受住眼下的艰苦,在各自的工作场所实现真理与正义,对一切人心怀友爱,分担责任,团结一心,向着重建祖国这一共同的事业,展开你们新的人生与事业。

大学与学问
——在开学典礼上的演讲

1948 年 4 月 12 日

一

新入学的诸君！伴随我国教育制度的根本改革，新的大学学制将于下一年度开始实行，而你们也许就是旧制度大学的最后一届学生了。从明天开始，你们将立即投身于各学部各学科的专门课程之中。

这是近代科学的发达所带来的学问体系，学问由此分化为互相交叉的各种门类，并出现了与此相应的数不清的研究机构。一旦踏进这个世界，对学问有欲求或者有较强感受性的学生，一定会产生"学海无涯"的印象，简直不知该选择哪一门，学习哪一科。

在这里，除了很早就发现自己的道路的少数例外者，大多数学生会分为两种类型。其中一类虽然具有比较优秀的才能，但只是漫无目的地接触各种研究，而对任何一种研究都浅尝辄止，不能深入其本质，直到大学生活结束时，才明白自己白费了多少工夫。

当然，学校也为一般学生设定了应当学习的课程和相应的时间安排。第二种类型的学生，就是以机械的方法和努力来完成这些规定课程，出于求职的目的而尽量取得好一点的成绩，或者最多只是学习自己今后生活中所需要的专门知识。至于连这种努力都懒得做，从一开始就委身于低俗的生活，荒废了大学三年时光的那些人，就不值得讨论了。

在这里，趁着新入学的诸君在精神上最为活跃、纯粹的时期，我想谈一谈研究学问的目的和普遍的方法，提前唤起你们的注意。我想这不仅对你们的研究有意义，而且也有助于我们携手共进，履行大学的使命。

二

学问的目的与研究态度，首先应该是为了真理本身而探求真理，它必须源自我们对理性精神的工作本身的喜悦与热情。真理的世界比宇宙更加广阔无垠，而且它们各具秩序与法则，又组成整体上和谐统一的世界，我们每个个人的行动作为自然现象，也都是基于它们而发生的。

我们带着自己的理性，试图发现这个世界的秩序与法则，打开自然与人隐藏的秘密。学问的意义与目的，就存在于这种努力中。所谓"理论是灰色的，而生活之树常青"是不正确的。学问的真理，不是享受生活或者谋取职位的手段或条件。理解学问的真正意义之人，会把世俗欲望和权势视如粪土，为了拥有真理，即使献上一切也绝不后悔吧。为什么呢？因为他会从自己的研究对象中，从面向研究对象的努力本身中不断发现喜悦与奖赏。这样的人在劳作过程中不断获得活力，因此他对于真理的热情和探索真理的活动能够一直持续下去。

而那些单纯将学问作为处世之术来修习的人，在完成大学的学业后，就会毫无眷恋地丢弃自己的学问，再也不看一眼。我国普遍存在的情况，就是走出大学的人仿佛从学问本身中毕业了一样，从此就完全荒废了学问，甚至嫌恶它，这正是上述问题的反映。学问并不只存在于大学里面。它在大学之外，在大学生活结束后也应当持续下去。

此外，即使是继续研究，获得了某种程度的学问的人，不，即便是成了独当一面的学者的人，如果不理解学问之真理的意义，也会很快就为名誉利益而蝇营狗苟，毫无愧疚地成为当权者的道具。我们在战争中见过太多这样的事例。那些尽管颇具天赋，却不知何为学问，因而偏离了正路，走上可悲邪路的人，是值得怜悯的。

真理有着自己的价值和力量。不懂得真理的尊严与钻研真理的喜悦，也不想去理解它的人，何必上大学呢？对于这样的学生，下面这句话是恰当的：

"汝等休要占据席位。"

三

我要说的第二点是，学问的研究在普遍教养的基础之上，还必须有其自身的中心。近代科学是高度分化和专门化的。其中任何一门，都有如一个宇宙，包藏着无数问题和秘密。以学问为事业，不能东鳞西爪地搜集各种碎片化的知识，必须深入一个领域，彻底钻研。

这些学问是用尽一生也不能穷尽的，古往今来，有多少有名无名的人在其中倾注了真挚的努力啊。人类能够拥有今天这样令人惊奇的文明和进步，也正是拜他们所赐。诸君在大学的三年间，如果不能尽量从事专门的研究，至少具备基础的专业知识的话，那么即使走上社会，作为一个社会人也是不完整的吧。

但重要的是，这些专门的学问又是与整体相连的有机部分，在大学里研究学问的方法，产生于对一切学问的整体关系的正确认识。诸君必须时刻用心，了解自己的专业在整体中所占的位置，将其与整体联结为和谐的结构。这就是一般说的高水平教养的问题。如果一味专注于特殊的研究，而放松了形成普遍的教养这一重要工作，反而会失去对自己专业的兴趣与自信，乃至于忘却学生本来的使命。

例如，学法律的学生看到战争时期那时代的巨浪动摇了法学的整体构造，一下子就对自己的研究失去信心，或者有些立志学习理科的人，看到现在新的文化崭露曙光，就为之眩惑，想要放弃自己的学问，转到其他学科。

我们必须以各自的专业为中心，尽量扩大自己的领域，恢复与其他学问的结合。这是因为，当代的学问过于分化、专门化，使得本来织成一体、形成美妙的和谐结构的知识整体被割裂了，各种知识变得孤立，甚至互相对立。针对这一问题，在实施新的大学学制时，必须通过新的大学体制和教育方法来设法补救。

不过，无论在何种制度下，但凡是真正拥有学问之精神的人，都会努力让自己的知识趋于完备，与一种和谐的整体建立关联吧。这并不是说要无秩序地染指各种研究，而是要始终以自己的学问为中心，由此出发，尝试结合其他学问。这样一来，就算自己的研究对象是特殊的，但由于能够看到其与整体的关联，在研究中就会获得源源不绝的趣味，不会丧失热情与活力吧。

四

第三点是，你们研究学问时的箴言应该是"学习吧，然后创造吧"。无论哪一门学问，都积累着迄今为止前人所思索和发现的各种原理、知识。任何人都必须抛弃自己的独断和臆见，投身于这些知识中，"学习"它们。此外，在一切学问中，特别是自然科学领域，都存在与"技术"相通的一面。这要求我们为活的现实素材赋予造型，形成与其相符的一般化形式或原理，这是可以通过实验或演练来达成的。

学习中的课题，大抵是不能依据自己的趣味和嗜好来任意选定的。无论这是多么辛劳的工作，或者多么缺乏魅力的工作，你们都不可放弃它。即便是天赋异禀的人，想要在将来的新的研究和发现中获得成功，都必须通过这种学习的努力来打磨精神，这是绝对的必要条件。

这不意味着仅仅将讲义内容写成笔记，反复温习记诵。这种学习方法直到现在仍然流行，特别是在文科学生中间，而诸君必须完全摆脱这种方法。不消说，这也必须伴随对教学方法和考试方法的重新设计与考虑。关键在于，你们要用自己的精神理解所学的知识，将其吸收消化，以被给予的事物为素材，形成新的自我。

学习的目的是"创造"，人之所以自由，本来也正是由于拥有这种创造的能力。在这一点上，诸君必须像艺术家从素材中创造出新形象一样，具有深刻的直观和伟大的想象力（vision）。自古以来，没有想象力，任何伟大的思想都不可能发明出来。

现在，整个世界在自然、社会、文化等一切领域，都迫切需要一场伟大革新。特别是在随着战败而土崩瓦解的日本，尤其如此。也许将来有一天，我国严重短缺的粮食可以利用放射性能源而实现增产。或者，随着对一切能量的来源——太阳能的研究，有朝一日它将取代煤炭和石油，成为人类建设新文明的动力。又或者，仍受战争威胁的世界新秩序和人类的和平组织,正等待着放弃武力的日本来创造引导它们的新的哲学和社会原理。

在这里,我想对诸君说的就是"要有想象力"。但这不同于单纯的空想、妄想,必须以迄今为止所积累的知识的总量为基础。只有牢牢立足于这样的基础上,在想象力的引导下再前进一步,才会有新的发现和创造。

五

上述的学问之真理的钻研与发现,在其根底中,还存在着作为主体的"人"的问题。追求真理的热情与勇气,为了创造的努力精进,都是从人格内面的深处产生的。

科学与人性绝不是无关的。一个好的法学家,不应当是坏的邻人。物理学家也不能是只有机械能量的人。两者看似无关,有时甚至被认为是相悖的,但这正是近代以来学问过度的分化、技术化所引起的变异现象,也正是当代文化危机的一个特征。我们之所以追求知识的有机整体的结合,关注普遍的教养,也是由于认为其核心与人格的形成相关。一切知识最终都归结于"认识自己"。调动一个人的全部人格,决定其对世界的态度的哲学,正是学者自身的人格个性的产物。

诸君在大学生活中,不仅要致力于学问与知性,还要在德性和情操方面提高自己,这是你们的另一项重要使命。我对你们的期望,就是"成为自由而高贵的人"。现在日本需要的不只是知识,更是这样的人。大学不单要承担学问的使命,而且在道德的使命上也不可辜负国民的期待。在这一点上,过去的大学教育中也存在需要反省之处，但不可为此开始特别的讲座或课程，进行固定的训育。

就像研究学问一样，在道德情操方面诸君最终还是要依靠"自己"。与过去的高中生活相比，你们在大学生活中将获得广泛的自由，同时也有相应的责任。校园共同生活的意义，就在于让我们产生这样的自觉，携手共进，磨砺各自的人格与知性。校园必须始终是以真理与友爱联结起来的自由人格的共同体，绝不可以让特定的政治目的或党派的意识形态支配校园。诸君在今后的校园共同生活中，将有各种各样的机会畅所欲言，表达自己的思想和意见，而同时也必须尊重他人的意见，养成能够聆听他人意见的宽容的精神。这对于你们将来的民主的政治社会活动也会是一种有益的训练吧。

六

不过，在幸运的大学生活中，也仍然有生活和学习上的诸多障碍与困难等待着你们。这是当代治学者共同的命运。但只要诸君接受这种命运，与其战斗，向着自己的使命努力，那么你们付出的牺牲就绝不会白费。所谓做学问，并不等于生活毫不辛苦，只是静心学习。即便在激荡的时代环境中，也要克服困难，不断积累，提高自己，这才是人的本分。重要的是不被时代的经济、社会浪潮吞没，始终保持对真理的世界的理想与热情。

当代这样史无前例的激变的时代，甚至可以说是前所未有的适宜研究学问的时期吧。为什么呢？因为现在一切思想、制度和人的生活方式都面临巨大的变革，所有领域都充满着鲜活的问题和素材。这样的时代注定会催生新的思想与真理。让我们集结力量，努力发现真理，进行新的创造吧！

而且，这并不只是为了祖国日本的复兴。我们的目标是为全世界全人类发现新的真理，创造新的秩序。诸君必须放眼世界，把新的世界课题作为自己的课题。当你们倾全力从事这样的研究，至少在大学时代把握住各自的人生课题时，你们就能够斗志昂扬地走出大学校门吧。

再见了，各位新生！希望你们怀着高远的理想与想象力，以新的创造为目标，跨越一切障碍，一步一个脚印地在大学生活的道路上前进。

人的使命
——在毕业典礼上的演讲

1948 年 9 月 30 日

一

战争结束已经三年，大学的毕业季也终于恢复正常，今年春季3月，我们全校一共送走了两千一百名毕业生。不过，当时医学部由于修业年限的关系还有一百二十余名学生尚未毕业。在战争期间偶然被征召的法学、文学、经济学和农学各部的学生中，由于回国较晚导致延期，直到今天才毕业的，也有四百一十余名。因此，今天我们在此为各位举行这场小型的毕业仪式，这也是本校最后一次带着战争痕迹的9月的毕业典礼。不管仪式多么简略，这对于你们每个人都是一生中值得纪念的事。借此机会，我想和诸君谈一谈我思考已久的一件事，以此为各位送行。

在战争结束以前的很长时期里，诸君的学长——本校的毕业生，都受到学界、政界、实业界和社会各阶层的普遍欢迎，甚至有过各界激烈争抢东大毕业生的时代。而现在情况已经不同了。这并不是由战后经济萧条和失业等一般问题所导致的，如今的情况是，正因你们是"东大"毕业生，外界社会才踌躇不决，不知道应不应该欢迎你们。现在东京大学所面临的内外压力已经到了这种程度，诸君首先必须了解这一事实。

在我国大学数量还很少的时代，作为历史最悠久的大学，本校向国家社会各方面输送了最多的优秀毕业生，为明治以来近代日本的建设与发展做出了贡献，这是不争的事实。而这种功绩和贡献今天恰恰成为引起社会上的疑惑和警惕的原因。这未必是过去的毕业生自己的罪过，更是时代的矛盾、日本这个国家本身的悲剧。

如今，随着旧帝国的灭亡，"帝国"大学的名称也消逝了。军队不复存在，官僚政治已经倒台，财阀也被解体。在此我想对诸君说的就是，放弃一切特权意识吧。这就是说，诸君自己要作为纯粹的赤裸裸的人来直面社会。人的价值并不是由出身门第决定的。本校校友之所以各自在社会上取得突出的成就，未必是靠着本校毕业生的名头，而是凭借他们自己的能力与价值。但凡是多少了解一些我国实际状况的人，都会承认这一点吧。诸君的学长们为了旧帝国的发展倾注了大量精力与热情，而你们要把与之相当的精力与热情，献给建设新的民主和平的日本的事业。

战争结束已有三年，而民主和平徒有其名，我国的前途仍然黯淡。官场、政界、财界频频曝出受贿渎职事件。各地的国民大众仍然受到饥饿与贫穷的威胁。自由被不法行为和无秩序的行动取代，从中央到地方，横行着虚伪、欺瞒和暴力。真理与公平遭到遮蔽，和平与文化之光在何处？没有哪个时代像今天这样，从政治、产业到教育，国家的各个领域都呼唤着真正的"人"的出现吧。

日本的大学，包括公立和私立，在旧大学令之下都被要求研究"国家需要"的学问，但与此同时我们也应该想起，从战前到战时，很多学校抵抗着时代的暴力，尽管抵抗并不充分，但并未熄灭真理的灯火，而是保卫了自由的精神，这种例子在国立大学中反而更多。真理与自由，原本就是我们大学的传统。如今我们不能再让它们停留在大学的理念中，而必须使其渗透到国家社会生活的方方面面。诸君无论从事什么工作，都不可失去这种精神，必须以真理与自由的拥护者自任。我想这是大学毕业生尤其应当肩负的义务和使命。

二

之所以这样说，不只是因为诸君习得的学术知识与技术。我强调的是在这些背后，你们各自要有作为一个人格的道德的精神力。如果没有它，那么也就不可能有追求真理的意志和自由的行为。我们不仅要在外在权力和压迫面前保持自由，更要在"自我"内部保持自由。为了与社会的虚伪和不正之风战斗，我们首先需要与自己内部的各种罪恶战斗。我们必须这样去努力，作为一个生活在世界上的人，在自己的生活中战胜世界。

只有这样的人才能真正成为社会改革的战士、国民的公仆。在此意义上，你们今后在现实社会中活动的原动力，不是在大学里学的医书或者六法全书，而是通过内在思维和反省所塑造的人格精神之力吧。这比知性和技术更需要你们每一个人在今后的生活中各自不断提高。

人在作为政治的存在的同时，自身还是一个道德的精神的实在，人的意义也就在这里。这是人的特质和尊严，无论时代的政治形态和社会样式怎样变化，其重要性都丝毫不会减弱。这是因为，人格在本质上是精神，而当精神不再规范人的整体存在，人就不能保持自身的统一与平衡。这必将导致人格本身的破灭。

而近代资本主义的灾难的起源，就在于对这种精神人格的把握方式堕入了经济的唯物的思考方式，以庞大的财力和机械组织将人变成物件、变成机械。纳粹式的日本的极权主义更是沦落到以看待动物的方式来理解人性，为了生物意义上的种族整体的发展，动员庞大的国家权力组织，在独裁者的指挥下，驱赶人类走向战争杀戮，这一切就是昨天刚发生过的。

的确，近代人的命运，就是其人格的精神的存在受到政治、经济、社会的各种力量及其组织化的威胁。特别是当代日本的青年，他们的不幸在于过去长期在极权主义的压抑下受到教育和驱使，好容易以为解放了，转眼间又在社会上面临新的其他种类的危险。这不仅是我国的问题，恐怕也是近代人的危机——全人类的危机。

我们当下面临的经济、社会的穷困和灾难是十分可悲的。为了建设新的政治秩序和经济组织，更广泛的社会化和组织化势在必行。但与此同时，当今时代所面临的精神、道德的颓废和崩溃是更可怕的。为了应对这种危机，不可能仅仅依靠政治、社会组织，还需要更高层次的东西。新的人类社会必将依靠道德的，进而是宗教式的新精神的复兴。这种精神必须运用于一切组织和生活中。

为此，只有一条道路：人虽然受到世界上各种事物的制约，但仍然要努力确立内在的自由，进而为自己所置身的世界和其他同胞而生活。这样的人将分担他人的不幸，在自己的人生中承担世界的苦恼。在人生和社会的任何领域，他都会拥有恢复真正的人性与自由的力量吧。当代人类大众所欠缺的，正是这种精神与人格之力。

三

这种精神人格最好的例子，就是阿尔贝特·施韦泽[①]吧。他具备现代最高水平的学问与教养，是欧洲一流的神学家、哲学家，还是艺术家。从学生时代起，他就下定决心要将一生奉献给人类，从斯特拉斯堡大学毕业后，他在担任神学部教授的同时进入医学部学习，修习医术，1913年动身前往非洲大陆。在那之后的三十五年间，他长期居住在非洲，虽然第一次世界大战期间遭到俘虏，暂时被遣返回欧洲，但之后又再次回到非洲，在赤道上的原始森林里，与一切艰难困苦做斗争，经营医院以救济不幸的黑人。

这种行为源自伦理上、宗教上的深刻动机：他一面不断深化、升华自我的内在精神，一面又介入他人的命运，以世界的苦恼为自己的苦恼而战斗。他特地选择去非洲，是为了亲身偿还此前欧洲人对这片大陆和黑人所犯下的罪过，昭示了他对和平与人类的热爱。像这样，他不仅成为黑暗的非洲大陆的一线光明，也是战后封锁在苦恼与黑暗中的整个世界的光芒。

诸君！且不说世界和大陆，仅在战败后荒废的日本各地，在悲惨的同胞中间，就有太多事情等待你们去做。在我国，直至今日，没有医生的村庄仍然多得数不清。在那些地方，每年都有数以万计的生命伤残死亡，无法蒙受近代医学的恩泽。此外，在我国国民中，有多少男女自行放弃了身为人的权利，或者权利受到他人的

[①] 施韦泽（Albert Schweitzer，1875—1965），德国哲学家、神学家、医学家、音乐家，人道主义者，主张敬畏生命的伦理思想，自1913年起长期在非洲行医，1952年被授予诺贝尔和平奖。

侵害，抱恨而终呢。在全国各地，又有多少青年虽然怀有自己的欲求，却得不到优秀的指导者、帮助者，因而沉沦于低俗享乐呢？无论诸君怀有怎样的主义和信条，都不能让自己变得超然孤高，同时也不能一味地为斗争而斗争。请你们尽己所能地将每天的生活与工作和邻人同胞的不幸直接联系起来，尽可能地让我们周围的社会变得更加美好和光明吧。

然后，请你们进一步放眼海外，看看长期受到我国压迫和剥削的朝鲜与"满洲"，看看我们的同胞在战争期间做出无数肮脏暴行、留下满目疮痍的东亚诸国吧。那里的人民大众虽然赢得了战争的胜利，但同样在时代的苦难下艰难喘息。有谁能弥补我国国民对这些国家和人民犯下的罪过，挽回我国的名誉呢？我希望将来签订和约以后，国人能够自由前往世界各地的时候，在你们中间会涌现出许许多多引领风气的人，无论从事什么职业，都学习施韦泽的精神，为人类同胞而经营事业。

到了那样的时候，不管你们是在国内还是在世界各地，都会作为母校东大的同窗学友，通过真理和自由联结在一起，携手共进，在人生与社会的战斗中，何惧之有？我期望诸君无论今后身在何方，都能想起大学生活——你们在战时和战后一起走过的最艰苦的岁月，最后想起今天这个喜悦的日子，无论在这里学到的知识和经验多么不完整，都能在此基础上建设今后的生活，在各自的工作场所，履行你们身为人的使命。

和平的拥护者
——在毕业典礼上的演讲

1949年3月13日

一

毕业生诸君，过去三年间，你们在求学的同时，还与我们这代人学生时代不曾经历过的各种生活中的苦难进行斗争，所幸你们的努力没有白费，终于在今天迎来了光荣的毕业典礼，对此你们自己的感慨想必比别人更深吧。在此我代表全体同僚，向诸君和参加典礼的各位父母兄弟姐妹表示由衷的敬意与祝贺。

在送别诸君之际，我想谈谈最近国民极为关心的一个问题——诸君走上社会后，对于这件国家大事也迟早需要确定自己的态度。我将简述自己的想法，以供各位思考。

诸君进入本校就读时，正是战后第一个春天，当时盟军对我国的占领政策的全貌尚未明了，在战败后的悲惨与黑暗中，全体国民都处于虚脱迷惘的状态。后来，民主和平的日本的新宪法首先被制定出来，在此基础上，包括政治、教育、经济和社会制度的庞大的新国家体系建立起来，在此期间，人们原以为会比战时更加艰难的国民生活，也在盟军援助下，摆脱了反复发生的饥荒，逐渐得到改善，三年前还是废墟的地方，建起了明亮的房屋。

国民的精神也终于摆脱了过去那种迷惘状态，逐渐找回自我，以新获得的思想、言论与结社的自由为依据，各种各样的政治、社会运动在全国广泛展开。某位战后不久来过日本的外国人再度访日时，看到了完全不同的国土与人民，这没有什么不可思议的。

二

那么，新日本的基础已经安定，祖国在物质和精神上都已走上复兴之路了吗？不，改革和安定还停留在表面，国家内部还存在许多问题和矛盾，状况反而变得更加复杂和困难，这是谁都无法视而不见的吧。

战争悲剧带来的穷困生活才刚刚开始，在诸君即将进入的社会中，普遍的企业结构调整和大量的失业正在等待着你们。在此期间，自由已经变质为放荡和不负责，在所有领域都出现了新的混乱、无秩序的状态。今年春季的选举使意识形态对立愈发鲜明，可以预见左右两翼的对抗会进一步激化。大战后世界各地都面临苦难与考验，日本也不可能如宁静的绿洲一般独善其身吧。战争结束后的三年半以来，今年是危机最深的一年，也是决定性的一年。

而我们衷心祈盼的世界和平的荣光，是否降临在我们身边了呢？并没有。不仅是日本，疲于战争的各民族都共同盼望着和平，然而由于民族之间的相互猜疑，出于国家利害的打算，政治外交上的讨价还价，人类至今还没能达成一致，向这一崇高的目标出发。

在大战中面对共同的敌人并肩作战的两个大国，在建设战后世界的关键问题上却没有达成一致，使得人类被分为两个阵营，到处都发生着对立和斗争。在世界各地举行的国际会议，也未能找到和解的出路。"冷战"在西方和东方同时展开，显示出即将到来的真正的战争的征兆——不，它还意味着更严重的事态。新的恐怖像出没在地球上的恶鬼一般，攫住了尚未从战争疮痍中痊愈的众多国民的心灵。

三

在这样的环境下，今年2月美国陆军部部长罗亚尔①视察日本时坊间流传的所谓"东京电报"，即"一旦发生战争，美国出于战略上的考量有可能从日本撤退"的报道，便给日本国民带来莫大的冲击，也在世界上引起广泛反响。尽管美国政府和占领军司令部当局正式否认了这一消息，但此事在国民心中和世界上掀起的波纹还难以平息。

放弃一切武力，作为和平国家而重新出发的日本——同时仍然处于盟军占领下的日本——一旦被抛进战争的旋涡中，将处于怎样的位置，我们又该采取何种态度呢？这是国民必须深思熟虑、有所觉悟的问题。

说到底，我们日本国民是否真像新宪法所标举的那样，从心底盼望我国成为和平国家呢？是不是还有很多国民有意识或无意识地怀着一种希望，觉得万一发生战争，我们可以加入其中一方，从而夺回失去的国土？又或者，说不定有少数人幻想着在这样的场合，如果条件允许，就将外国军队迎进国内，借对方的力量实现他们政

---

① 罗亚尔（Kenneth Claiborne Royall，1894—1971），美国军人、政治家，在杜鲁门政权时期任陆军部部长，曾于1949年2月访日。在任期间，批判盟军总司令部的对日政策，主张通过经济复兴使日本成为对抗共产主义的壁垒。

治革命的目的。

我们之所以宣布成为和平国家，并不是出于这种机会主义或者单纯的战术层面的考虑，而是真正深刻认识到战争是人类的灾难、真理的敌人，自觉于崇高的理想，希望在世界各民族之间实现基于正义的和平。这是康德所谓的政治上"最高的善"，即"永久和平"的理念，要实现它是至为困难的，尽管如此，人类又必须向着这一目标不停努力，这是国际社会普遍的政治道德。我国作为战争的责任者，为了不再引起战争的罪恶和惨剧，作为全世界的先驱者首先面对自身做出了这样的宣言。

如此，日本在联合国的承认下，放弃了一切武力，完全将和平的希望寄托于各民族的公正与信义，将来缔结和平条约时，也一定会得到国际社会的这种保障吧。为此我们殷切期望美国以及其他联合国成员国与我国的和谈尽快开始。我自己并不相信，联合国成员之间目前这种不和会再次将世界引向战争，但就算这种不幸的事态真的出现了，我国也应当彻底坚持中立，我相信这是我国国民的庄严义务，也是联合国的意志。但我们必须牢记，在一切状况下保持中立，绝不是简单地作壁上观，见风使舵，而是要求国民有坚定的决心和觉悟。我特别要对本校的毕业生——包括今年年初离校的女学生和曾经是军人的诸君——以及全国的年轻一代强调这一点。

四

在"战争还是和平"的问题面前，我国要坚决走中立的道路，首先就必须恢复国民的精神独立。在过去三年间，我们是不是太过习惯于外国的援助和指导了呢？依存于外国的力量，会给国民带来怎样的不幸命运，我们应该已经有切身的体会了。如果今后我国想要在国际社会中占据一个体面的席位，国民就必须彻底贯彻精神独立的态度，自己的事自己做决定，这是根本的条件。我们希望通过讲和会议获得政治独立，以及通过实施九项经济原则①来谋求经济的自立，正是出于这个缘故。

我们这样做，是为了民族的独立。我们要动员国民在精神、物质各方面的力量，对内清除同胞之间的专制和剥削，建设民主和平的国家，对外为人类的永久和平做贡献，超越人种和国民性的差异，让世界各国都摆脱恐惧与贫穷，再也不受战争的威胁。

只要我们在这一目的上是一致的，国民之间就不应该有分裂对抗。"一切分裂的国家都会灭亡，分裂的家族都会衰败。"如今，随着新宪法的实施和以此为基础的各项改革，国民的基本人权得到了保障，政治上的特权阶级和官僚主义覆灭了，包括男性与女性的全体国民的普遍选举也得以举行，由选民自由选出的国民代表者组成了国家的最高机关。另外，财阀与封建地主阶级走向没落，社会正开始实现财富的重新分配和机会均等。现在全体国民都有"劳动的权利和义务"，"享有健康并且有文化的最低限度的生活的权利"。虽然这些规定还与战后贫困生活的现状相去甚远，但我们必须以此为目标，为建立真正的民主主义的社会经济组织而努力奋斗。

这一事业只能依靠国民理性的意志和知性的觉悟，绝不能凭借

---

① 1948 年 12 月，美国政府向日本政府提出了复兴经济的九项原则，包括实现预算平衡、稳定物价等，这些原则与 1949 年开始实施的"道奇计划"具有连续性，标志着随着冷战激化美国对日政策发生转变，着力于日本经济的复兴。

单纯的意识形态的阶级斗争和革命的手段。面向世界宣告和平的我国国民，在国内也必须协力确立和平与统一。我们民族在世界上引以为荣的祖国之爱，难道永远消失不见了吗？比起战争，现在才更需要我们集结民族共同的精神与力量，为了正义与和平，赌上国民的命运奋起拼搏，不是吗？这比战争要求更多的勇气，需要我们承受更多苦难，甚至牺牲生命。

五

我们已经放弃了一切武力。我们真正的武器是人的自由与尊严。大众运动的示威暴动和革命的手段，如果威胁到人的这种自由与尊严，威胁到精神的独立，其危险就不亚于独裁政治与战争，会把民族引向毁灭。我深信，人的自由与精神的自律，构成我们人类个性的本质，同时也是与我们一体的民族和同胞的欲求，更进一步说，还是将全世界全人类联结在一起的真正的纽带。这是深刻关系到个人良心与内在的灵魂欲求的问题。

战争与和平，不单是政治见解上的问题，在本质上更关联着我们伦理的、宗教的见解——关系到信仰的告白。的确，战争不只与政治、社会组织有关，还深深植根于人心人性之中。在此意义上，如果世界各民族不能进行精神的、道义的革新，重新出发，那么人类的和平也将是不可能的。对于现在的日本，我特别要强调这一点。

毕业生诸君！你们就读于最高学府，应该已经获得了高水平的学术知识与教养——至少也体会到了它们的意义。我希望你们首先从自身内部，而不是从外部关系和环境中寻求贯穿人生的力量，深耕细作地培育它，然后，集结你们的力量，为我们共同的目的——建设正义与和平的社会——而团结奋斗。

虽然我们民族现在正置身于痛苦而悲惨的深渊之中，但"匠人所弃的石头，成为房角的头块石头"[①]的日子未必不会来临。诸君今后无论从事何种工作，都要始终作为一名和平的拥护者、和平的战士，为铸造和平日本的辉煌而不断努力。

和平的考验，现在才刚开始。让我们坚守自己标举的理想与立场，在最坏的情况下，为我们的主义和主张而献身吧。

再见了，诸君，我为你们的新生活祈福。

---

① 语出圣经，《诗篇》118章、《马太福音》21章和《马可福音》12章中均有记载。"被丢弃的石头"既指被世人抛弃的耶稣，也指被外邦抛弃的犹太人。

祖国与大学
——开学典礼上的演讲

1949年4月12日

一

战争结束已经四年,今年春天,我国的学制改革在形式上也算进入了最终阶段,新的大学学制终于即将实行。而在新学制落地之前,本校现在打开大门,迎来了众多旧制高校毕业生和具有同等资格的其他学生。今年本校新生共计两千五百八十二名,其中包括女学生一百二十八名,而报考者的数量则达到了前所未有的一万一千三百三十四名。各学部平均入学率约为五分之一。

我说这些,不光是为了祝贺你们闯过了这样的难关,荣获入学资格,也是因为这里存在深刻的问题——也就是所谓的"白线浪人"[①]的问题。全国的国立综合大学今年的报考人数总计两万两千六百七十五名,而合格者为六千八百六十七名,剩下的一万五千八百零八名考生大多只能成为复读生。

考生人数的激增和大学的人满为患,是战争造成的全世界共通

---

① 日语中用"浪人"一词称呼未考上大学而复读的学生。由于旧制高等学校的学生帽上有白色线条作为装饰,所以从旧制高等学校毕业而未考上大学的学生也就被称为"白线浪人"。

的现象，包括英美在内各国皆无例外。本年度，以我们东大为首，各大学录取的学生数量恐怕都达到了其设施和编制所能允许的最大限度，但这一问题并不会就此解决，我想下一年度根据具体情况，多半要从整体上采取其他的相应措施。

对诸君而言，这一问题算是解决了，贯彻了各自意志的你们是幸福的，但与此同时，我想你们也需要对自己今后的责任有所自觉，并确立新的决心。今后的三年大学生活如何度过，不仅对于你们个人来说意义重大，而且对于日本的重建也有着重大的影响。

二

大学有两个重要的目的。第一，是通过关于人文及自然的各种学问、科学的教育，教授、传递人类所开拓和积累的现存知识。第二，是由此进一步服务于人类的幸福与文化的发展，在各领域中探求新的知识与真理。大学之所以被誉为"近代教育制度的冠冕"，就是因为这种高层次的专业教育和对真理的研究，尤其是后者。

这里说的"专业"教育的意思，不是教授具体的"职业"知识，而是让学生理解构成这些具体知识的基础的原理，只有把握了这些原理才能活学活用。而这种教育的目标，是让学生在基础原理之上，进一步去发现新的真理，创造新事物，发挥"为真理而真理"这一古希腊以来的学术精神。这是大学的"本质"所在，无论大学的性质因时代或民族的不同而有怎样的变迁，这种本质都一以贯之，保持至今。我们从西欧的大学中汲取了这种精神，并将其与东洋古典的学问和研究传统结合起来,从而发展到今天。

因此,本来意义上的大学,和我国近来许多人大力提倡的以普及教育为主的"学艺大学"①,或者将其与特殊的职业教育组合起来的"专科学校"(junior college),必须区别开来。随着此次我国学制的根本改革,全国各府县设立了为数众多的大学,虽然同样冠以"大学"之名,性质却各不相同,这也是有必要的,但上面说的大学本来的精神和传统,必须在我国继续保持下去。如果不考虑这一点,将我国的大学平均化,全部变为一种类型,那就必然会造成我国学问和文化水准的降低吧。我们反对大学法案的理由之一,就是要保护大学免受这样的危险。

对于重建祖国来说,没有什么比发扬科学的真理和批判的精神更重要的了吧。为此,各门科学必须团结一致。不可以像战时那样只鼓励自然科学,对于人与社会的科学研究也必须进一步促进强化。但切不可因此给长期以来通行于我国的独断式的伪科学以卷土重来的余地。这种伪科学,对于事物从不加以怀疑和批判,大概是因为这会暴露他们的错谬,使他们失去力量。像这样,包括自然和人文科学在内,我国学界助长了国家主义和军国主义的跋扈,错误地判断了人类与世界的趋势,给我们的国家和社会带来了今天这样的悲惨结局。

因此,以探求真理为最高任务的大学,必须守卫大学自由的传统,确保思想与研究的自由,培养人对于真理的热爱,同时完善探求真理的方法,为学问与文化的进步做贡献。

---

① 战后日本的"学艺大学"指以普及教养和培养教师为主的单科大学,由各种旧制师范院校改编而成。

三

这样说，绝不意味着大学可以超然于社会，作为所谓的"象牙塔"，止步于对基础原理和经典的历史研究。一般说来，近代的大学与此前的大学不同，要与国民大众的生活相结合，摘出其中的问题，凭借基于经验的理性法则，提示根本的解决方法，推动社会的改善和进步。特别是在战败后的日本，重建祖国不只是政治家、实业家的任务，也是大学和学生必须肩负的责任。

在这一点上，过去占据我国学界主流的德国式学风与方法，虽然本身包含我们应当继续保持的优点和价值，但也需要全面反思和重新检讨。我想在这方面尤其有必要注意美国的科学研究，它更具实践性、经验性，对社会承担责任，在社会生活中发挥着显著的作用。

即使在美国，大学设立农学、工学、经济学等学部也是晚近的事。那里的大学也是模仿欧洲大学的形式创建起来的，最初是由指导人类灵魂的神学部、拯救人类身体的医学部和维持社会秩序的法学部构成的。因此，关于一般的产业、经济的研究和部门被纳入大学的组织中时，受到了正统派的许多非难。在我国，设置这些新学部时并未遇到很多问题，但对于其研究方法和态度，过去社会上也不是没有提出过种种要求和议论。

我们一方面必须坚持在大学中研究基础原理，毫不放松，另一方面又要以科学回应活在当下的国民的社会生活需要，着手从事新的研究课题。这不仅仅是出于实用主义的立场，也是科学自身的进步的需要。"需要是发明之母。"这不仅限于自然科学领域，人文和社会领域有待于科学的合理解释的问题也堆积如山。希望诸君在校期间，能够结合国民生活中具体的现实问题展开学习与研究。

四

除了上述的高水平专业知识的教育和对科学真理的研究，从根底上说，典型的自由国民的大学还有一个核心的目的。那是什么呢？就是"育人"。这是大学阶段之前的学校也必须承担的任务，但大学作为整个教育制度的最高阶段，需要在更高程度上完成"育人"的工作。

人的本质是自由，而自由之人的形成，仅靠各门特殊科学的认识终究是不足以阐明的。为了让学问的知性层最大限度地把握关于人的观念，必须从综合的立场来究明、理解各种学问、科学的意义。近世科学的发达，使得学问过于特殊化、技术化，各种领域的各门科学都仿佛认为自己拥有绝对唯一的权利，因此出现了各门科学互相分裂的可悲局面。

于是，本来作为"诸学问之总体"（universitas literarum）的"大学"的统一，在19世纪以来不幸地发生了瓦解，其本来应有的姿态已经完全失却。近代人性的分裂和失落，正与大学的这种崩坏有关，大学对此负有责任。寻回失落的人性是当今时代的紧要任务，为此大学必须重新认识其本来的精神，从本质上寻觅重生的道路。

这是世界各大学当前面临的共同问题，其中包含如何重组大学的学部组织、各种学问的体系这一根本性的，并且十分困难的课题，但这里我想提请诸君注意的，是我国大学过去尤其缺乏关注的"教养"这一新问题。我们将在新制大学中大量导入相关教育内容，而它的真正意义，我就留到不久后的新制大学开学典礼上再做阐释吧。

不过，对于在过渡期的制度下学习的各位男女学生，我希望你们能够在大学生活中将自己专业的意义与其他学问关联起来，尽可能综合地加以思考，对关于人与世界的人类共有的最优秀的思想、理想保持关心。这样一来，诸君的专业研究就能够立足于普遍的背景、人性的基础，无论你们从事什么专业、职业，都会获得作为人而自由思考和行动的力量吧。

五

这种教养的意义，不在于培养与社会大众相分离的所谓有教养的绅士淑女，而是培育希腊人所说的作为"政治动物"的人——"好的社会成员"。这样的人要有自由和批判的精神，在政治社会的现实中，作为社会一员发挥其人性，将其与社会实践深刻结合起来。

在此意义上，校园本身必须成为我们理想中的真正的民主主义社会的模范。在这里，最重要的是维护人的自由与尊严，这一点上各人对自己和他人都必须负同样的责任。我们需要怀有对最大限度的个人自由的尊重，同时培养朝向共同目标的积极能动精神。

像这样，在校园里你们可以对各种思想与问题展开自由的批判、活跃的讨论——这一切始终要基于治学之人的诚实与良心。然后，你们可以为了谋求学生生活的共同福祉而放手开展活动。但是，必须彻底遵守学校的根本秩序和作为学生的本分。理想的情况是，这种纪律首先由学生自己来维持。全体学生都要对此负责，绝不可以让激进的少数人的行动被当成整个学校的意志，或者让特定党派的教条主义支配校园。占多数的学生，对此不能漠不关心，应当各自进行自主自律的判断，大胆发表自己的意见。新的民主日本所需要的，是具有这种民主态度和高尚勇气的公民和领导者。

在思想生活之外，诸君面临的经济生活的苦难也同样严重。这是必须从国家、社会层面制定对策的问题。国家目前还只能对少部分的学生予以奖励资助。大学正在募集民间资金以建设学生宿舍，并从有限的资金中拨出一部分用以设立勤工俭学委员会，对学生给予一定程度的援助。此外，几乎由全体学生和教职员构成的协同组合正在新体制下展开活动。但是，九项经济原则的实施所带来的国民生活的穷困和企业重组所伴随的普遍失业问题，必然给学生生活带来进一步的压力吧。

但是，我们必须克服一切艰难困苦，完成肩负的任务，这是我们治学之人的使命，也是命运。最近德国的斯普朗格教授①在对日本的寄语中，就讲述了在与日本同样面临战败的悲惨与生活的混乱的德国，学生们是怎样保持始终如一的勤勉与理想，为重建德国而奋斗的。

各位新生！重建祖国的重任，尤其应由年轻学生来担负。如果你们能够承受住物质和精神上的苦难，努力保持一个学生对于真理和人性的理想，那么有朝一日你们的辛劳一定会成为新生日本的基石吧。

再见，诸君，祝你们的大学生活充满荣光！

---

① 斯普朗格（Eduard Spranger，1882—1963），德国教育学家、心理学家、哲学家，1936 年至 1937 年间曾赴日本访学。

大学的重建
——新制开学典礼上的演讲

1949 年 7 月 7 日

一

无论我们喜欢与否，我们都生活在一个大的变革时代。我国的政治、经济、社会的组织与构造，正在发生根本的变化。这是日本历史的新的创造——也是新的国民性的创造。

在这样的时代，我们"大学"的制度和精神，也没有理由维持原封不动。不，实际上正是我们率先提倡对我国教育制度进行全面改革，这也意味着大学的改造。现在我国已经颁布划时代的新学制，新的大学制度从今年开始终于正式施行。诸君作为新制度下第一届学生获得了喜悦与光荣，而与此同时，我们教员对此也感到极大的希望与责任。

此次我国高等教育改革有两个要点。其一，是取消与少数大学直接挂钩的少数高等学校的制度，在全国各地设立各种新制高中与大学，让有能力者平等地获得接受大学教育的机会。其二，是改变既往大学教育对专门内容的过度偏重，强化一般性教养。特别是第二点，包含关于大学机能或者说使命的普遍的重要问题，其成功与否可以说关系到新的大学制度未来的命运。

二

本来，在近世大学的发展史上，"一般教养"（general education）的问题，是在大学教育逐渐走向专业知识的研究与教授，特别是在产业革命之后演变为职业技术教育的时期，在19世纪后期的英国以及美国以"自由教育"（liberal education）之名被提起的。这种教育以培养有教养的绅士，或者有能力的社会人为目标。

在日本，旧制高等学校的目的在某种程度上也正是如此，不过这种教养往往被理解为让人生更丰富的某种心灵的装饰——一个人所应具备的各种各样的知识。

但是，现在我们在日本的大学中导入一般教养，将其作为大学的机能，并不是单纯模仿英美，而是必须要发现新的意义与目的。

在近代世界的大学教育如此专门化、特殊化以前，"大学"（university）正如其名称所示，本来一直担负着构成知识的有机统一体的使命。大学由此给予人们关于世界与人的整体理念，因此经常能够成为其时代的文化的指针。然而随着近代科学惊人的发展，以前不过是整体的一项要素的个别科学，纷纷开始主张其绝对的权利，由此出现了"科学的分裂""大学的沉沦"乃至近代的"人性之分裂"，这些是我以前在其他场合也曾说过的。

这种状况的一个显著表现，就是现代的学问无力将新的科学发现和技术纳入整体之中，用精神的力量渗透它们。以原子弹为例，倘若我们对它的研究和利用，不能纳入学问与人生的整体秩序当中，那么就会不可避免地招致文明的崩溃和全人类的毁灭吧。

那么，为了将近代科学与人性从分裂中拯救出来，恢复大学本来的精神，应该怎么办呢？首先，在将各门科学与技术应用于人类社会之前，我们要将它们互相关联起来，从综合的立场上理解它们的意义。为此，就需要了解我们的时代目前达成的知识体系，由此把握我们这一代人所共有的文化与文明的整体构造和意义——把握关于世界、人和社会的理念。

这就是一个时代的教养。在日常生活中，指导我们的思维与行动的，往往也不是各门科学知识和研究结果，而是这种一般教养。它不是一个绅士、社会人需要具备的那种作为装饰的知识，而是使人的生活上升到时代高度的基础条件。

当代人普遍存在的问题，虽然也包括专业知识和职业技能上的欠缺，但更根本的是这种教养的缺乏。尽管有着精密的科学理念和技术的进步，人们对于人生和世界却十分无知。于是，世界上充斥着当代欧洲某位思想家所批评的那种"新的野蛮人"。因此，尽管文明与科学达到了史无前例的发达程度，但同样史无前例的人类的野蛮行为——悲惨的战争也发生了两次，现在仍有第三次爆发的可能。

三

如果要更进一步说明这种教养的内容，那么首先应该举出的当代教养的一大特质，就是"科学"（science）。例如，现代物理学的理论，与关于人和世界的本质概念，如神与自然，或精神与物质等深刻地交织在一起。如果一个人不了解物理上的宇宙是什么，那么无论作为哲学家还是文学家，都不得不说是欠缺教养的人。这对于生物学或者化学也同样成立。这些自然科学是由因果法则组成的世界，不了解这样的科学所创造的世界图景，我们也就无法得到关于人的存在的正确概念。

但是，人作为这种自然世界的一部分的同时，又是精神的存在，我们的精神生活和态度，是自然科学法则所无法解释的领域。虽然人的存在与物理学、生物学世界的法则结合在一起，受它们的制约，但其本质则直接联结着精神的价值与意义。与自然科学同样广阔的"人文学"（humanities）的领域由此敞开。这是哲学、文学、艺术等等的世界，它们很多都是时代所继承的东西方人类文化的遗产，通过进入这个世界，我们得以知晓事物的价值，展开我们自身的人性。当代有一部分人认为这些过去的事物是人类进步的障碍，但人文主义精神是普遍的，历史上伟大的事物，对我们今天的生活仍然能赋予生命与力量。

进一步说，在自然与人文这两个世界中间，还横亘着政治、法律、社会学、经济学等"社会科学"（social sciences）的领域，其中很多还是较新的、有待开拓的。尤其是经济学和社会学，它们作为独立的学问而存在还是最近一两个世纪的事。然而在今天，如果不能看清近代社会的构造和推动它的力，无论是自然科学还是人文学的学者都不能成为当下社会的力量。这些社会科学大抵是通过引入已完成的自然科学的研究方法而发展起来的，但人类社会的学问仅靠自然的因果概念法则并不能得到充分的解释和记述。毋宁说，社会科学特有的方法论，必须从社会科学本身的研究对象中提炼出来吧。不，因为社会科学的对象，归根结底正是"人"，所以可以想象将来的社会科学会与人文学更加接近，结合在一起。

如果为方便起见，将知识的世界划分为自然科学与人文学两大部分，那么两者之间其实并不存在人们往往认为的那种真正的对立冲突。不得不说，人们之所以这样想，是源于误以为近代自然科学本身就能正确解决世界与人类的一切问题的"科学主义"——它从根底上说来自一种"自然主义"的哲学。针对当代这种自然主义的片面倾向，我们有必要更加强调"人文主义精神"。重要的是让自然、人文和社会科学形成互补，互相协力，把握关于人与世界的各种价值和整体理念。

四

在这里，重要的与其说是彻底探究、追求各种科学真理本身，不如说是将已知的知识在各领域，进而在整体上加以综合、组织化，从而理解时代所到达的知识水准与文化的特质。无论将来成为何种专家，从事何种专业，作为生活在这个时代的人，每个学生都应该如此。通过这样做，他们就能够培养对自己所生活的社会与世界的精神态度，也能获得将来的专门研究所需的一般基础。而从事这种教育的人，在各自作为一个科学家、研究者的同时，更重要的是成为符合词语本义的 professor（教授）。他们自己首先应该是真正具有教养的人，对于人生和世界要有明确的精神与目标。

基于这样的目的与构想，我们学校创建了"教养学部"（Faculty of General Culture）。这不是过去那种为进入大学做准备的预备学校，而是在大学的组织内部，与其他学部具有内在关联，毋宁说是构成全校基础的学部。在过去的综合性大学和此次全国新设立的各新制大学中，本校是第一个设立以此为名的学部的学校。重新建立的东京大学的未来，可以说高度依赖于这一新学部今后的运营与成长。

但是，大学的使命绝不仅限于此。在此基础上，大学还有着教授和研究高水平的专业知识的任务。法学、经济学、文学、医学、理学、工学、农学等各学部正是为此设立的。它们以一般教养为基础，是一般教养中所获得的理念通过近代生活的各种专门化样式而展开的场所，同时也是不断为教养供给真理内容的水源地。

社会上也有一种声音，担心新大学制度的实施会导致学生水平降低，但只要我们维持上面所说的相关关系，保持整体的和谐，那么反而可以期待新学制为真理的研究和学问的发达打开新局面吧。在这一点上，我们特别需要为"大学院"[①]和大学的"研究所"制订新的组织与活动的计划。本校这一年度的新生数量比往年减少了若干，也是为将来大学院的扩充做准备。大学确实是探求真理的场所，有着创造一国文化并提高其水准，为世界文化做贡献的世界使命。

如果新的大学教育过度强调一般教养，却将大学的上述机能视为次要的附属功能，那么就会给我国文化与学问的发展带来极大的危险。在全国各地创建大学，普及大学教育，的确是可喜可贺之事，但绝不可因此造成我国大学教育的平均化和水准的降低。在全国各地一夜之间建起完善的大学，本来就是不可能的。像本校这样拥有悠久传统和庞大组织的全国性大学，承担的任务和责任极为重大。

五

承担上述使命的大学，本身也面临着艰难的时局与社会现实。

[①] 日本大学的"大学院"即研究生院，包含硕士和博士的培养课程。

在战败后的日本，我们面临着经济、物质上的深重苦难，目前连大学发挥其机能所需要的设施和材料都很缺乏。新设的教养学部尤其如此，要获得完备的配套设施还需要很长时间吧。而在其中学习的学生诸君，也需要对更加穷困的生活做好心理准备。我们教职员的生活也绝非得到了安全的保障。作为国立大学，我们会向政府要求我们所应得的，努力改善现状，同时我们也必须齐心协力度过当前的危机。这也正是我们必须与国民大众一起肩负的共同命运。

另一方面，国民现在的精神状况和文化的危机正变得更加深重。战败所带来的国民精神崩溃，和由此产生的思想混乱是难以名状的。这不是单凭一份"教育宣言"就能左右的问题，也并非像一部分政治家所以为的，仅凭政治权力或立法手段就能够防止。

前不久的那场战争比拼的绝不是政治权力的强弱，或者物质与资源的多寡。应该说它是人对人、精神对精神的战争，亦即人的价值的战争。现在全世界所面临的危机的实体，既不是军事问题，也不是政治、经济问题，而是深深植根于人类的本质——思想与精神生活的问题。在第三次世界大战迫在眉睫的气氛当中，能够保护世界和平的，唯有人的尊严与对真理的认识。

在这样的时期，以人的教养和真理的探求为己任的新制大学，正承担着时代的紧要问题和解决问题的使命。为了完成我们的这一使命，首先绝对的必要条件就是在校园里养成对真正的"自由"的热爱和捍卫"真理"的意志。然后，对于一切虚伪、强迫和暴力，无论它们来自外部还是内部，我们都必须有坚决与之对抗的勇气。假如学生错误地理解了自由，呼喊着虚假的民主主义，放弃了身为学生的本分，破坏学校秩序的话，还有谁能履行大学的使命呢？我们必须忍受一切困难并与之做斗争，研究我们所承担的课题，努力建设新的时代与文化。现在我们必须让这种强韧的精神和运动从大学里兴起。

日本能否作为和平的文化国家重获新生，取决于大学能否重建自身，履行上述使命，这样说也并非言过其实吧。我们可以断言：大学如果想要真正为祖国的重建和世界文化的发展做贡献，就必须创造出对待世界、人和社会的新的精神态度。我们需要的不是单纯守旧的或者维持现状的思想，或者一味激进的破坏性的意识形态，而是对于真正批判性、创造性的思想的趣味与热情，我们要扩大它们，为大学注入清新的生命力。

这是本校开始实行新学制之际，我对于新入学的年轻的诸君的期望，同时也是我们这些从事教育与研究的人自己应有的觉悟。

"同一个大学"
——在校庆典礼上的演讲

1948 年 5 月 21 日

教授、职员和学生诸君！过去我们将每年的 4 月 12 日定为本校的创立纪念日，在这一天举行庆典，但从今年开始我们把庆典与纪念日分开，将前者与我们大学另一种愉快的活动"五月祭"结合起来，今天就是第一个这样的日子。

春天已经过去，绿色充满校园——在阳光照耀的银杏树周围，五月祭即将开始。不久就会有数以万计的人——男女老少、各种职业的人，从东京和各地前来，排队涌入我们的校园吧。这说明了目前国民对学问和文化的新的热情正在高涨。我们要尽己所能欢迎这些人，向他们公开展示本校的状况以及我们在这里大致做些什么。

但在此之前，平常分别在各学部学习工作的校内教员和学生们聚到一起，互相了解，共同欢度这一天，也是很有意义的事。而更加有意义的，是汇聚一堂，借校庆这个机会，沉下心来思考我们大学的状况。这不等于说一味回顾过去七十余年的历史。因为太多的新事件正在我们周围发生，太多新问题正从我们中间出现。现在，我想就其中的主要问题进行报告，同时关于如何回应国民对本校的期待、我们学校应该怎么做等问题略陈己见，以供诸君参考。

一

　　首先,去年以来本校集思广益进行讨论的,是将于下一年度开始施行的新大学制度的构想和实施的准备。此次我国教育制度的根本改革,在大学高等教育方面,是废除过去那种直通国立大学的少数特权化的高等学校制度,在全国各地开设新制高中,打开大门将接受大学教育的机会平等开放。我们将尽可能地把迄今为止的高等学校的传统与优点移植到新制高中里来,与此同时,大学也不再只是专业教育,还将引入普遍性教养课程,从而将学生培养成全面发展的社会人。

　　为此,我们将大学修业年限从过去的三年延长到四年(医学教育另需两年以上的基础教育),并准备在新的构想下将我校的大学院进一步扩充强化,从全国各大学的毕业生中招生,这样看来现在的校舍设施终究是不够用的。于是,本校与第一高等学校、东京高等学校合并,成为一所新的大学,新设教养学部,试图以一般教养为基础,将各种专业教育结合起来。

　　在原有的八个学部中,我们取消了具有战时特点的两个工学部并存的制度,合并为一个工学部,使其更加充实完整,同时出于我们长久以来的迫切期望,也是为了适应战后新的产业教育与研究的需要,本校将设立"生产技术研究所"。这一机构特别重视技术的实际应用层面,具有综合性的中间工厂的性质,可以说是我国大学的一个新尝试,在军部和大公司经营的这类研究机构不复存在的今天,这一机构将对产业的振兴发挥重要作用吧。

　　说到大学附属的新研究机构,我们还计划以研究教育为目的,在新制高中以下设立各种研究实验学校。我国将废除过去的学校体系中具有封闭性的师范学校制度，为了让一般的大学也能培养优秀的教育人才，本校目前正对教育学学科进行扩充发展，而这些研究实验学校正是与之配套的机构。它们不单是实习学校，也不只是所谓的英才教育机构，毋宁说是招收各种学生，研究和试验因材施教的新式教育方法的场所，因此其毕业生在考大学时也没有任何特权，这一点是必须说清楚的。

以上就是东大在新大学制度实施的最初阶段的措施，它们将尽量依靠大学内部自给自足，并从国家立场出发与其他国立学校相统合，从而尽量节约新增经费。即便如此，我们也要对必需的预算提出要求，即使最保守地估计，这笔预算的数额也会相当大吧。关于这些计划和预算，我们已经开始与政府当局进行协调，但今后想必还要面临许多难关。

不过在这里我还要说一句，我国教育的改善、进步，并不能止步于"六三学制"的完成，还有赖于与此相应的大学高等教育机构的充实完善。如果在这方面拖延下去，怎能恢复和提高我国在战争期间本已落后的学术水平，怎能建设堂堂正正地跻身国际社会的文化国家呢？政府与国会应该考虑到国家的百年大计，以不亚于发展产业经济的力度来经营教育文化事业。为此，在制定预算时也应确立一定方针，在某种程度上优先为这些事业拨付经费，另外在接受外资援助时，也有必要设法将部分资金用于与公共事业相关的教育及文化领域吧。

即便如此，考虑到"六三学制"教育的现状，从资料器材等其他方面看，我们也绝不能乐观，必须预想到我们计划的完成将是一个长期的过程，尤其是在开始的阶段会面临诸多困难，在有些场合不得不随机应变地采取措施。

二

但是，就算有着完备的制度和设备，仅凭这些也不能保证大学彻底发挥其机能。在这里，除了国家的财政和预算，还有许多问题是应该由我们自己来解决、也可以解决的。其中的一个重要问题，就是大学里各种组织和团体的存在方式，及其运营精神的问题。

首先，我们大学是由七种学部构成的。这种学科划分不是偶然的，或者单纯为了方便起见，而与学问本身的发生发展有关，它们是与近代科学的分化相对应的外部组织。各门近代科学根据这种对象的区别，各自展开深入的专门研究与教育，若不如此，大学就无法履行其使命了吧。

从行政层面上看，各学部也各自设有教授会，自治地审议其教育与研究的方针或者人事上的主要问题。这是因为，学部自己的事，应该由其自身负起责任来，选择其所认为的最佳方法，学部拥有这样的自由和权威，是具有合目的性的。

但我们也不应忘记，这些学部组织本来是从学问的理性的内在统一体分化出来的，相互间存在着有机的联系。而随着近代科学的专门化和分化，学部之间是否也有一种各自筑起高墙、严守界限、彼此隔绝而孤立的倾向呢？有伤学问之尊严的"学科之争"也是由此发生的吧。不得不说，这种现象说明我们忽视了现代科学相互间的紧密关系，忘记了大学作为"unitas intellectus"本来应该是知识的所有部分的有机整体。

理科与工科之间自不必说，即便在农学与工学，以及法学、政治学与经济学之间，不是也有大量课题必须通过紧密合作、共同研究才能取得学术成果吗？理想的制度应该让学生自由地选择其他学部的课程，并且能把这些课程算进学分。在新的大学制度下，如何从教育上使这种学部间的交流有效化，是有待我们探讨的课题。

在行政层面，各学部也不应该拥有"国中之国"般的主权，否则"宗派主义"（sectionalism）的弊端将层出不穷，学校就无法发挥一所综合大学所应有的机能了吧。为了避免出现这种情况，除了经常保持联系的"学部长会议"之外，我们尤其还要设立"评议会"，作为审议学校全体事务的最高机构，此外也要设立各种全校级别的"委员会"。由这些机构来审议决定大学共同的制度和方针，是绝对必要的。这一点对于新设的教养学部也同样成立，它当然会与其他学部同样具有自律性，但也不能拥有更高的权限，必须基于东大整体的一贯方针与计划来进行运营。

其次，构成大学的是教育者和受教育者——教授和学生这两个集体。正如其身份所显示的，两者之间自然有所区别，因此学生干涉大学行政是不被允许的。但是，在涉及课程、考试等直接与学生利益相关的事项时，学生的意志和愿望也有必要得到反映，为此有的学部正在尝试设立联络协会之类的组织，而理想的情况是全体学部都能成立这样的组织。

一般说来，大学生与大学以前的学生不同，在学校和校园生活中享有广泛的自由，要自己对自己负责。诸君为了各种研究和活动当然要团结起来，而在学部里，也需要有反映全体学生意志的组织。各学部成立这样的组织后，在此之上还必须设立将它们联系起来的中央的学生委员会。正如大学的自治以学部的自治为基础，这种中央组织说到底也只是各学部学生会的统一联络机关，而绝不可以像战时那样由中央来计划一切、指挥所有学部的组织。

构成大学的要素，还包括众多职员。他们是作为教育及研究机关的大学完成其使命所需的协力者，目前学校各部门正分别建立职员工会，而对其加以统合的全校职员工会也正要建立起来。这些工会是以劳动条件、待遇的改善为主要目的，依据劳动工会法组织起来的，它们与行政当局之间设有联络协商会议，不久之后还会缔结集体合约吧。但是，与一般的公司、工厂不同，职员工会与学校之间并不存在利害或阶级的对立，应该考虑到大学独特的使命，在任何场合都与教授、学生团结一致，为达成这种使命而努力。

像这样，大学现在是由七种学部，也是由三个主要的集体构成的，但这不是说一所大学分成了好几所。大学的各构成部分既有各异的机能和职责，又必须结合起来，构成作为有机整体的"同一个大学"（One University）。

三

大学的这些组织与团体，各自都应该基于全体成员的自由意志民主地运营，这是很重要的。为此，第一，各成员必须具有"追求真理的勇气"，不惮于表达自己的意志和意见。我特别想向所谓"善良的学生"和"老实的职员"强调这一点。你们切不可对自己周围的社会现实——这现实也反映在学校里——漠不关心，刻意置身事外。这样的善良的多数人，最后总是会追随少数独裁者的意见吧。过去知识人中的大多数不正是这样沉默地服从于战争吗？

第二，你们必须尊重自己和他人的人格，以普遍的道义之纽带紧紧团结在一起。真正的道德，建立在从人格的实在性中产生的人的自由之上。以它为基础，我们就能建起保护所有人的围墙，建设令所有人喜悦的校园吧。对人性和道义的尊重，无论在什么时代和环境里都是不变的法则。我们绝不允许任何团体用暴力和骗术伤害它们，在校园里横行。无论在怎样的场合，目的都不能将手段神圣化。我特别要对急于革新而往往不择手段的一部分人强调这一点。如果一群人将自己信奉的主义、信条视为绝对，以组织的威力压迫他者，无论这是政治的权力还是社会的权力，都不得不说它是在破坏校园，践踏真理。战争时期我们就是在这样的粗暴迫害下生活的。将来我们也不是没有可能以其他形式陷入同样的危险当中。

如今我们正身处战败的困境，面临着建设新日本这一史无前例的重大课题。在这样的时期，至少作为真理与理性之府的大学应该认真研究和阐明我们视野所及的一切时代所共通的、不会动摇的政治真理。为此必须尊重他人的人格和意见，怀有听取他人观点的宽容精神，通过各自的批判与反省，共同努力以发现真理。关于校园各种问题的公正舆论，也只有通过这种方法才能形成吧。大学的民主化必须首先从这里开始。在这一点上，校内的各研究团体，特别是大学报纸需要负起责任，完成任务。它不能变成一部分同好者编辑的具有倾向性的报纸，必须作为名副其实的东京大学校报，通过恰当的组织和运营以正确反映学校舆论。

归根结底，这是由于大学是探求真理的场所。研究真理的首要条件就是思想和研究的自由。正如大学不能被政府权力支配一样，它也不应受社会势力的左右。我们肩负着探求真理的使命，它超越于我们眼前的一时利害和时代的欲求。而为了完成这一使命，第二项重要条件就是我们要团结一致，守卫"大学的自治"。因此，特别是在教育、研究的方针和人事决定上，我们既不能受官僚的管制，也要独立于资本主义的金钱力量或者政党的政治影响，这对于我国的大学尤其是不可或缺的条件。

当然，自治也伴随着重大的责任，对此我们必须要有充分的自觉。教授要谨防其身份变成行会（guild）式的存在，其他职员和学生也必须严格遵守与各自身份相应的纪律。大学在坚持明确的自治立场的同时，也不能变得自以为是、恣意妄为，为此就不能延续过去那样的官僚式管理，需要谋求与国民的联系，从而实现完善的大学自治。从这种观点出发，传闻中即将出台的"大学理事会"（Board of Trustees）方案就需要充分的批判和检讨，这在今后会发展为深刻的问题吧。

诸君！我们之所以主张大学的自由与自治，是因为大学作为建设文化国家日本的核心，肩负着极为重大的任务。另一方面，我们生活的现状又如何呢？这是我国迄今为止都不曾经历过的情况。我们的教授不仅没有专心研究的余裕，连最低限度的生活都得不到保障。其他职员也同样如此。学生们为了继续学习而不得不去打工。物质生活与精神生活同样处于极度的不安当中。以学问和教养为目的的众多事业陷入停顿，研究的自由和精神的独立也受到威胁。就连在举行今天这场庆典的时候，我们也将生活的苦恼和重担带进了礼堂里，这是我们自己心知肚明的。这也是我们作为战败国国民，与人民大众共同承担的命运。

但是，为了克服这一切，让我们向政府要求自己所应得的，同时做自己力所能及的事吧。目前新建宿舍的事业正在推进当中，同时我们也开始着手以大学的名义为学生解决工作问题，虽然这一事业的规模还很小。我们还不知道这些工作能获得怎样的结果。但是，让我们齐心协力，用一切可能的方法克服现在的苦难，向建设新大学的事业迈进吧！将来我们的努力和辛劳绝不会没有意义。我们的后继者会站在我们铺下的基石上，在数年乃至数十年后，最终完成这一事业吧。让我们对此怀着深切的期待，怀着新的希望与勇气，从事这一困难但意义重大的事业吧。

校园的复兴
——纪念经济学部创立三十周年

1949 年 1 月 30 日

一

今年春天，经济学部迎来创立三十周年之日，为此将举行盛大的纪念活动。现在，在东大的八个学部中，除了战时设立的第二工学部之外，经济学部是最年轻的学部。其他一些历史更久的学部此前也迎来了创立三十周年、五十周年之日，但至今不曾听闻它们举行庆祝活动，就连本校去年的建校七十周年纪念日，也特地限制了活动规模。那么，经济学部在目前的各种困难条件下，特地举行这样的庆典，必然是有相应的理由的。

在过去三十年的历史中，经济学部确实遭遇了其他任何学部所未见的事件与重创。从大正九年因关于克鲁泡特金无政府主义的论文而获罪的"森户事件"[①]开始，进入昭和年间后，先是发生了大森助教授的左翼教授事件[②]，然后是山田助教授因《无产青年新闻》

[①] 1920 年，在东京帝国大学担任助教授的经济学者森户辰男（1888—1984），因在经济学部刊物《经济学研究》上发表关于克鲁泡特金的研究论文而遭到起诉并被判处监禁三个月。事件在当时言论界引起很大争议。

[②] 1928 年 3 月发生了日本政府迫害马克思主义者的"三一五"事件，在东京帝国大学经济学部担任助教授的大森义太郎（1898—1940）受到波及，被迫辞职。

报纸基金事件而被驱逐①，后来在昭和十三年又发生了举世瞩目的大内教授及有泽、胁村助教授的所谓"教授团体"事件②，差不多同一时期，矢内原教授因笔祸而辞职③，其后又有平贺校长的"肃学事件"：河合教授在文部省要求下被解聘（此事如今已不可避免地曝光），同时身为革新派中心的土方教授也被迫辞职，出于对这一事件的抗议，一派的山田（文雄）教授、木村助手和另一派的本位田、田边、中西等各位教授纷纷辞职④。如此等等，经济学部经历了一连串的风暴与考验。

可以说，这是经济学部自大正八年（1919）从法科大学独立出来，为了在我国开拓新兴科学的领域而斗志昂扬地出发时，就已经注定的命运。在对既存秩序的怀疑和批判这一点上，没有哪个学科

---

① 1930年，经济学家山田盛太郎（1897—1980）因向左翼报纸《无产青年新闻》捐赠资金而受到压力被迫从东大辞职，此后作为民间学者从事研究，成为"讲座派"马克思主义理论的代表性学者。
② 1937年年底至1938年年初，日本当局针对"劳农派"主导的"人民战线运动"进行全面镇压，是为"人民战线事件"，被起诉者中包括一批左翼学者，如大内兵卫（1888—1980）、有泽广吉（1896—1988）、胁村义太郎（1900—1997）等。
③ 1937年日本侵华战争发生后，经济学家、殖民政策研究者矢内原忠雄在《中央公论》上发表《国家与理想》一文批判战争，受到来自大学内外的抨击，被迫从东大辞职。
④ 1939年，东京帝国大学经济学部的派别斗争激化，一方是以河合荣治郎为首、持自由主义立场的"纯理派"（同时期河合的著作遭到文部省禁止刊行的处分），另一方是以土方成美为首、持国家主义立场的"革新派"，时任东京帝国大学校长的平贺让未与经济学部教授会协商，直接向文部大臣（荒木贞夫）报告，对两名教授都处以停职处分，经济学部两派教员纷纷辞职以示抗议。

能胜过总体上位于近代社会科学前沿的经济学吧。而在大学的自治和学问的自由得不到保障的国家社会中，这种研究当然难以真正展开。但他们勇敢地追求着真理。东大经济学部众多优秀的同僚们，虽然视角各异，但都走向了对第一次世界大战后滔滔涌入我国的马克思主义的研究，这不是偶然的。在此意义上，自由反而在国立大学内部得到了保护，这是悖论性的事实。于是东京大学，特别是经济学部被视为危险思想、反国家思想的渊薮和温床，成了朝野上下激烈攻击的目标。更糟糕的是，与此相呼应，在学校内部也燃起了党同伐异的烽火，最终在日华事变（指日本侵华战争——编者）后彻底爆发。

这样的事态，在自然科学各学部终究是难以想象的。我自己在森户事件发生后不久成为法学部的一员，所在的研究室与经济学部只隔着一面墙，因此对真相多少有些了解，为此不胜忧虑；看到事情演变为这样的结局，我为经济学部和学校感到深深的遗憾。坦率地说，在这些事件中，除了纯粹的理论斗争乃至对立，或者说与此牵连在一起的，是不是还有任何人类社会都难以避免的情感和派阀之争呢？在法学部，虽然也有一部分教授同样受到外部的非难、攻击，但至少在这种问题上，学部全体成员常常能超越个人感情与思想的差异，一致对外，最终阻止了事态的恶化，这一方面固然是因为事件本身没有那么严重，但另一方面，我想这也是学部长久以来的传统所致。

总之，以"平贺肃学"为顶点，东大经济学部几乎失去了创立以来所培养的整个教授队伍。这是字面意义上的学部的崩溃——也是"校园的丧失"。这仿佛也象征着数年后土崩瓦解的祖国的命运。

二

那么,遭受损失的校园要怎样才能复兴呢?有能力的学者、研究者不是一朝一夕间就能培养出来的。经济学部在创立二十周年时,在学部的规模尚不完备之际就遭到毁坏,其重建绝不是轻而易举的事业。

然而,国民做梦也没有想到的祖国的战败,首先却带来了经济学部的复兴。长期以来束缚学术自由的桎梏终于被解除,自由重新回到校园,一度被驱逐的大内、矢内原、有泽、山田、胁村、木村等各位教授、助教授携手回到大学里。这正是一度失落的"校园的复兴",是祖国复兴的前兆。

但是,学者们为此付出了多少昂贵的牺牲啊。有的人被捕入狱,在拘留所、在监狱里度过了充满侮辱与痛苦的漫长岁月。而且在他们被无罪开释之后,大学仍然紧闭大门拒绝其入内。有的人甘贫守节,不再流连于这样的大学,坚持在大学之外讲述真理。还有人经历了一审、二审、三审,长年坐在审判席上,为学问之自由而抗争,直到精疲力竭,在战争结束那年的春天,还未看见光明就寂寞地死去,不是吗?对于这一切,我们整个学校也负有责任。

幸运的是,经受这些苦难后重回校园的诸君,与以少数人坚守残垒的诸君终于拥抱在一起,在这一天你们咽下的是胜利与欢喜的泪水,这是我们能够理解的。

回首望去,创立经济学部的各位前辈,金井、矢作、山崎、河津等诸位先生——他们也是在法科大学教诲过笔者的恩师——都已去世,只有高野先生还精神矍铄地从事着活动。(高野先生自己也在经济学部创立之初,便因为与我国新兴的劳动运动的关系遭受外界误解，很早就离开了大学。）当时还是助教授的上野君、大内君如今也成为资深教授，并且即将在今年春天迎来花甲之年，光荣退休。[1] 我想象着以高野老先生为中心，即将退休的两位教授及其门下后进和其他受教者相聚一堂，共同庆祝经济学部创立三十周年的那一天的情景，胸中不禁涌起一股热流。

过去的历史不是单纯的影像，更不会归于无意义的永远的"无"。过去的三十年，即便充满痛苦、悲惨与悔恨，但对于生者，那一件件往事仍然会不断唤起新的力量，一切都导向今天的喜悦与胜利。这不仅仅限于经济学部。一个学部的苦难，同时也是整个学校的苦难。或多或少，我们都分担了苦难，共同穿过了那个最沉重的时代。让我们一起庆祝这个日子，为这个年轻的学部今天的复兴，送上衷心的欢呼吧。

三

但是，我们不能止步于跨越了过去的苦难的喜悦与欢庆。如今自由重归于校园，今后无论一个人持有或研究怎样的思想，都不会仅仅因此就受到控诉了吧。但是，自由也伴随着责任。特别是在受国民之重托、作为最高学府的我校，我们这些从事真理的研究、负责教育众多年轻学生的教授，尤其肩负着极为严肃的职责和任务。

---

[1] 此处提及的学者分别是：金井延（1865—1933）、矢作荣藏（1870—1933）、山崎觉次郎（1868—1945）、河津暹（1875—1943）、高野岩三郎（1871—1949）、上野道辅（1888—1962）以及大内兵卫（1888—1980）。

放眼当今世界，社会科学正处于激烈变动的时期，各种不同的意识形态和学派互相竞争，因此再度风靡于当代日本的马克思主义经济学，也不会就是世界学术的终点——经济学的最终体系。无论其中包含怎样的真理性，人们都必须超越它，走向新的创造和发现吧。

同时，社会经济的学问，也不能止步于理论和意识形态的问题。如今很多人都承认，我国学院研究共通的缺陷，就是不重视对各种具体现实问题的深入研究，现在我们必须对此加以反省，不断推进紧贴我国国民生活现状的实证研究。尤其需要注意的是，日本经历了前所未有的悲惨的败北，处于战胜国的管理下，在这样的环境中，应该怎样重建日本经济呢？这对于学校与治学者来说也不失为重要的学术课题吧。

从另一面看，经济学部的组织和师资队伍，还处于建设过程中，与其他各学部相比是尚不完整的学部。而且它此前受创太深，还有待恢复。经济学部要完全恢复，进而成长到与其他学部相同的规模，大概还需要许多年吧。我们必须全校合作，不遗余力地帮助这个年轻学部的建设，最近学校也确实有这样一种趋势，这是令我们深感喜悦的。现在无论我们是否喜欢，经济学部的根底已经被刨过一遍，重新铺上了坚实的基石。虽然现在全校都面临着财政、物质上的困难，但只要同僚们团结一心为学部的重建而努力，那么今后的发展与兴隆就是指日可待的吧。

以上这些不只是面向教授们说的，对经济学部的学生也同样适用。教授们所蒙受的苦难和冲击，同样也是学生所遭受的。在东大学生运动中，左右两翼对抗最激烈的也是经济学部。在校园里，各种不同的思想和意识形态都可以存在，而且也必须得到充分的研究讨论。但是，假如一部分人将自己信奉的主张视为绝对，不尊重他人的自由和权利，党同伐异，想要用一切手段和策略强制推行其主张，那么学校的和平与秩序会变成什么样子呢？在这一点上，所谓的善良的普通学生也有责任，学生首先应该自己维护自己的生活秩序，以全体学生的意志与合作，建设真正民主的校园，不是吗？

虽然从前包围我们的黑暗已经散去，曙光初露，但是谁也不能保证动乱的狂风暴雨不会再度来袭。到了那种时候，能在变幻莫测的社会中保卫大学的，唯有共同探求真理者的热情，尤其是把人心联结起来的真实的爱。

在此，以学部创立三十周年为契机，如果经济学部能够团结一心，为学部的复兴与完善而努力，那么不仅将推动大学走向繁荣，而且也将为祖国的复兴做出重要贡献吧。

再见了，我们祝福你们的未来！

大学的主张与反省
——五月祭上的演讲

1949 年 5 月 20 日

一

从今天起，我校将举办为期三天的五月祭，在活动开始前，我们先在这里汇聚一堂，举行本校的校庆纪念仪式。借此机会，我想略陈己见，谈一谈我校以及我国大学普遍面临的两三个重要问题，以及我们大学在这方面的主张与反省。

第一，是"教育预算"的问题。以"六三学制"的完成为首，新的大学制度的实施，以及其他学术研究费用、奖助学金等，所有这一切加起来，在本届国会上获批的本年度文化教育预算少得可怜。为了实施占领军所指示的九项经济原则，经过与道奇[①]委员会的交涉，内阁在制定预算时确定了不批准任何新事业的方针。当时此事一度危及新制大学的建立，后来当局决定在不对原有的大学、高级专门学校等高等教育机构进行专门的行政整理的前提下，由它

---

① 约瑟夫·道奇（Joseph Morrell Dodge，1890—1964），美国银行家、政治家，1945 年作为美国占领军的金融政策顾问参与解决德国的经济问题，1949 年赴日，作为盟军总司令部的金融政策顾问，为解决日本的通胀问题和经济复兴而提出一系列紧缩性的金融政策。

们为新制大学提供人才储备,这才满足了新制大学对教员和其他人员的需求,新制度总算姑且得以实施。

但是,说到校舍、设施等等,由于预算中"公共事业费"的总额被限定为五百亿日元,其中分给大学的只有一小部分,所以可以说第二年度的困难是可以预见的。在这一点上尤其可悲的是,尽管各方进行了努力,但实施"六三学制"所需的建设经费仍然遭到了全面的删削。不过,各方仍然没有放弃努力,在舒普顾问团①指导下的我国税制改革中,我们正设法确立教育财政的根本策略,或者把当前所需计入预算修正方案,在万不得已的情况下会采用发行债券等金融方法,总之要尽量寻找解决方案。

这里存在着重要的问题。尽管教育与文化是我国国民的根本需求,但每年国家制订预算方案时,与其他各种事业相比,教育和文化事业总是被放在第二位甚至第三位,始终得不到必要的财政支持。尤其是今年,在经济自立的要求下,我国国策从第九十届议会议决的政治上的"教育优先"方针,转向"经济优先"的原则,经济以外的一切都有被牺牲的趋势。

我国不能一直依赖外国的援助,要确立实现经济自立的方案,这是当然的,而战后历届内阁都未能确立这样的方针,拖延至今才忽然强行采取措施,是令人遗憾的。在这种情况下,大力提倡"产业复兴"是有必要的,我们也能够理解。

但是,在这里必须强调的是,没有科学教育和研究的改善、进

---

① 1949年美国派遣以经济学家舒普(Carl Sumner Shoup,1902—2000)为首的税制问题调查团访日,该访问团提出的税制改革方案成为战后日本税制的基础。

步，没有大量科学技术人才的养成，经济、产业的复兴本身也是不可能的。而且，在我国政治社会生活的根底中，清除军国主义和超国家主义，并克服新的思想混乱，建成真正的民主主义的思想精神支柱，是我们一刻都不能放松的根本课题，而我想这正是日本新式的基础教育和学术研究的重大使命。

因此，教育与文化可以说是经济安定、产业复兴的基础条件，国民首先要齐心协力以实现更崇高的精神文化价值，也只有在这种热情氛围的支持下，经济、物质方面的各种问题才能得到解决。

现在正是需要日本确立教育财政的根本计划的时候，这一问题将决定试图重建和平文化国家的日本国民的命运。这是我们对政府及国会的强烈要求，同时也是对占领军司令部的衷心希望。

同时，我们也知道时局艰难，我国财政、经济的重建绝非易事。在这种事态下，我们也不能一味在教育、文化上提出过分的要求。我们必须有分担苦难的觉悟，以最低限度的经费和设施渡过眼前的难关。特别是在教育和学问上，比起物质条件，更重要的是从事相关工作者的新的精神与自觉。我们必须共有教育与学问的正确目标与理想，无论面对怎样的困难，都保持坚持到底的意志和热情。

另一方面，在大学的运营和预算的使用上，我们需要尽量做到互通有无，有效率地办事。各学部和研究所当然应该自主地发挥其机能，但在课程和人员的安排，以及设施、资源的利用上，要摸索互相流通、共同利用的途径，取得一所综合大学所应有的成果。本校已经开始沿着这一方向制订新的计划。我们必须这样团结一致，度过面前的财政危机，为完成我们的使命而倾尽全力。

二

第二个问题与"大学法案"有关。这一方案是去年作为"文部省试行方案"提出来的,而其构想早在前年年底就传出来了。以教育革新委员会为首,我们各大学很早就开始准备对策。众所周知,"试行方案"的内容甫一公布,便受到各方面的批判,教育革新委员会、全国国立大学校长会议和全国大学教授联合会大体站在同样的立场上,此外全国学生自治会联盟、教职员工会等也都从不同立场出发,提出了各自的相反方案。

"试行方案"的内容包含三个重要问题。其一是大学的目的,其二是大学财政,其三则是大学的管理及行政机构。

"试行方案"提出,今后原则上应在每个都道府县都设立拥有"liberal arts"(人文、自然与社会科学)学部和教育学部的大学,提供一般教养和职业教育。在今后设立的众多大学中,当然可以有这种大学,这也是有必要的,但大学本来的使命,在于高水平的专业教育,同时作为研究机构来探索专业知识,养成这样的研究者。倘若无视这一点,把日本所有的大学都变得平均化,那么我国发展至今的学问和文化恐怕就会被显著地削弱吧。维持这种学问和文化的水准,并进一步促使其发达,是拥有完整的大学院和各种研究所的全国性大学的意义所在。

与此相关联的是大学财政的问题。"试行方案"规定大学的日常经费应保持一定比例,例如在十五名学生身上的支出约等于对一名教员的支出。另外"试行方案"还认为全国的国立大学经费的一部分可以从都道府县的税收中支出。但是,拥有大学院和研究所的大学发挥其机能所需的经费,并不能单纯根据学生数量来分配。此外,全国性的大学也不能依靠其偶然所在的都道府县来维持，况且一度引发争议的大学的"地方委托方案"既然已撤回，那么但凡是作为国立大学而设立的学校，从原则上说就应该同样由国家经费来支持。

大学财政这方面，正如另有《学校财政法》一样，是需要另外制定法规的问题，而关于大学的目的，《学校教育法》中也已经有简单的规定。所谓的"大学法案"正如其英文译名"Law governing universities"所示，主要是关于大学行政管理的法规，机构的问题是其核心，也是围绕这一法案的最重要的争论点。

"试行方案"规定今后国立各大学都应组织"管理委员会"，其成员为文部大臣及所在都道府县知事任命的负责人、校友会代表，以及学校的若干代表，该委员会在决定大学的教育、研究方针以及校长和教授的任免时具有最高权限。这是对美国发展起来的"理事会"制度的效仿，但即便是在美国，这种制度也并非全无问题，而将其移植到我国时，尤其有可能带来新的危险和弊端，破坏我国大学经过长年的苦斗与努力所形成的大学自治的传统和优点。

如果在此前的战争中，大学里有这样的管理机构，那么只怕当时我们所守住的有限的大学自治，也早已在时代的势力下被牺牲掉了吧。而这样的危险今后也仍然存在，在我国这样社会形势不断变化的国家，不仅需要提防政府官僚的支配，同时还需要保护大学免受其他不正当的社会势力的掣肘。这一点尤其可以从过去地方公立大学的苦涩经验中得到证明。

但是，我们主张大学自治，绝不是允许大学滥用自由、自以为是。为了防止出现这种情况，保障大学的正当运营，有必要在中央设立由有识之士和国民代表者组成的"国立大学委员会"，负责关于大学组织与行政的主要事项的最终决定，特别是管理全国多数国立大学之间预算、财政的调整。

在"试行方案"中，中央只设单纯的审议机关，各大学的"管理委员会"才是最高决定机关，这大概是为了像警察制度和一般行政管理那样实现"地方分权化"吧，但大学的行政是建立在各大学自治的基础上，而且既然已经放弃了把大学移交地方的方案，这些大学已经作为国立大学而起步，那么设立共同的委员会就是理所当然的结论。同时，我们也期待这样的委员会能够在文部省和政府面前，某些情况下甚至在国会面前保护学问与大学的自由。

在建设新日本之际，大学作为真理与理性之府，被国民托付了极为重要的任务，教授会、评议会的责任也比从前更为重大，因此其中绝不可以出现派阀争斗或者工匠行会般的人事决定，也不能把大学当成单纯的象牙塔，变成游离于社会现实的存在。为此，在"管理委员会"之外我们还要在大学里设立作为咨询和顾问机关的"审议会"或"协商会议"，就大学的运营问题直接倾听国民的声音。同时，在学校内部，在与学生、职员各自的福利与生活相关的事务上，要设法使他们的意志得到反映，而同时每个人也必须坚守其本分，不给外界以非难的余地。

今后，在大学法案被正式批准之前，还有许多问题有待协商，它不会像社会上宣传的那样被提交给本届国会，为此我们也已经做了很多工作。虽然"试行方案"不会原封不动地通过，但我们也不能乐观地认为我们提出的相反方案就会轻易被采纳。以教育革新委员会为首，全国大学的当事者会全力以赴来解决这一问题吧。全学联以及职员工会的方案中重点提出，由教授、学生和职员的"三方协会"来代替大学的管理机构，这一点是很独特的，但最近他们做出了更改，与我们的方案保持了一致，那么希望他们能够明确这一点,始终遵从学生的理性与良心,展开有纪律的行动。

借此机会我想说一句,自从去年学费上涨的问题发生以来,一部分激进的学生似乎形成了动辄以联合罢课为手段的倾向。在此次的教职员资格法案与国立学校设置法案的问题上,也出现了同样的情况。但学校不是资本主义的企业组织,公务员也被禁止使用这种手段。学生应该更加坚守自己的本分,无论如何都采取理性的方法来行动。目的绝不能把手段神圣化。更何况,如果目的本身就包含破坏的因素,那么问题就是更加根本性的了。

我们不可忘记,在当前混沌一片的全国学生运动中,东大学生的行动会产生极为重大的影响。诸君一定要考虑到这一点,以各自的勇气与责任心,自主地进行判断和行动,创造不受特定党派的意识形态与势力支配的真正民主的校园。校园也是这样一种教育和训练的场所,诸君绝不可滥用大学生所享有的自由。而占多数的学生对此也不可漠不关心,大学校园的秩序首先正应该由全体学生来维护,这是最理想的,但如果做不到这一点,那么大学各机关就必须对此负起责任。

本校如今已成为国内外关注的焦点。社会各方面对我们的批判和要求是如此之多。但是,我们始终保持着自主,正按照大学的既定方针稳步前进。那么,更可虑的就是,破坏大学的危险是不是反倒潜藏在学校内部呢?抵御过去那种外部势力的压迫,如军部官僚等,毋宁说是相对容易的。最令我们辛酸的,是不得不将力量对准内部的场合。

我再重复一次,目前国内外的时局是极为严峻的。希望诸君能够思考我们的用意,全校团结一致,维护校园的根本秩序,堂堂正正地行事。

三

第三点,是传闻中的"非日活动委员会法案"和其他同类问题。这不仅与学者有关,也是关系到广大知识人和普通国民的人生命运的问题,而我们大学中人尤其不得不对此进行最痛切的思考。这是因为,我们主张大学自治,是为了捍卫学问与思想的自由,而这样的法案和委员会正是对这种自由的威胁。

首先,什么叫"非日(本)"呢?在我国,迄今为止有多少学者、思想家甚至宗教人士,被军部、官宪和一部分团体视为"非国民""反国家者"而镇压迫害?就算把这种问题的判断权重新交给民主的国会,由委员会来判断,也不能说就没有同样的危险。这是因为,由政党组织起来的国会受到一个时期的政治形势的影响,这种基本问题往往有变成政治斗争的工具的可能性。

在我国新宪法下,有着其他国家所罕见的最高权能的国会,有必要防止自身陷入国会万能主义,甚至变成多数党的专制道具吧。这样的国会往往在缺乏合法手续的情况下,就对国民展开具有司法审判性质的审查。眼下参议院某委员会的活动就引发了争议,而最近众议院设立的"考查委员会"在今后的运作中也必须特别留意这一点。

这类委员会,如果要求个人就其思想、信条提供证言,那就是对人的良心之自由的侵犯。而思想、良心与信仰的自由,是人本来拥有的不可侵犯的"基本人权",受到新日本国宪法的保障,同时这也是各种自由、正义与和平的基础,因而在联合国《世界人权宣言》中就此做出了誓约。

放眼当今世界,许多国家出于各不相同的立场,以国家权力或社会势力对科学和艺术进行严格的管控和压抑，艺术家或学者因其研究不为掌权者所喜，而被国家或者大学驱逐的例子并不少见。在缺乏尊重人权的国民传统的我国，当务之急就是在现实中确保这种权利，而对此进行协力，也是以探求真理为己任的大学的存在理由。

我们从这样的见解出发，希望业已成立的"考查委员会"在今后的活动中能够慎重地考虑问题，同时，关于引发争议的"非日法案"和其他类似问题，即便在外国有这样的先例，但在不具备成立这种委员会的条件的我国，我们还是希望当局从根本上重新加以讨论。

说到底，这种以破坏人的基本权利和自由为目的的行动，无论基于何种意识形态，本身都是一种自杀行为，必须加以防止。但凡是主张自己有自由和权利的人，都应该尊重他人同样的权利与自由，这是民主社会的根本规范。而大学是研究学术真理的场所，不是政治和党派斗争的场所，因此尤其需要遵守这样的规范。自由以重大的责任和自我约束为前提。遵守国家的宪法和法律的规定，维持国家社会的秩序，尤其是国民的庄严义务。

诸君！我们之所以如此强调思想与学问的自由，是因为相信它们是新的和平文化国家的基石，保护它们是大学中人对于社会和国民大众所负的责任。在此基础上，大学最重要的使命，就是教职员和学生齐心协力，努力奉献，复兴在战争中长期落后的学问，提高学术水准，在复兴凋敝的祖国日本的同时，进一步为世界文化做贡献。

今天是五月祭的第一天，值此校庆纪念之际，让我们更新自己的认识和觉悟，突破我们面临的物质、精神上的障碍，为达成大学的使命与理想而奋勇前进吧！

学生与政治运动
——关于同盟罢课事件的讲话[①]

1948 年 6 月 26 日

本校此次同盟罢课,是全国大部分公立大学、高等专科学校发起的所谓"教育复兴斗争"的一环,全校约有半数学部参加,这是我国史无前例的一大事件,不得不说它具有极为重要的意味。事件发生以来,以各种报纸为首,社会各方面出现了大量批判的声音。在事情已经告一段落的今天,无论是当时的赞同者还是反对者,我想都有必要对于自己原先的要求,以及各自所采取的态度和行动加以反省。同时,从大学一侧来说,我们也想就这一建校以来首次出现的重大事件公布处置方针,并且向诸君说明我们今后在校园里应如何对待此类问题。

---

① 本文的背景是 1948 年日本全国性的学生运动。在战后民主化的浪潮中,日本各大学学生纷纷建立学生自治会,并开始尝试建立全国性的联络组织。1948 年,在通货膨胀和学费上涨造成生活困难的背景下,日本学生运动激化,5 月 25 日"关东学生自治会联合会"发表"教育复兴宣言",6 月 1 日各校学生在日比谷公会堂举行集会,发起反对学费上涨和大学理事会法案的联合罢课运动,同月成立了"全国公立大学高等自治会联盟"。6 月 23 日至 26 日日本全国有 114 所大学的学生参加运动,规模空前。此次运动虽未能阻止学费上涨,但促成了"全日本学生自治会总联合"亦即"全学联"的成立。

一

我们常说，有待重建的新日本是文化国家、道义国家，而教育与学问对此而言当然是重要的基石。战后历届政府都宣称我国是文化国家、和平国家，国会也率先做出了教育优先的决议。但实际的情况又怎样呢？现状是，政府忙于应付眼前的产业经济问题，而事关国家百年基业的教育复兴问题则一再拖延。几乎所有教育机构和团体都为此感到忧虑，我们各大学的负责人也正在为此尽最大的努力。

现在，学生基于作为受教育者的切身经验，提起这一问题，表明对于教育复兴的意志和希望，这反映出现实事态的紧迫，是我们能够理解的，社会上也对此抱有同情。但是，我想问题在于要求的内容是否真正具体、妥当，更重要的是推进运动的手段、方法是否具有正当性。

首先来看要求的内容。此次行动提出的要求非常广泛，纷繁复杂，其中部分内容已经没有讨论的余地，部分内容明显欠缺批判和正确认识，还有一部分是有待深入研究的。我想就其中主要的三点谈谈我的看法。

第一点，是作为预算问题被提出的所谓教育复兴，亦即对文化教育预算的大幅度增加的要求。不消说，教育改革当然不能只有精神，为了实现改革需要有财政措施的支撑。"六三学制"的完备化，以及与此相关的大学高等教育机关的充实等，问题都在于具体预算的制定。而这归根结底也是在国家预算的整体中文教预算与其他经济产业等的平衡的问题。为此，在我国总预算中，确立将一定比例的金额用于教育的方针，由此制订年度计划，应该不失为一种有效的方法。可以预想到，在这一点上也并非不存在困难，不过我作为教育革新委员会的当事人之一，正为此进行交涉，争取获得政府及相关各方的理解。

但是，我们也需要了解战败后日本财政的极限。在这种时期，诸君提出一千零八十亿日元的飞跃式增额，等于要求我国总预算的近三分之一，这真的妥当吗？而且诸君还表示如果这一要求得不到实现，就要诉诸最后手段。本年度预算的审定，已经在国会进行到了最后阶段。因此，关于教育复兴的根本策略，我们有必要重新提起问题，进一步加以讨论吧。

第二点是学费上涨的问题。我作为本校代表，已向政府提出建议把原来方案中的三倍改为两倍。这是因为正如一部分人所说，大学教育与初级、中级教育不同，不是义务制，因此没有坚决反对学费上涨的根据。但同时我也难以同意社会上很多人的意见，即所谓学费应随物价变化，并且公立和私立学校要保持平衡。我们必须发出提醒，今后对于这一问题不能再像这次一样由政府简单地做出处置。

但是，这一问题也已经有了结论。我听到诸君中的一部分人宣传说，此次运动使得众议院的某政党在政务调查会上提出了这一问题，这是运动的一项收获。但是，最近我见到该党的干部时，得知那个传闻中通过了政务调查会的议案，在中央执行委员会上已被毫无异议地撤回，事情已经决定了，与诸君所希望的方向截然相反。

关于这一问题，预算方面是已经决定了。因此我们与文部省进行协商，退而求其次。这就是，一方面设法让有需要者能够分期或者延期支付学费，另一方面是通过协商，让本校内部已在某种程度上实施的学费减免制度在将来获得公认和扩大。在这个问题上，诸君所谓的诉诸最终手段以要求撤回原方案，是不当的，而且也绝对不可能实现。

第三点是教育制度的问题。其中又包含两方面问题。其一，是诸君坚决反对"地方教育委员会法案"的主张。但是，日本教育行政制度改革的根干之一，正在于这一教育委员会制。这一改革试图以此排除过去府县学务科的官僚统治，由这种委员会来重新对教育进行民主的运营。反对这项制度，就等于向官僚的旧制度倒退。不过，关于委员的选出方式或委员会今后的运营等次要的、技术上的问题，还有议论研究的余地吧。但是，如果没有特殊原因，这些事项今天也将由国会通过，从今年 7 月开始实施。

其二是诸君所谓坚决反对"理事会法案"的问题。最近有一个与此相关的具体事例，那就是某私立农业大学发生的可悲事件。该校原本是与教会学校毫无关系的纯粹的农业大学，虽说蒙受了战争的打击，但像现在这样注入资本，转型成为宗教学校，成立以外国人为主的理事会，毕竟是有问题的。此事关乎信仰。倘若果真是一夜之间全校皈依了基督教，那就另当别论，但现在这样不得不说是自欺欺人、亵渎上帝了。借此机会我想多说一句的是，最近有种传言，说我正在推动"引入外资先从学术开始"这种道路，这种传闻完全是出于误解或者曲解。我所设想的并不是上述的大学那样的方法，而是希望联合国对日本政府的援助不仅仅集中于产业复兴，要扩大到公共事业（包括教育文化设施）上，由此提供"六三学制"及其他公共文化设施所需的经费。

言归正传，我们现在讨论的问题，是作为我国教育行政制度的一环，在各国立大学设立美国式的"理事会"的方案。这是一种多由外部人士组成的大学管理机构，校长对其负责，财政问题自不必说，大学的基本方针也由这一机构来决定。大学基准协会曾一度同意这一方案，但与此相反，大学教授联合会持反对立场，其以我国大学的自治制度为根据，主张这种新组织并不必要。而教育革新委员会以大学教授联合会的意见为基础，提出另一提案，主张设立与"理事会"不同的"协商会议"（council），会员大约半数由校内选出，该机构的性质主要是在以财政及设施为中心的问题上作为大学的咨询协商机构。

所谓的"理事会法案"，我想近期在文部省与有关各方的联络下其轮廓会逐渐清晰起来。诸君当中似乎有人为此十分担心，主张在暑假前阻止这一方案落地，认为有必要诉诸最后手段。此问题极为重大，因此这种心情我们也不是不理解，但有很重要的一点是诸君应该考虑的。我想，诸君如果为此事诉诸同盟罢课的手段的话，这恰恰触及问题的核心。为什么呢？因为这一方案的主旨，正在于防止大学自治变成自以为是或者滥用自由，为此创造能够反映身为纳税者的国民公众的意见的制度。因此，学校如果采取同盟罢课的方式来反对它，恰恰是给这一方案以成立的根据吧。

二

总的来说，学生认真对待以上所述的这类教育问题，研究它们，以正当的方法向政府和国会表达意见和要求，是理所应当的，也是我们承认的。但是，在这种情况下，学生既然提出问题，当然不能只是进行单纯的宣传或破坏性运动，而必须有积极的批判性，这应当是前提条件。关于学生的政治运动，目前国家和政府内部也存在议论，但只要这种运动不与学生的本分发生矛盾，我们是愿意予以承认的。这是为了让已经获得完整选举权的诸君,作为公民、作为未来社会各行各业的领导者而进行准备性训练。

但我们必须铭记于心的是,大学是教育和研究的场所,因此学生也不能违背学生的本分,这是当然的界限。学生团体并不像劳动者工会那样拥有同盟罢工等权利,学生运动应始终遵从理性与良心,以合理的方法进行,唯有如此才有意义。本校为了唤起诸君的注意,事先已就此广而告之,明示了学生运动的界限。诸君中的多数人也明白这是学校应有的态度,也是学生应该遵守的原则。但一部分人故意突破这一界限,发动同盟罢课,这就是问题所在。诸君果真对事情进行了充分研究,取得了清晰的认识吗?还是没有经过这些,就在学生大会上当场做出了决定?另外,你们是否欠缺表明多数学生意志的民主方法呢?在运动期间,是否存在校园里不应该有的虚假报道,以及少数领导者不正当的强迫呢?

事件发生以来,除了诸君的大学报纸和相关的一两种特殊的报纸之外,东京乃至全国的各种报纸在这件事上的报道和评论是怎么说的呢?诸君有必要谦虚地听一听这些言论。我国的学生和大众运动正处于出发点,在这一时期发生了本次事件,实在令人惋惜,是我们东大历史上的一大恨事。诸君大概还不知道,我这里已经收到了来自你们的学长、父兄以及其他方面的各种感想和要求。

现在,我想作为一名教育者,代表本校对上述人士、对国民大众和社会表达深切的遗憾。本校发生的这一事件,对外界而言问题的责任完全在于校长。同时,对学校内部,在此我要对脱离学生本分、参加了此次事件的学生们提出要求,希望你们对自己的责任产生深刻的自觉。大学是教育之府,对学生一个个进行处分并不是它的目的所在。特别是对于此次事件,它是在明显缺乏充分的认识和信息的状况下发生的，而且是我国没有前例的事件，比起处分，我更希望诸君能以学生应有的良心与理性进行严肃的反省。对于起领导作用的学生，如果不再发生新的问题，我们也会采取这样的处理方式，但尤其希望你们深刻反省导致这种轻举妄动行为的责任。

毋宁说，问题更在于今后。我希望诸君互相劝诫警示，不要重蹈覆辙。诸君当中也有人说，此次罢课是针对外部，对象不是大学当局，而是文部省或者国会，并无别的用意。而学校方面，似乎也是出于这种理解，在某种程度上有旁观的倾向。但是，这不过是卑怯、妥协的托词。如果诸君中的多数人要再次发起同样的行动，就请说服学部长、校长，如果说服失败，就先驱逐我这个校长，然后再向校外前进吧。毋宁说我更愿意你们这样做。

诸君！有心之人并不会把此次事件单纯视为学生运动。有谁会认为，事件背后并未酝酿着危险的可能性，不会将未来的日本引入重大的政治社会危机呢？战争结束三年以来，我国社会的秩序在表面上得到一定程度的维持，看似正在恢复，但其背后有深不见底的黑暗力量正在运转。本月25日麦克阿瑟元帅发表了"日本正面临占领开始以来的最大危机"的声明，而我也有与此相同的印象。我与诸君同样渴望我们民族的自由和独立。《波茨坦公告》也承认这种要求，明确宣布了任何国家都不会将日本变成属国和殖民地。我所担心的是，让我国沦为属国和殖民地的，不是外力，而是我们内部国民自身的对立和争斗。我们需要牢记这一点。国家和政党的瓦解都是从内部开始的，问题在于内部，校园也绝非例外。我在去年五月祭上强调"同一个大学"，也正是基于这种想法。

这次事件最大的教训，就是我们应该反省各学部自治会的组织和运营。换言之，就是必须摸索基于全体成员自由意志的真正民主的方法，并且需要考虑委员的选出方法和合理的议决方法。在这一点上，中央委员会①也一样，因为它向全国的自治联合会派遣代表，影响很大，所以用怎样的方法选出哪些人就十分重要。另外，除了学生自己的组织，我们也要思考如何保持教授与学生之间的紧密联络。

进一步说，关于此次事件，不应该仅仅追究一部分激进学生的责任，所谓的善良的普通学生也必须反省自己的责任。仅仅做一个善良、勤奋的学生，已不足以担负时代的重任。诸君应该努力成为拥有正义之勇气和责任之自觉的学生。我们的当务之急，是建设真正民主的校园生活。比起斗争和收获，它更应该以协力互助为目标。让我们团结一致，克服苦难，共建充满活力与光明的校园吧。

我们终极的使命在于学问的研究与教育。教育复兴虽然也有财政、行政的侧面，但它的实体必须是学问的研究与教育。这是大学的机能，也是任务。关于大学行政，我们将听取诸君的意见，校长、学部长和评议会将互相合作，负责任地行事。

但是，这并不意味着大学总是超然于政治社会问题之上。将来，当再次决定祖国命运的重大时刻到来之际，教授、学生也必须团结起来，为我们探求的真理而斗争。让我们全校上下团结一心共进退吧！

---

① 此处可能是指当时刚成立的"全国公立大学高等学校自治会联盟"的中央机构。这一组织之后基本被1948年9月成立的"全学联"取代。

学生新闻
——写在《东京大学学生新闻》发刊之际

1949年1月28日

对于民主和平的日本的建设，大体上说，没有什么比报纸扮演的角色更加重要了。特别是担负着建设未来的任务的青年学生的报纸，就更是如此。虽然我们终于摆脱了战争刚结束时那种举国上下的虚脱状态，但除了极为鲜明地走在激进道路上的一派，多数学生大众仍然处于昏昏沉沉的状况中。

可以说，我国学生运动正站在分岔路口，面临两种选择：或者以邻国中国的学生运动为榜样，与政治紧密结合起来，走在前面充当革命的旗手；或者像英国那样，始终在法律与秩序之下保卫学校，勤勉地钻研真理，同时将自己培养成优秀市民。在这样的时期，我国的学生运动应该怎样开展，学生肩负的任务是什么，这首先是必须由学生自己来充分讨论和反思的问题。

过去由前辈毕业生等组成的理事团所经营发行的《东京大学新闻》，并不只是一份东大自己的报纸，不如说它也具有面向全国广大大学生、毕业生和知识人的文化报纸的性质。而现在由于纸张配给的问题，各大学都只能在小范围内发行学生报纸了。有着三十年历史的《东京大学新闻》的无限期休刊是令人惋惜的，但与此同时，不依赖他人的名义与财力，由学生亲手操办的名副其实的《东京大学学生新闻》的发行，又是令人喜悦的。

这给学生带来了自由，同时也带来了责任。本报的发行条件之一，就是编辑方针必须是"非政治的"。这意味着它不能变成特定党派或团体的代言机关。它必须广泛反映全体学生的舆论，对于各异的主义、主张也要持公正和自由的态度，平等地予以介绍和报道。

为此，最重要的前提条件就是"真实的报道"，这是报纸的生命。我们必须拒绝那种为了个人利害和党派宣传而歪曲真相、违背事实的报道和评论。总的来说，我国新闻界的积弊已随着旧日本一起得到了清算，确立了新的《新闻规约》和《新闻伦理纲领》。

在这些规则之外，大学的报纸理应还有大学自己的使命和纪律。大学是共同学习真理、探求真理的地方，比其他社会场所更需要高度的理性精神与良心。因此，本报的发行条件是"编辑发行虽由学生自主运营，但学校当局也对此负有责任"，教授和学长们也会作为顾问提供建议，在某种意义上，它的发行也是为了创造一份与学问之府相称的，立足于科学研究和批判精神的高水准报纸而进行的"练习"。

在反映学生的各种自由思想与主张的同时，我还希望《东京大学学生新闻》能将部分版面分给以往常常受到轻视的运动竞技、文化和福利等生活各方面，奏响校园里多种多样的主张与生活的全部音调，成为表达全校思想与感情、理想与希望的一架巨大的管风琴。

本报创立之际，是由小范围的准备委员会选出委员，以应对创刊的艰难事业，而今后应该按照既定的规则，让全体学生都成为会员，从而在更广泛的基础上选出学生认为能够胜任的委员。尽管前方还横亘着重重困难，但如果全体学生能够关心这一事业，保护这份报纸的发展，让它成为一份真正自由民主的报纸，那么这不仅会给我国现下混乱的学生运动带来巨大的光明，而且对于重建祖国也具有重要的意义吧。

人文科学的问题
——对美国人文科学顾问团的欢迎致辞

1948 年 10 月 2 日

各位淑女、绅士：

在战败后的废墟中，日本的学者正为建设和平与文化的新国家而苦斗。在这样的时期，由各位美国的顶尖人物组成的人文科学顾问团，不远万里飞过太平洋来伸出援手，给我们以指导和帮助，作为将与各位合作的日本方面的委员会的委员长，能够在这里向各位作欢迎致辞，是我的无上光荣。

正如各位所知，此前我国已经两次迎来与教育和学问有关的美国访问团。其一是前年春天以斯托达德[①]博士为委员长的负责一般性、基础性问题的"教育使节团"，其二是去年夏天以亚当斯[②]博士为委员长的主要由自然科学研究者组成的"学术顾问团"。贵团是第三个使节团，在我们看来也是迄今为止的此类访问团中最重要的一个。

大战后全世界都进入了社会变革的时代，人类要求怎样的社会，以及如何建立这样的社会，是无论哪个国家的国民都必定十分

---

① 斯托达德（George D. Stoddard，1897—1981），美国心理学家、教育家，1946 年曾作为盟军总司令部邀请的第一次美国教育使节团团长访日。
② 亚当斯（Roger Adams，1889—1971），美国化学家，1947 年曾作为由多位科学家组成的美国学术顾问团团长应盟军总司令部邀请访日。

关心的重大问题。在毁于战争的日本，这对于国民而言尤其是生死攸关的问题。在此意义上，我们从心底盼望贵国派遣人文与社会科学方面的顾问团。在司令部教育部的盛情与全力协助下，如今这一愿望终于得以实现，为此我们感到由衷的喜悦。借此机会，我想不仅停留于礼貌的问候，而是就各位与我们面临的共同问题坦率地谈谈我的一些感想和期望，相信各位一定能谅解。

一

我想谈的第一点是，日本的科学从整体上看是多么落后，而人文科学相较于自然科学又是多么不受重视。这一点，通过科学研究的机构、组织与设备，以及研究者的待遇和经费的分配也可以看得很清楚。

自上世纪以来取得惊人发展的自然科学成了"一切学问中的女王"，当今时代是"自然科学万能"的时代，各国虽有程度之差，但不得不说无论哪国都有同样的倾向。然而在贵国，尽管可能是出于其他理由，总之最近有人面对自然科学的进步而重新强调人文科学的重要性，并且这种呼声正是从自然科学研究者的阵营中发出的，对此我们很感兴趣。日本与其他国家情况迥异，自明治以来忙于建造近代国家，学问、教育均被视为其手段，大学的使命也被规定为教授和研究"国家所需"的学术。人文科学尤其如此，在这种状况下，真正的政治学、经济学、历史学当然也就无从发展了。

我国学界本来也有不少遵从良心来研究学问、发表研究成果的真挚的治学者。但是，这样的人不断遭受国家权力的压迫，也受到社会的迫害。我们在为当时的抵抗之无力而感到羞耻的同时，也想提醒各位注意，我国挑起此次战争的根本原因之一，就在于这种对人文科学的压迫。

如今，在新宪法下学问与思想的自由得到了保障，此类障碍已被清除，但当前的问题之一，是进一步保障这种自由的经济、财政的基础，另一个问题是我国现在所处的国际环境。战后我国财政、经济面临困境，而产业、劳动等方面百废待兴，结果就是人文科学研究实际上往往遭到忽视。但是，既然新的日本要成为文化国家、和平国家，那么包括自然与人文在内的科学的振兴就是其基本条件，即使国家财政处于艰难状况之中，也应该拿出这一事业所需的部分，毋宁说应该优先提供。

在这方面，司令部教育部是赞同并且予以援助的，但如果以诸君此次来访为契机，在这一问题上能进一步提供适当的帮助，那将是我们的一大幸事。

另外，我国现在被封锁在世界之外，虽然这是发起战争的我国国民理应承受的命运，但至少在学问和文化方面，我们殷切期望日本的研究者能够早日获得自由前往世界各地或者获取必要的外国文献的条件。

幸运的是，承蒙贵国的好意，这样的窗口正在渐渐打开，这给我们带来了希望与力量，而如果在各位的帮助下能够开辟更宽阔的路径，我国学界的喜悦将莫过于此吧。

二

我说这些，并不是要将我国人文科学的困境，单纯归咎于长年以来日本政府的文化教育政策，或者我国现在特殊的国际环境。毋宁说，一半责任在学者、研究者自身，有很多问题需要我们自己反省。

问题首先与日本以往研究学问的方法和普遍态度有关。也就是说，治学方法太过抽象化、理论化，与国民和社会之间的实际关联较弱。同时，我们过去的研究往往容易陷入分裂孤立，缺乏共同探求和分享真理的态度与组织。这类弊端在自然科学研究中可以说也是存在的，但人文科学尤甚，这是我们很多人一致的见解。

因此，正是在这些方面，贵国研究者之间的组织自不必说，研究与现实之间的紧密联系，与社会和国民的实际生活相结合的业绩，至今仍令我们惊叹不已。

说到学术的组织和共同研究的问题，去年贵国的顾问团正是为此来访的，在他们的指导下我们建立了民主的全国性组织，目前其下级组织也在人文科学各领域陆续建立起来。这是战争的灾难给学界带来的福音，我们永远不会忘记为此尽心尽力的顾问团以及司令部经济科学部诸公的功绩。

就我国人文科学的普遍倾向而言，在战争以前的漫长时代里，说实话，除了个别领域和学者是例外，贵国的实证主义、经验主义的学问在我国基本并未"流行"过。哲学、法学不消说是吸收了德国学风，就连政治学、社会学甚至经济学也都以此为主流，因此我国文化自然趋向观念化的形式主义，游离于社会现实和一般国民的生活，这是无可否认的。如今我们正对此展开深刻的反省，亟欲借此次机会获得各位的批判与忠告，向贵国学习。

但与此同时，我们还在思考人文科学所具有的社会效用价值与创造性精神价值之间的关系。人类的美好社会、自由社会的建设，一方面需要严密的科学思维与经验，甚至需要由此而来的一种"社会工程学"（social engineering），在这方面我们深切感到对社会负有开拓新的研究领域的责任；但另一方面，当我们追问诸如何为"自由"、何为"人的存在"这类问题时，这些归根结底与"精神"的世界秩序有关，要从哲学、伦理方面考察它们，不得不说仅凭近代实证主义与经验主义的方法是不够的，那样会有很多无法解决的问题。这样的新动向近来也出现在贵国的神学、哲学中，并且开始出现于其他领域，对此我们十分关心。

对于这些问题的研究，无论时代和国民大众的要求是什么，无论会有怎样的实际结果，都必须始终贯彻"为真理而真理"这一古希腊以来的传统治学态度吧。我们学者的责任也在于此，这归根结底是为了人类的福祉吧。我国学界向来崇尚这样的学风与研究态度，而其业绩中是否也有可取之物，就有待于各位的探讨了。

与此相关，我的一个希望是，人文科学的民主组织和共同研究，不要忽视上述问题，或者排斥此类研究者。学问的研究毕竟是个性的精神创造的事业，这一点无论在怎样的共同组织中，或者在组织之外的更广大的社会里，都必须得到保障。从这一点上说，"学院"（academy）或"象牙塔"等虽然在当代是相当负面的标签，但我想其中仍然有值得重新思考的意义。

三

与以上内容相关联，作为第三点——也是最后一项内容，在这里我不得不触及文化的普遍性与特殊性这一根本问题。

我国自明治以降虽然也吸收了欧美文化，但这种吸收还是极为表面化并且十分糊涂的。因此才过了七十年，就强行鼓吹本国文化的优越性，提倡极端的民族文化和国粹主义，我国今天的不幸正是由此而来。所以，在建设新日本时，我们无论如何都要重新为学问和文化奠定普遍的全人类共同的基础。这是我国史无前例的精神革命、文化革命和人的革命，我们作为战败国国民对此有深刻的自觉，决心要将这一事业进行到底。

但与此同时，我想恳请各位允许我国国民将优秀的传统与文化个性保持下去。在我国过去漫长的历史中，虽然受各种条件的制约，但我相信我们的祖先努力培育形成的善与美的事物并不算少。在此之上，正如各位所知，我国文化自古以来吸收了印度、中国的文化，并以自己的方式改变和同化了这些因素，而明治以降不仅学习德国的经典，也接受了英法等国的西欧文化，无论好坏，总之今天的文化是由此构筑起来的。

那么，在战争已经结束的今天，如果在学问的组织制度上，或者在学问本身当中扫除过去的一切，连其中好的部分也都丢掉了，那就是破坏一国文化的个性，抹消国民存在的意义本身吧。我所担心的就是这一点。前年春天来访的美国教育使节团在报告中专门写道，必须恰当地保存日本这些优秀传统，我们读到此处时深受触动。迄今为止司令部教育部也是带着对此的理解与同情，来指导和协助日本展开教育改革的，对此我们深表谢意。

由于我国这种特殊的历史和地理位置，我们期望让日本成为东西文化交融的场所，重新向美国和全世界广泛学习优秀文化，在将来创造出新的日本文化，为世界人类做贡献。我衷心希望各位能够体察我们这种理想，为我们提供指导与建议。

最后，虽然眼下各位贵宾在访问期间会遇到种种困难和不便之处，但所幸恰逢秋季，希望日本秋天的美丽的自然能让各位在日期间的生活略微惬意一些，同时，我衷心期待各位此次的历史使命圆满完成，为我国人文科学的发展打开新局面，对和平的文化日本的建设发挥重要作用。

新大学制度的问题
——大学行政长官协商会议开幕式上的演讲

1949 年 2 月 14 日

各位淑女、绅士：

此次在司令部民间情报教育部的援助下，由文部省主办的大学行政长官协商会议得以顺利召开，为此我深感喜悦。本次会议的参加者，包括现在我国各公立和私立大学的校长、学部长以及高等专门学校或师范学校的代表，共计一百四十余位。这么多大学高等教育界人士汇聚一堂，在我国恐怕是前所未有的事吧。更何况，此次会议的召开，还得到了从美国远道而来的优秀学者专家们，以及我们亲爱的司令部民间情报教育部各位长官的建议和帮助。可以说，这是我国史无前例的划时代的事件。

我作为参会学校的代表，被安排在今天的开幕式上致辞。现在我不想单纯地表示祝贺或者答谢，而是想就我们今天将要开始讨论协商的若干重要问题坦陈己见，以供会议参考，同时也请在此次会议中发挥了主导作用的美国方面各位权威人士考量，我想这应该不至于太过失礼吧。

一

虽然我们迄今为止隶属于不同类别和系统的学校，但如今我们眼前摆着一个共同的课题——这一重大课题就是，伴随我国学校制度的根本改革，我们都将在下一年度开始设立新制大学。在这里，我想首先必须弄清楚的第一个问题，就是我们要创建怎样的大学，我国新的大学的目的和使命是什么。

随着新宪法颁布，新的民主日本确立的教育方针之一，就是不再像从前那样，在有限的少数大学里养成少数特权化的领导者，而是在全国广泛增设大学，为国民提供机会，让任何有能力的人都有平等接受大学教育的机会。

新的大学，不能像以往的大学一样偏重于专业教育，要广泛纳入一般教养的内容，在此基础上培养具有深度专业知识的、有教养的社会人，而且所谓专业，不是指灌输各种职业的知识，毋宁说是通过施加精神训练，让学生理解和把握灵活运用这些职业知识所需的原理。在此之上，如果顺利的话，我们应该期待学生把他习得的个别的、专门的知识与知识的其他领域乃至全体联系起来看待，亦即达成"知识的统一"（unitas intellectus），这也是"大学"（universitus）一词的本义。

从这种见解出发，我国正准备将过去的高等学校和各种专门学校进行整理统合，在全国设立各种综合性或单科大学。这是我国学校制度的划时代革新，在普及大学教育的意义上值得庆贺。

但是，大学的目的并非止步于培养上述有能力、有教养的人，还需要培养教育者，更要作为研究机构，在人文、社会、自然等各领域开展对于学术真理的深度研究，同时也负有培养这种研究者的任务。过去我们正是以此推动了我国学问与文化的发展，在这一点上，虽然我国大学目前由于战败后的状况无法充分发挥其机能，但坦率地说，我们在世界上也达到了相当高的水准。

将我国大学过去所达到的学问和文化的水准尽可能地加以维

持,不,还要进一步发展提高,将它们传递给下一代,同时为人类文化的发展做出贡献,这是我们心底的愿望。为此,无论是公立还是私立学校,我认为在全国成立几所拥有完备的大学院和各种研究所的大学是绝对必要的。去年秋天来访的布隆克博士带队的学术顾问团[①]甚至警告我们说,目前比起在日本各地建立多所大学,不如说拥有少数完备的大学更加重要。新制大学的增设与大学教育的普及,不应该造成我国科学研究的目标和文化水准的降低和平均化,而是必须为了提高它们而发挥协同作用。

这并不意味着人们经常视为民主主义(democracy)对立面的"贵族主义"(aristocracy),而是说,每所大学都要建立在平等的基础上,同时又要由此产生新的个别的多样性——这种多样性应该基于各大学过去及将来的发展、国民的需要以及整体的国家计划——只有通过这些多种多样的个体,一国文化的整体发展才成为可能。

二

再者,与以上所述的大学之目的、使命相关联,是完成使命所需的经济基础即"大学财政"的问题。就国立大学而言,如何为眼下全国即将设立的众多大学提供预算,调节经费,是十分重要的问题。为此,尽可能将大学财政合理化,通过找到某些客观基准来科学地制订预算,当然是极有必要的。

但是,这并不意味着要对多种多样的大学等量齐观,机械地平

[①] 1948年10月至1949年1月间访日的美国人文科学顾问团(Board of Consultants on Cultural Science Research),即上一篇文章中南原繁的演讲对象。

均分配预算，必须多加考虑，使经费与各大学的规模和机能相称，不致妨碍其运营。作为研究机构的大学的机能——特别是前面说的那种拥有大学院和研究所的大学，为了发挥其机能所需的人员及设施方面的经费，并不能单纯按照学生数量来分配吧。如果不充分考虑到这一问题，我国的学问和文化就势必要走下坡路，这是显而易见的。

此外，据说现在有一种看法，认为国立新制大学的起步并不需要特别的预算，这实在是大谬不然。为什么呢？因为一般来说，现有的各大学、高等学校和专门学校，如果没有大幅度的充实改善，就想改建为新的大学，是不可能的，也是无意义的。

关于私立大学，不消说，它们各有其资金来源，由此也形成了各自独特的学风，有着作为私立学校的面貌和特色。前年来访的亚当斯博士等自然科学顾问团一行在报告中提到了此事，大意是说"日本私立学校的发展应该大力鼓励。因此，它们不接受国家补助更好"，这乍看像是反话。但是，在社会、经济状况与美国不同的日本，至少在现在，对于在前所未有的通货膨胀下面临极度财政困难的私立学校——特别是蒙受战争灾害的学校，国家应该采取某种方法尽快予以援助，帮助它们复兴，我想这也是国家的义务。

像这样，从"六三学制"的完成到新大学制度的创立，现在日本应该从总体上对于教育预算制订国家的根本计划。在战败国日本，对于否定战争、放弃一切武力、一心建设和平的文化国家的国民而言，最重要的莫过于在这方面制定具体的财政政策。我们强烈希望我们的政府能够回应这种要求，同时也恳请贵司令部的各位相关官员，把日本的教育文化政策摆在和此次的九项经济原则同样重要，甚至更重要的位置上，为了推进和强化它而予以更多考虑和帮助。

三

最后，作为第三个问题，请允许我谈一谈大学的运营方法，特别是运营国立大学的行政机构。我国大学在法制上归文部省管理，但很早就引入了西欧各大学的制度，通过我们多年的经验和努力获得了"大学的自治"。由此，大学的教育及研究方针，或者校长以下的主要的人事问题，实质上都是由大学评议会或教授会审议决定的，这一传统保存至今。1946年春季来访的美国教育使节团一行，对我国大学这种民主、自主的运营方式也给予了很高的评价。

在私立大学里，由于它们的性质，在各大学设置美国式的理事会是理所当然的，但对于以往理事会制度的弊端，现在也有要求改善的声音，近年来私立大学里也有人要求设立和强化评议会、教授会，一些进步的大学正在逐渐采取这类制度。

当然，大学自治不能变成自以为是，而且全国众多国立大学之间的协调也是必须要考虑的。为此，我想有必要设立共同的民主的委员会，以代替过去的文部省来对各大学自主的决定进行监督和最终审查。此外，各国立大学还应该设立某种机构，从而在运营的相关问题上直接倾听国民的声音。但重要的是，这终究只是提供建议和劝告的机构，而不是与大学构成雇佣关系的管理统制机关。

要而言之，大学作为真理与理性之府，承担着国民委托的任务，对此大学中人必须自己负起责任来，面对国家政治权力的掣肘必须进行抗争，同时面对缺乏理解的社会势力也必须保卫自己。迄今为止，我们的大学正是由于拥有这样的自治，所以在战争时期也对军部和政府的压迫、社会的不当干涉做出了一定程度（虽然尚不充分）的抵抗。在形势千变万化的我国，反动的风暴再度袭来的可能性也并不是没有。我坚信，抵抗这种风暴，保卫作为文化与和平之国的日本，捍卫真理与自由，是大学与大学中人所肩负的崇高任务。

今天我们这些会聚在这里的人，无一不是作为学者、教育者、大学行政管理者而为大学高等教育奉献了一生，除了期望我国学问、文化的兴隆和民主自由精神的光大之外，我们没有别的动机与目的。

在我国学校制度与教育行政改革的最后阶段，成为问题的正是大学教育与行政制度，在这样一个时期，我衷心希望本会议能就以上诸问题进行充分的研究与讨论，收获丰硕的成果，同时也为我们当前所关心的"大学法案"问题的解决带来一缕曙光。

美浓部达吉① 先生
——告别追悼会上的悼词

1948 年 5 月 29 日

一

东京大学名誉教授美浓部达吉先生，于 5 月 23 日溘然长逝。他在明治、大正、昭和三个时代留下了光辉的业绩，我国学界——尤其是法学界失去了这样一位伟大的学者，令人不禁感到一颗明星陨落了。

先生于明治三十年（1896）毕业于东京帝国大学法科大学② 政治学科，一度就职于内务省，但不久后便在文部省命令下，于明治三十二年为研究比较法制史而前往英、德、法三国留学，留学期间被任命为法科大学助教授，后升为教授，回国后即开始讲授比较法制史课程。

先生在其学术生涯之初，首先从事比较法制史，特别是公法制度的历史研究，这对他日后学风的形成起到了作用，可以说奠定了

---

① 美浓部达吉（1873—1948），日本法学家、宪法学者，东京大学教授，曾提出"天皇机关说"以解释宪法框架内天皇的地位，在 1930 年代因此受到右翼势力的猛烈攻击。
② 当时东京帝国大学实行"分科大学制度"，"法科大学"大致相当于现在的法学部。

他成为一名优秀的公法学者的基础。明治四十年（1906）他转而开设行政法课程，至大正九年（1920）以后担任宪法课程，但先生的学问的意图与方法，可以说始终在于探讨如何将理性的普遍原理与日本历史、社会的特殊性相结合。他的功绩，就是以坚实地立足于历史基础之上的实证法学乃至解释法学的方法，建立了涵盖以宪法为首的公法诸领域的一以贯之的巨大体系。

但是，这并不意味着先生没有哲学理念。自由与人的理想，是隐藏在先生的实证方法背后的理念，他的理性普遍原理正是从中提炼出来的。正是在作为国立大学的东京帝国大学教授着传统的国家主义和神权思想的宪法学说时，先生发展了与之相抗衡的具有自由主义、民主主义理想的公法学。

东大虽然是国立大学，但不仅在法学上，还在各方面成为孕育日本后来进步的政治、社会思想的场所，必须说其中有很大一份功劳属于先生。虽然对于先生的这些思想，特别是"天皇机关说"，当时在校内外已经出现强烈的反对意见，甚至有人要求罢免他的教职，但我们坚持拥护先生，捍卫了学问的自由和大学的自治，这可以说是我们学校的光荣。

先生于昭和九年（1934）退休，在此之前的大约三十五年间，他作为大学教授在研究上述学问的同时还为指导学生而鞠躬尽瘁，不仅为全国的公法学界，也为政界和其他各界培养了一辈又一辈优秀人才，其教化之影响不可谓不大。此外，在此期间他也参与了大学行政，先后作为评议员和法学部部长为大学的发展贡献了力量，特别是在关东大地震后大学复兴之际，留下了显著的功绩。

二

但是，先生伟大的教化和影响，并不仅限于大学或学界。他以渊博的知识和高超的见识，为我国法制的近代化付出了极为重要的努力。从明治末期到大正时代，再到昭和初期，先生的思想学说为我国政治行政系统所广泛吸收，成为建立我国民主体制的基础的一种力量，这一点值得大书特书。一个实际上并非政治家的理论家、法律学者，却对现实的政治行政影响如此之大，这样的事例恐怕罕有其匹吧。

然而以"满洲事变"为契机，我国政治社会不得不急剧转向。没有什么事件比昭和十年（1935）的"国体明征"运动中首先被提起的"天皇机关说"问题更能唤起全天下的关心了吧。如今想来，这其实正是从"日华事变"走向此次大战的过程中一项有计划的准备工作。也就是说，从那时起，学问与言论的自由就受到了军部和一部分与其勾结的政治家的极度压抑，最终完全不复存在。而我们无力为我们的先生——这位学界的伟大前辈做任何事情，对此我们不能不深以为耻。

那么，当时身为贵族院议员的先生，是如何对待集于一身的非难、攻击的呢？他始终如一，没有扭曲自己的信念，孤身奋斗不已，世人对此记忆犹新。这说明了先生作为一个人的刚毅精神和强韧意志。与智力相比，行动对于学者来说居于从属地位，但仍然是本质性的事物。没有行动，学者就不算一个人。先生在深度思考和写作的同时，又是一个坚强地生活和奋斗过的人。

从那以后的十年间，先生的生活是多么需要忍耐与勇气啊。即使在被迫辞去贵族院议员和其他一切公职后，在世人的冷笑与迫害之下，他也屡屡冒着生命危险，在荻洼的寓所里，在极其有限的学术自由的界限内，专心从事着著述活动。而且，在他心中，一定怀着对横行于世的暴力压迫和蹂躏真理的行为的愤怒，怀着担心战争与国家前途的忧国之情，这想必是难以忍受的吧。

三

不过，先生对节操的坚守终于得到了回报。战败与投降，在带来祖国破碎的可悲命运的同时，也将建设和平民主的日本这一新使命交给了我们民族。这恰恰正是先生毕生研究、讲述、向世人诉说的道路。我国的民主政治，不是战败后的现在才初次兴起的。有多少前人为它奋斗过、努力过啊。那么多人最终没来得及看见这一天就撒手人寰，而先生在这一天来临时的伤心恐怕也是我们无从体会的，但尽管如此，这个时代毕竟可以说是先生多灾多难的一生最终迎来的幸福时代吧。

这一时期先生不仅作为新设的宪法改正调查会的顾问，作为枢密顾问官，参与了众多重要的任务，而且可以再无任何顾虑地重操旧业，专心著述，战后以来已经出版了七部新作，直到临终之际仍在病榻上笔耕不辍。

尤其值得我们铭记的，是在此期间先生对于宪法改正采取的态度。当举世滔滔，将一切旧事物包括其好的内容都尽数抛弃，对于新事物只因其新就一味追求之际，先生却不介意被速成的新人或转向的民主主义者视为保守反动，强调修订宪法不能单纯模仿外国，必须以日本的历史个性与国民意愿为基础。可以说，先生才是真正的爱真理者，同时也是真正的爱国者吧。

在明治、大正直至昭和时代的众多优秀学者当中，像先生这样不为时代风潮所左右，坚持信念孜孜不倦地钻研和阐明真理，为之奉献一生的人，可谓难得一见吧。不得不说，先生之名如今远播海外，是有理由的。

我们学校里走出了这样一位伟大的学者，有着坚强人格的真正爱国者，同时又拥有这样一位教授，这是永远值得我们骄傲的事。我们这些后学晚辈，将像先生一样在学问的道路上精进，怀着追求真理的勇气，热爱祖国，为了不辱没先生之名而努力。

三土忠造先生[①]
——告别仪式上的悼词

1948 年 4 月 5 日

先生！一直以温和的面容谆谆教诲我们的您，如今却沉睡于棺木中，我们不得不站在您的遗体前，送上最后的道别之辞，这是多么令人悲伤的命运啊！

我第一次领略先生的风貌，大概是在明治三十八年至三十九年之交，先生留学归来造访故乡的时候。我记得您甫一回国便在伊藤博文统监[②]的领导下，作为参赞[③]参与了韩国教育改革。不久后，为了当时新兴的议会政治的确立，您参加了众议院议员的选举，直到昭和十五年（1940）您成为天皇亲自任命的枢密院顾问官为止，前后三十余年间，您在我国政党政治的发展和自由民权的伸张中的功绩，已不必由我赘述。您凭借渊博的知识与高超的见识，再加上无与伦比的雄辩，每遇重大问题是怎样唤起议会和舆论的议论，又怎样站在争论的前线，这是所有国民都记忆犹新的。

[①] 三土忠造（1871—1948），战前日本重要的政治家，曾作为立宪政友会党员长期担任众议院议员，并担任过文部大臣、内务大臣等重要官职。
[②] 1905 年第二次日韩条约签订后，日本在朝鲜设立统监府，伊藤博文出任第一任统监。
[③] 日文原文为"参与官"，是战前日本官僚体制中的一个职位，是各省"事务次官"之下的副职。

在此期间，您几度身居庙堂高位，各省政务几乎没有您不曾参与过的，尤其是在财政经济领域，您以明晰的头脑和丰富的经验，成了公推的我国第一人。虽然近代日本的经济与产业，不幸由于战败而遭到了根本上的破坏，但其曾经的繁荣，确实在很大程度上要归功于您的谋划和贡献。

在上述所有方面，先生作为政治家的一生，是富贵不能淫、威武不能屈的，您怀着一以贯之的至诚，一直为正义和自由而奋斗。松柏逢风雪而愈青，正义廉直之士于逆境中更能发挥其真正的价值。我们真切地看到这一点，是在"帝人事件"[①]中。当时在这一全社会关注的事件中，先生主动牺牲自己，为其他众多无辜之人的自由和名誉、为了法律的尊严而奋斗到最后，我想这比先生政治、经济上的其他无数功绩都更重要。这正是先生的人格力量、内在精神与信仰的体现。而这一事件其实正为后来军部和迎合它的一部分政客的专制独裁政治埋下了伏笔。

从那以后，时局每况愈下，从"二二六事件"发展到"日中事变"，最终爆发了太平洋战争。先生在战争时期对祖国现状的担心、对社会上蔓延的暴力压迫和对正义的蹂躏的激愤之情、心系国家前途的炽烈的忧国之至情，大概是我们所难以想象的。所以，在战争结束的那一年，先生再入台阁，当政事混乱、全体国民陷于茫然虚脱的状态中时，先生早已专注于重建祖国的构想，不得不说这是有原因的。伴随着战后最初的总选举，在内阁更替之后，先生成为贵

[①] "帝人事件"指1934年围绕着帝国人造绢丝株式会社的股票问题发生的受贿渎职事件，此事件造成了斋藤实内阁的集体辞职，但根据后来的史学研究，此事有可能是反对斋藤内阁的势力所炮制的事件。

族院议员，而如今我们记忆犹新的，是先生最后在贵族院发表的支持新宪法的演说。这大概是先生送给新日本的最后的公共发言了。

我国的自由与民主政治，并不是从战败后的现在才开始的。先生从青年时代起就赌上一生为之努力的，也正是这一理想。虽然我国政治发展道路的途中不幸出现了独裁政治，但也有众多前人为我们的议会政治的发展而鞠躬尽瘁，先生的光辉业绩正在其中，这些业绩有朝一日必将在后世日本的历史中得到正确的记载吧。

然而，这样光辉的、同时也伴随着苦难的作为政治家的一生，并不是先生的全部。先生与一般的政治家不同，还是一个低调的教育者，为培养众多晚辈而尽心尽力，这在先生的历史中尤其值得大书特书。我自己正由于有幸与先生是同乡，在中学时代便受到先生的知遇之恩，从那以来四十年如一日地受到先生的爱护与指导。在我国社会各界，同样得先生亲炙者为数众多。我们各自能有今天的成就，皆为先生所赐。在我们的公私生活中，在喜悦或悲伤的日子里，不知多少次得到了来自先生的激励与慰藉。

这证明了先生是一个天性爽朗豁达，对他人富于同情与宽容，怀有深刻的对人类之爱的人。在与先生面对面谈话的时候，我们变得多么坚强，获得了多少希望与勇气啊！这不限于我们这些先生周围的人，但凡是与先生稍有接触者都有所体会吧。而对于我们，先生尤其是一生的恩师，近于慈父的存在。现在我们忽然失去了先生，回想起这些，心中涌起无限的悲哀和寂寞，不知如何是好。

我们尚且如此，那么养育了先生的故乡的家族，和在先生后来的生涯中陪伴着他，同甘共苦、共享天伦之乐的家人又该如何呢？特别是处于家庭中心，在先生功成名就的背后付出了无数不为人知的辛劳的终身伴侣——眼下正因长期照看病人的疲劳和深深的哀伤而精疲力竭的先生的夫人，我们难以想象她的感受，也找不到安慰的话语。

但是，有一件事是明明白白的。那就是，终生为正义而战，为爱而辛劳的人，虽死犹生，他的生命永垂不朽。纵然今天我们已无法再看见先生的音容笑貌，聆听他的教诲，但我坚信先生的精神——灵魂仍在我们身旁，向我们诉说着，将带着始终如一的爱与力量在我们心中活下去。

不仅如此。终生热爱祖国，为皇室的安泰与国民的福祉而奉献一生的先生的灵魂，必将永远守护国家，保佑这个国家成为光荣的理想之国吧。当先生放下一切公共职务，与同胞们一起亲历战败后日本物质和精神上的剧烈痛苦时，在先生临终之际，占据先生全身心的，都是祖国的命运与未来。

我们虽然才疏学浅，但也要循着先生的足迹，缅怀着他所成就的伟大事业和在世时的高尚人格，在各自的生活中努力精进，以先生的精神为榜样，全身心地奉献于重建祖国的事业。

先生！请您以不灭的灵魂，从上方照耀我们，在今后的人生道路上指引我们吧。

IV 和平之宣言

前　言

大战结束已经六年，世界各地仍未恢复和平，转眼间人类又面临着新的重大的战争危机。而在这种局面下，在战败投降的日本，最近围绕着讲和问题，国民正处于巨大的不安与疑惑中：和谈究竟是会带来真正的和平条约呢，还是会带来为即将发生的战争做准备的军事条约？

但是，如果人类想要避免自身的灭亡，希望其所创造的文明免于破坏，那么无论如何都必须阻止战争。现在正是发挥全人类的理性与勇气，共同努力以防止战争，为和平做贡献的时刻。如今的战争已经具有恐怖的威力，即便是为了正义与自由的战争，其破坏性也会使其自身失去意义。人类必须创立更加伟大而公正的组织，以此取代战争手段。这便是解决迫在眉睫的问题所需要的根本条件，也是留给20世纪后半叶的世界的伟大事业和历史课题。

和平的宣言已经做出。人类无论如何必须实现它。世界的永久和平，已不再是思想家、哲学家单纯的空想。它更不能是掌权者获得权力的手段，或者以发动新的战争为目的的虚假标语。它自身就是目的，是人类的最高理念，这一理念必须在全世界、在各国国民中间确立起来，以规范各民族的行动。尤其是在新宪法下宣布放弃战争的我国，这一理想绝不能有丝毫动摇。

当然，为了实现这一理想，还必须克服很多困难与障碍。但是，如果我们不设法创造某种保卫世界和平的组织与方法，那么最后的大决战就势所必至。这不仅仅是世界政治组织的问题。它是从根底上与各国国民的精神觉醒和人性改善纠缠在一起的问题。这一事业只有伴随我们的科学、艺术、哲学以及宗教等各领域的文化革新与人的革命，才能最终完成。

基于这种见解，笔者每有机会，便在自己任职的学校内外发出呼吁，尤其是面向年青一代。本辑主要收录过去一年间的此类演说，以此作为笔者第四个演讲集。

在不断逼近的世界战争的危机和我国的苦难面前，笔者衷心希望这本小集能够成为一份和平的证言。

世界破裂的危机与日本的使命
——毕业典礼上的演讲

1950 年 3 月 28 日

诸君中的多数人，都在新宪法颁布的那一年进入本校，适逢我国政治行政制度和社会经济组织的变革，和与此相伴的物质、精神上的困苦与混乱，在这样一个暴风骤雨的时代里，你们各自亲身体验了战败国国民的苦难，如今终于完成了大学学业，正要重新走进社会。

战争结束已经五年，新日本的各种制度组织已经重新建立，国民的经济生活也终于走向安定，尤其值得一提的是我们长期以来期待的讲和终于成了现实问题，世界上推动和谈的呼声正在高涨。可以说，我们民族的前方已经开始闪耀着希望与光明。

但与此同时，我们面前也堆积着许许多多有待克服的问题和新出现的困难。其中国内的问题暂且不提，眼下我们最关心的是世界局势——特别是东亚最近局势的变化，和与此相伴的世界危机。在这世界性的危局之中，我们日本应该走怎样的道路呢？这将决定民族的命运，也将决定诸君今后的人生。我想专门就这一问题谈谈我的所见所思，以此为诸君饯行。

一

过去数年里，以美国为首的各国重点关注并努力解决的是以德国为核心的欧洲问题，而与此同时，在亚洲，中国共产党于去年取得了胜利，建立了新的共产主义政权，不得不说这具有极为重要的意义。

第一次世界大战带来的一个重大历史事件，就是横跨欧亚的大国俄罗斯出现了布尔什维克政权，这是任谁都承认的吧。而现在，领土占半个亚洲大陆的中国的六亿民众同样选择了共产主义的道路，这可以说是第二次世界大战以来世界历史中最大的事件了。不光是黑格尔的历史哲学，就连马克思、恩格斯的理论也未曾预见到这一事态吧。就算关于中国的未来还没有任何人能够做出预言，我们也必须首先从这种历史现实的认识出发。

而且，这两个大国，作为新世界的西方与东方的共产主义之两大支柱，于去年2月缔结了中苏同盟条约，这将给今后世界的动向带来重大影响。而它们与另一侧的世界，与以英美为中心的"民主自由"国家之间的"冷战"，如今已经以燎原之势在亚洲东西两端蔓延开来，我国对此也无法隔岸观火。这是因为，冷战在东亚的主要目标、决定性的焦点可以说其实就是我们日本。* 有人说第三次世界大战的危机正在逼近，甚至认为现在其导火索不在欧洲，而必定出现在亚洲。

但是，我们有必要冷静地对事态做出判断。已发表的中苏条约，且不论其是否像有些人臆测的那样存在秘密条款，至少其声称的目的是"共同防止日本帝国主义之再起及日本或其他用任何形式在侵略行为上与日本相勾结的国家之重新侵略"。

就我们日本而言，战败后我们已放弃一切武力，成为否定战争

---

* 作者的个人判断。——编者

的国家，因此让日本重新帝国主义化，或者谋划新的侵略，是不可接受的，将来我们也决不允许发生这样的事。至于这一条款所针对的第三国——坦白地说就是美国，我们应该看到，今年3月15日艾奇逊国务卿发表的声明中说，"美国对于中国没有侵略的意图，这是过去的历史所证明的，而且此前的战争正是为了驱逐侵略中国的势力"。不过，美国所畏惧的是"苏联共产主义对世界的完全统治"，而对于中国也发出了警告，担心它"在新的统治者的领导下，越过国境发起侵略，或者进行扰乱秩序的冒险"。

事态如何发展，也取决于毛泽东主席今后的政策。一般来说，一个国家选择怎样的意识形态或政治形态，应该由其多数国民的意志来决定，在尊重各民族的独立与自由的前提下，不干涉他国内政必须是普遍的原则。事实上，艾奇逊国务卿本月16日在伯克利的演说中，不是已经明确表示了两个世界的共存是可能的吗？这是对此前莫洛托夫副主席发表的同样关于共存可能性的演说的回应，我们认为这具有重要意义。

此外，值得注意的是，美国表示了与中国进行贸易的可能性与意愿，甚至已经表明准备重启贸易。而且，对现在的日本，美国也打算在某种范围内许可我们同中国的贸易。这些情况，和英国已经与中国继续通商并承认新中国的事实相呼应，有着重要意义。今后，根据中国方面的态度，也许美国会选择对新中国予以承认。刚才说的中苏同盟，其意图说不定也在这里。

二

这样看来，我国周边情况虽然复杂，但正在酝酿的是一股和平的气运,而非战争,是不是呢?在这种状况下,我们究竟能否把握住国际社会对日讲和的契机呢?这里说的不是所谓"单独讲和",而是无论谁都希望看见的"全面讲和"的契机。

没有什么比我国政府和一部分人士去年秋天以来提倡的"单独讲和论"更武断的了。且不提这种论调没有真正贯彻民族独立与和平的理想,至少不得不说的是,这是蒙住眼睛,无视变化中的国际局势。更何况,如果这种"单独讲和"的设想是以军事同盟或者军事基地的设立为条件,那就等于放弃了我国的中立性质,从那一瞬间起就要做出是敌是友的决断,这不仅对于我国,而且对于世界来说也会成为重新导向战争的动因。

我此前从美国方面得到的感受是,美国政府是更加慎重、贤明的,他们一方面始终反对共产主义的扩张,毫不放松地采取预防措施以备万一,另一方面又倾全力维持世界和平,为和平解决战后世界的各种问题而讨论研究着各种对策。我们不能将这种过程中一些临时的环节,或者一部分人传出来的意见,直接当成美国的政策。

在以日本为中心的东亚政策上,我也毫不怀疑今后美国的政策会有所发展,美国将与英国合作,采取一切手段,至少是全世界有识之士能够接受的一切手段,为了和平而尽最后的努力。这也是我们所希望的。同时,关于苏联和中国一方,只要两国像条约所宣布的那样,的确希望"与第二次世界大战时期其他同盟国于尽可能的短期内共同取得对日和约的缔结",我们也衷心期望两国在讲和的方式和手续等问题上与其他同盟国合作,找出某种解决方法,推进和约的缔结。

三

但是，形势绝不容许我们乐观。我们也不能操之过急，抱有过度的希望。我想现在问题的核心在于，美苏两国能否像他们所宣称的那样，为了使"共产世界"和"自由世界"的和平共存成为可能，而展开一系列国际合作。这就要求真正尊重各民族的自由与权利，放弃或停止任何形式的对其他国家的侵略或扩张政策。而且，这不只是东亚的问题，也是包括西欧在内的全世界共通的问题。事情的困难性也正在于这里。

可以说，20世纪后半叶的历史课题集中于一个二选一的问题，那就是共产主义和自由民主主义的两个世界之间，是战争还是和平。就算两种主义、两个世界的共存幸运地成立，东西方都缔结了讲和条约，两个世界也不能只是为了排除眼前的危险、为了单纯的安全感而合作，还应该进一步将双方的关系建立在信赖和尊重之上，世界至少要在这种意义上联结为一体，否则人类的永久和平就不会到来吧。

实现这种永久和平，需要满足一些使其成为可能的基础条件。第一点，就是我们必须修正15世纪以来占主导地位的近世主权国家的概念，建立超越国家的各国共同组成的国际政治组织，确立新的世界秩序，以取代诸民族对立的国际无政府状态。这样一来，各国国民的自由与权利就会得到保障，任何对其构成侵害的纷争都将在正义与公平的原则下得到解决吧。像这样，各国不能只是对原子弹、氢弹加以管理，还必须普遍地放弃战争本身，并确立取而代之的国际保障机制。

而且，这并不只是单纯的乌托邦或者哲学思考，自从第一次世界大战以来，世界正是向这个方向前进的，例如一度失败的"国际联盟"，更进一步的是此次大战后建立的还有待完善的"联合国"，它们都是代表着人类朝向上述目标努力的具体组织。

第二点是，我们必须放弃以往那种一国本位的利己、封闭的经济政策和经济帝国主义，代之以有计划的国际共同的经济政策。一国经济的自立，不能以排挤其他国家、牺牲和剥削其他民族为代价，必须共存、互助，为人类全体的福祉而发挥作用。

一个国家的国民过着过度富裕的生活，另一个国家却有几百万人在饿死的边缘挣扎，这绝不是人道的光荣。此外，世界的一方存在着天赐的未开拓的广阔土地和丰富资源，另一方却有人口过多而缺乏土地和资源的国家，这也不能说合乎国际正义吧。只有各国国民怀着自立心与责任感，采取符合国情的经济组织和政策，在努力开拓各自财富的同时，互通有无，为世界做贡献，全世界各国的国民才能全体摆脱恐惧与匮乏，获得和平地生存的权利吧。

并且，这既不违背事理，也不是不可能的。本来，经济在本质上就是世界性、国际性的，唯有建立起与其相适应的国际政策和组织，才能期待世界经济的安定和发展。事实上，在本次大战中，以及战争结束后，大国为了援助其他国家投入了多少资本和物资啊。将来，当这些投入不是用于实现战争目标或恢复战争造成的破坏，而是被更积极地使用，在全世界的共同计划下用于实现人类的和平与幸福的时候，人服务于经济的世界才会被经济服务于人的世界所取代吧。

第三，作为这一切的根基，我们必须恢复人真正的自由与尊严。在近世历史的发展中，没有什么像人与其自由的关系那样，经历了充满矛盾与黑暗的命运吧。人为自己创造出国家权力或者经济组织，却让自己在它们面前变成了手段、机器乃至奴隶。其极端的表现，不正是战争对人类的大量杀戮吗？

之所以出现这种状况，是因为近代文化失去了崇高的精神和内面性，变得肤浅而片面，显现出单纯的机械文明的特征。全世界的现代自然科学与技术，在推动武器的发明进步的方面发达到了异常的程度，就充分说明了这一点。从根本上说，这与近代对自然科学的偏重，和由此而来的人文与自然科学之间的和谐的丧失，乃至当代"科学主义"的风靡，都是不无关系的。

在此意义上，可以认为近代精神与文化已经走完了它的全部道路，现在已到达终点。当代优秀的思想家、哲学家之所以谈论近代的终结，不得不说是有理由的。我们的当务之急，是恢复人本来应有的位置，确立人性的理念与自由，为此我们必须进行近代文化的一场重大革命，不，应该说是我们自身内部的人性革命。这是永久和平的根本条件，由此我们就能够为世界和平赋予新的理念吧。

四

以上三点是确保真正的永久和平的基础条件，达成它们，正是 20 世纪后半叶全世界人类的课题。当人类完成这一事业时，近代便成为过去，人类将步入新的历史时代。如果做不到，那么近代的危机和混乱便会继续下去，其中仍然残留着战争的危险与可能性。

世界目前所面临的讲和问题，如果得不到成功的处理，那么在今后的很长时间里，在我们生活的时代仍然有可能出现试图以武力解决问题的情况。而就算和谈幸运地取得成功，倘若世界各国不真正努力以实现上述的永久和平的基础条件，那么最迟在二三十年内，恐怕诸君这一代人又会目睹战争的爆发。

无论是上述哪一种情况，万一世界面临分崩离析的灾难，我们应采取何种态度呢？我们不能出于对战争走势的预测，或者政治上的考虑而在战争中加入任何一方。正如我们在联合国的承认下于宪法中所宣布的，我们不再参加任何战争。这绝不是投机主义、旁观主义，也不是仅仅想要让自身免遭战争损害的利己的逃避。我们必须始终控诉战争之恶，视其为全人类的灾难，在世界和平之理想的旗帜下，全体国民一起努力奉献。

到了那样的时候，我不知道在诸君这代人中是否会出现甘地那样的人物。重要的不是个别领袖，而是国民团结一心地站起来。世界的下一次全面战争将集中运用原子弹、氢弹等所有近代科学最前沿的技术，这恐怕会是史无前例的大战，以全人类的命运为赌注。在这人类灭亡的深渊面前，谁来筑起和平的城墙，谁能拦在其缺口处，阻止全人类走向灭亡呢？这一任务不正应该由放弃了一切武器、否定战争、渴望和平的我们日本国民自己来承担吗？

说到底，我们必须做好心理准备，穿越比上次大战更猛烈的炸弹与火焰。没有一兵一卒、赤身裸体的我国，恐怕会经历比上次战争更可怕的痛苦经验吧。这是我们民族面临的第二场考验。但是，当我国国民承受住这次考验，新的和平日本在世界史中的位置便将真正确定吧。历史绝不会是永远被暴力和非理性支配的场域。就像上次大战一样，正义和真理最终会带来胜利吧。这就是历史的逻辑。

那么，在我们战败以来的困顿当中，在还要降临到我们头上的严酷的命运中，我们能否发现辉煌的世界史使命与理想呢？艾德蒙德·布伦登①在离开日本前劝告我国国民要怀有"伟大的梦""灿烂的梦"。这并不仅限于诗与艺术的世界。的确,"没有伟大的理想,民族就会死亡"。从过去的"大东亚共荣圈"的噩梦中醒来的日本国民啊,让我们为理性与真理所指出的世界永久和平这一辉煌伟大的理想而生活吧!这已经不是单纯的幻想或者梦想。它是宪法中高举的新日本的国家理想。

这样想来,在即将到来的世界危机和人类的悲剧中,虽然扮演主角的当然是美苏两个大国,但介于其间的日本,这个渺小并且破败的岛国所占有的角色,从另一种意义上说,其重要性也毫不逊色。

五

我们日本国民,必须怀着这样的理想和对使命的自觉,开拓我们的命运,同时为人类做出新的贡献。我们现在希望全面讲和,进而以世界的永久和平,和使其成为可能的各种条件为目标,请求各国通力合作,也正是为了这个愿景。

如果我们想要守卫和平,就必须带着热情和诚意提出主张,发起呼吁,否则既不能让他人相信,也不能让自己相信吧。

或许有人会说,在这样的问题上,身为战败国的日本没有任何发言权。但是,在这种几乎决定民族存亡的问题上,让人们听一听

---

① 布伦登(Edmund Charles Blunden,1896—1974),英国诗人、评论家,以基于"一战"期间从军体验的诗作闻名,1924年曾赴日本东京帝国大学讲学,1947年至1950年间再次旅居日本。

我国国民的愿望,也是合理的吧。"人如果闭口不言,石头就会呼叫起来吧。"① 可以说,对世界和平的愿望,是引发大战的日本民族弥补自身罪过的体现,发出这样的呼吁,是我们对人类负有的庄严义务。在此意义上,我想即便是国会和政府也不妨更认真地进行讨论和准备,表明我们真挚的愿望吧。

在这种情况下,国内最重要的事,至少就此问题而言,是国民的团结一致。如果国民内部不分裂,那么外力终究没有侵入的机会。当前日本的问题,与其说在外部,不如说更在于内部。既然我们对外期待两个世界的融合,希望世界和平,那么对任何一方都不应视为假想敌,不能基于这种态度来采取政策。日本的中立性质,是随着我们接受《波茨坦公告》而决定的。我们日本国民不愿意成为任何国家的属国和奴隶,希望作为一个自由独立的和平的民族重新站起来,为此盼望得到世界所有国家的帮助与理解。

为此,我们必须真正作为民主、自由的国民,养成精神的独立,这是先决条件。我们不可一味左顾右盼,像墙头草一样完全受客观形势左右。放弃了武力的国民,能够用以保护自己的,唯有精神的独立。做到这一点,我们就能够把头抬得更高,摆脱自恋的野心和过度的恐惧,怀着自信,向着理想而前进,完成我们在国际上的任务。特别是在理性与真理之府学习过的诸君,今后无论走上怎样的工作岗位,都必须作为国民的核心,回应上述要求。祖国究竟能否复兴,就取决于诸君这一代人吧。

我再重复一下。这样的道路会是荆棘之路,甚至可能是炼狱。

---

① 语出《圣经·路加福音》(19:40)。"耶稣说:'我告诉你们,若是他们闭口不说,这些石头必要呼叫起来。'"

但是诸君,请你们在真理面前拿出勇气来。无论将来你们的人生中出现怎样的事态,都请保持精神的自立与勇气,为了人格的自由与尊严,作为世界和平的使者,向着民族的伟大理想而努力吧!就算在你们的生涯中无法完全抵达这一目的地,也要向着这一理想前进,这是所有人的义务。

再见,诸君,我祝福你们的前途。

人性的确立与哥白尼式转向
——开学典礼上的演讲

1950 年 4 月 12 日

一

新生诸君，你们中的大部分人，都是今年即将废止的旧制高等学校的最后一批毕业生。在本校，这也是旧制东大的最后一次开学典礼。今年各学部在其机能、设备所允许的限度内，招收了尽可能多的学生，总数达到两千八百余名，这实在是建校以来所未有的壮观景象。诸君成功入选，登上了你们漫长的学生生活的最后阶段，为此我要向你们以及你们的父兄表示由衷的祝贺。

此刻，我最希望诸君了解的，是我们现在置身于怎样的时代状况之中。战争结束已经五年，虽然我们摆脱了最初那种混乱茫然的状态，完成了多项改革，走向了新的建设，但我国仍然处于盟军的占领下，尤其是最近，围绕着对日讲和问题，我们处于国际性的紧张与不安当中。这不只是我国面对的问题。在整个东亚乃至西欧，大战后的世界至今仍未恢复和平，反而面临着新的威胁与危机。

在这样的状况下，我希望诸君不要再次被不安和焦躁支配。同时，也不要成为战后我国国民中间蔓延的失败主义（defeatism）的俘虏，选择只图轻松的生活方式。我国当前最根本的问题，就是国民当中人性的确立。我们各自在社会中生活，必须不依赖任何权威或权力，自己来思考，成为坚持主张真理和践行真理的自由之人。我们期盼民族的独立，也正是为了成为这种自由的人，成为可以昂首挺胸走到世界任何地方的国民。

因此，你们不能只是作为组织、团体等社会势力的一个构成要素，服从少数领导者的指挥而行动。你们必须始终作为具有独立人格的个人，养成自主的个性，依从自己的判断和意志而思考和行动，这意味着深层次的精神自由与独立，我们要耕耘自我的人性，构建自身。

大学绝不是与这种人性的确立无关的场所，诸君今后的大学生活，正是对于这种人格的形成极为重要的时期。人格的形成，并不是像过去所谓的日本精神那样，单纯靠精神修养就可以实现的。在这一点上，战后五年来日本究竟发生了多大程度上的精神变革呢？难道不是仍然受着陈旧的精神的支配，近来甚至反倒流行起一种近似迷信的现象吗？全体日本国民的民主化，仍然道阻且长。

这样的革新，大概只有超越狭隘的民族性，广泛地把握关于世界、人类与社会的理念，以普遍的知性为基础时，才是可能的。通过与这种普遍性相结合，无论是个人还是民族，其个性都会愈发个性化。在当今世界的激荡形势下，支撑人的正是这种精神支柱，今天的日本迫切需要新的精神支柱，以取代旧的支柱。

高水平的教养的目的也正在于这里，新大学制度为此在大学课程中导入了新的一般教养的内容。但这种教养，归根结底需要人自己作为主体，自己负起责任来接受。即使诸君仍然身处旧制度之中，在校期间也应该在专门的或者职业的知识之外，努力修习普遍教养，了解世界上那些伟大的、善与美的事物，让你们自己的人性获得成长。

这不是为了诸君个人。只有当这样的人从国民中间成长起来的时候，我们才能实现日本的民主化，赢得民族的真正独立与中立吧。不，由此我们还可以更进一步，面对世界破裂的危机而呼唤和平，努力为人类的融合做出贡献吧。

二

我想提醒诸君的第二点是，现在世界正在经历史无前例的重大变革时期。不只是战败的日本国民，世界各国国民也都遭遇了未曾经历过的新问题。这一时期，必须对旧的事物进行总清算，产生出某种新的事物。现在世界上涌动的极度混乱与危机，并不意味着人类要由此走向灭亡，而是人类为了开拓自己的命运、创造更好的未来，必须经过的世界性的分娩之痛苦。

也有人说，发明了原子弹、氢弹的人类，会走向大量死亡、自我灭绝。实际上，世界上的人也真的相信这一点，在这样的未来面前惶恐不安。但是，我并不这么认为。我们不能丢弃对人类精神所拥有的知性和创造的可能性的信赖。不得不说，丢弃这种信赖，才是人的自我否定、人类的自杀行为。我们仍然处于人类精神发展道路的途中，如果我们在这一事业完成之前就灭亡，那就违背了大自然创造人类的意图。

当然，我们已经不能拿以往的思考方式、既存的概念来将就应付今天的局面。事实上，近代知识的概念、思维方式在总体上面临着一场巨大的变革。如果人们对于自己同胞的认识发生变化，那么第三次世界大战的恐惧也将随之消弭吧。现在需要的是关于国家、社会的思想的新一轮哥白尼式转向,我们必须由此来创造出新的知识体系、新的世界秩序。

在此意义上,受社会所托,研究真理与学问的大学,其任务实在非常重大。各种领域都充满了有待诸君开拓的新问题。我们必须灵活运用我们继承的有着深厚积蓄的科学知识。这要求你们进行基础研究、历史的研究。但是,这样做的目标始终在于发现、创造和运用新事物,我希望诸君至少在校期间,能够站在新视野、新角度,努力把握这样的世界性问题。

说起自然科学,它在过去三个世纪的业绩,让我们增长了多少关于自然和宇宙的知识啊。这确实推动了人与社会的革命化。而且,这还不过是开端,第二次产业革命已经开始,如果其科学知识不是被用于文明的破坏和人类的杀戮,而是被用于增进人类的福祉与自由,那将为我们的前途带来无限的希望与光明吧。

此外,关于人类现象的政治、经济、社会领域的科学知识及其调整,比自然科学起步晚,才刚刚开始,而它们的进步又长期受到人类的偏见与惰性的阻碍。如果能打破这些障碍,不只是保守地维持现状,或者一味追求破坏和革命,而是培育真正批判性、建设性的精神,将其运用于人与社会,那么现今困扰人类的许多弊端都将得以清除吧。

更进一步说,人们期待着出现能够揭示我们现在持有的各种基本观念的真正起源,从而解放我们的精神、赋予我们自由的正确的历史学,或者为在人生的苦恼和社会的罪恶中喘息、斗争的人的命运赋予光明和生命的伟大文学,或者彻底与时代的现实及其危机进行对决,并且试图与永恒性事物相融合的、表现出有生命力的睿智的新哲学。

当这样的学问出现时，人的自由与尊严将绽放出更辉煌的光彩，人性的理想将建立在更坚固的基盘之上吧。

作为战败国的日本，要重建我国的思想、文化、政治和经济，从根本上说需要教育、学问、科学的超乎寻常的发展。政府及国会究竟在多大程度上理解了这一点呢？至少，我们治学之人要有这样的意识，在各自的领域互相协助，全身心地为此努力。这不仅仅是为了祖国的复兴。作为新的和平文化国家而重新出发的日本，为全世界全人类做贡献的道路也正在于这里。

三

大学在社会中承担着以上的任务。而且，社会本身正处于世界性的史无前例的变革期。对于这种变革的事态，大学也正参与到其中。既然如此，大学就不能打造一个只属于自己的领域，封闭于其中，对时代和社会的现实毫不关心，或者逃避它们。

但是，大学有一个重要的存在前提。那就是大学即便处于国家社会的变革之中，也必须坚持完成自身的任务。换言之，大学自身作为探求真理的场所，不能让自己沉浸在眼前各种变革的事态的旋涡中，必须保持非党派性以面对一个时代发生的事，成为能够科学地、敏锐地批判讨论这些事物的场所。这绝不意味着大学要忽视社会现实，抽身而出，而是为了冷静、客观、准确地观察和把握严酷的现实与危机。

在大学里，对任何思想或意识形态都可以研究、了解、充分讨论。但是这不能混同于各种过激革命势力的宣传行为，或者由此引发的骚动。否则，大学就等于自行放弃了自己享有的学问的自由。

无论对右派还是左派，大学都要超越党派性，与时代问题相对决，这才是大学参与时代事件的方式。

因此，学生的自治运动乃至校内活动，也必然有其界限。如果这些活动变成了政治宣传或政治行动，导向一种权力斗争，那么校园就成了政治斗争的场所了。为了规避这种危险，作为研究学问与教育的场所而发挥其机能，大学必须要有相应的环境，必须守护自己的秩序。校园的自由，指的是诸君基于理性而规范自己的生活，为自己的行为负责。大学的纪律，就是建立在这种自由的原则之上，同时将纪律与责任明确化的产物。

在这一点上，各学部的学生自治会以及中央自治委员会，必须要为维持学生生活的这种自由与纪律而扮演重要角色吧。因此，这些组织在选举委员时，不能偏向特定团体，必须设法代表全体学生的成分与舆论。另外，委员一旦选出，不论他自己持有何种思想或意识形态，都应该尽可能客观地行动，服务于全体。

进一步说，最重要的是，占多数的普通学生不能追随少数领导者的意志，不能为群众心理所左右，应该各自根据自由的意志来做出判断，决定自己的态度。如果连大学生的自治生活中，都不能实现真正的民主主义，那还能期待在日本的什么地方实现它呢？

我再重复一次。大学既是研究真理和学问的场所，也是养成人格、确立人性的场所。而人是社会性的存在，人性的培养不能超然孤立于社会之外，而必须在与自己同样的他人的共同生活实践中实现。如此养成的个性，会尊重彼此的自由，通过友爱联结为人格共同体，这才是校园的核心，民主主义社会也必须以此为精神基础。

新生诸君，全世界正处于史无前例的剧烈动荡与变革的时期，大学置身这种环境中，并且正以自己的方式参与这种变革的事态，其任务是极为重大的。此外，你们，以及我们生活中的经济上的困难，也绝不是容易解决的。让我们与这种种困难与障碍进行斗争，为了完成我们的大学所担负的使命而一起努力吧！

学问与政治
——五月祭"学术演讲会"致辞

1950年5月10日

一

战争结束已经五年,战时长期被禁止的本校五月祭自复活以来,到今年也是第五届了。今年我们恰好在这个银杏树萌发嫩叶、校园笼罩着新绿的时节迎来各位市民,开放全校,这是为了请外界看一看,在战败后的恶劣条件下,我们的学生在这座校园里从事着怎样的研究和文化活动。这就是五月祭的目的所在。

在五月祭的众多活动中,教授们的学术演讲被安排在最前面,这是意味深长的。以前这种演讲有时会进行两天,但这次由于还有其他活动,所以只安排了一天,而且包括人文和自然科学专业在内总共只有三场演讲,不过数量不是问题,希望大家能将此视为学术研究的一种象征。在各位教授演讲之前,作为开场白,我想就目前在我国引起议论的"学问与政治"的关系问题略陈己见。

二

近世的大学,是为了对抗在漫长的中世纪里位于固定的普遍的共同社会组织顶点的罗马天主教会而发生的文艺复兴运动的前沿阵地，这一点值得我们注意。也就是说，在那以前学问和教育是由修道院掌管的，一切文化都处于教会权威的指导和统治之下。主张"日心说"的伽利略、自然学者布鲁诺等便是由于违背当时教育的信条而被教会审判。

大学的起源，其实正是针对这种教会权威发出的学问自由与独立的宣言。以博洛尼亚大学为首的欧洲最古老的那些大学正是如此创立的。

这一时期，同样试图摆脱罗马教会政治权威的束缚的国家，通过保护大学，将其推到历史舞台前方，为确立自身的主权而战。而随着近世国家成功地将自己建设为主权国家，过去它们所尊重、服务的大学，如今被统合到其内部，变成了国家的一个机构（organ），从此从属于国家。

在这方面，我们可以从19世纪的德国看到最典型的事例。不过在完成了自由民主主义革命的英国等国家，以牛津、剑桥为代表，大学与学问的自由传统姑且维持了下来。

而不曾有过欧洲这样的文艺复兴的日本，在明治以降急于建成能够与世界列国为伍的近代国家，学问和文化也从一开始就被视为富国强兵的手段，被要求服务于国家的目的。直到不久前，在旧大学令之下，公立和私立大学都担负着研究"国家需要的学术"的任务。为了在我国获得学问的自由和大学的自治，我们的前辈同僚不断苦斗，大学也付出了众多的牺牲，这样的受难史持续了许多年。而且讽刺的是，这种现象在国立学校里尤为显著，这是值得我们记住的。

三

因此，不得不说，新日本宪法中特地明确规定了"academic freedom"（大学与学问的自由），这是一件意义极为重大的事。这种自由与其他的基本人权同样是"不可侵犯的永久权利"，而为了将我国重新建设为和平文化国家，它应当优先于其他任何政治、社会方面的自由和权利，是建设新日本的基石。

如今，我们的学问不再服务于国家权力的目的，它必须为了真理本身而自由地进行研究，自由地发表成果。只有如此，大学才能真正为国家的重建和人类的福祉做出贡献吧。

不过，一切自由都伴随着义务，大学与学问的自由，也必然伴随着责任，对此我们要有自觉。这就要求我们作为学者必须始终基于学问的良心与客观的立场，自主进行研究，发表负责任的言论。因此，这绝不可以混同于为了特定政党的宣传或政治活动。否则，大学就是自己抹杀了自身的自由。

诚然，大学作为探求真理的场所——在此意义上是学院（academy）——必须负责任地行使自己所享有的自由，从而不断推进基础原理的研究，走向新的创造与发现。

但是，这绝不意味着大学可以变成所谓的"象牙塔"，缩在自己的外壳里，对社会现实漠不关心。

为了重建荒芜颓败的祖国，理科、工科的自然科学要与现实社会相结合，为我国产业的复兴和国民生活水平的提高发挥作用，而与此相同，在人文、社会科学领域，面临这一前所未有的变革期，大学也要作为理性与批判之府，为了创造更好的人类社会而主动承担社会职责，处理现实的各种问题，对其加以科学的批判和检讨。

四

然而,世上有着被称为"政治家"的实际事务的专家——他们并不喜欢身为"理论人"的我们这些学者的研究与批判——把现实政治问题当成独属于他们的领域,甚至要求学者"禁止入内",这是现实存在的状况。

过去,在德国,有一句谚语体现了实际的政治家对学者言说的非难:"这在理论上或许正确,但实际上毫无用处。"(Das mag in der Theorie richtig sein, taut aber nicht für die Praxis.)换成现在日本一部分政治家的话,就是"这作为理想而言谁都没有异议,但在现实中不过是空论"吧。

大哲学家康德写过一篇与这句德意志谚语有关的论文。在18世纪启蒙时代,他的伟大理想——例如"永久和平论",受到普鲁士政府和实际政治家的嘲笑,这是不难想象的。而康德的论文,可以视为对这些政治家以及与他们立场相同的一派知识人的驳论。

他的主张的核心是,无论是国内政治还是国际政治中的问题,大凡"基于理性的根据,在理论上是妥当的,在实际中也是妥当的"。这是基于康德著名的实践哲学的中心命题"你应做,故你能做到"(Du kannst, denn du sollst.),以此为论据提炼出来的。

实际的政治必须始终尊重学问的真理,接受其指引,为了实现它们而不断努力,政治家的任务正在于此。

五

而我们眼下所担心的,就是国家非但不尊重学问,接受学问之真理的引导，反而以国家权力排斥学问，或者尽可能令其服务于自己。目前我国是否有这种倾向呢？如果真是这样，那我们不得不认为这是将政治置于学问之上的思想，是旧宪法精神复活的征兆。

国民大众不能因为这一问题对日常生活并无直接影响，就漠不关心。因为上述思想和倾向，有可能渐渐导致旧的专制政治卷土重来，取代民主政治，再次驱赶国民走向悲惨的战争。

此外，捍卫大学与学问的自由，也不仅仅是我们大学中人的责任。它与其他基本人权一起，成为新宪法最重要的规定，"作为不可侵犯的永久权利，现在及将来均赋予国民"。

在决定我们民族命运的这一关键时期，我衷心希望，国民诸君对我们的这些主张能够不吝给予公正的批判与理解。

和平还是战争：日本重建的精神混乱*
——毕业典礼上的演讲

1951 年 3 月 28 日

各位新一届毕业生！诸君在过去三年间，虽然在物质上、精神上都面临着极为困难的环境和条件，但通过各自的努力钻研，终于在今天迎来了光荣的毕业典礼。我谨代表全体同僚，向你们以及参加典礼的各位家属表示由衷的祝贺。

大战结束已经五年半，在盟军占领下，我们为了重建祖国而默默地执行各自的任务，如今，国民长期以来翘首以盼的讲和条约，终于将在本年内以某种形式缔结。但与此同时，大战后世界各地仍未实现和平，特别是去年 6 月突然爆发的、震惊全世界的"朝鲜事变"，[①] 至今仍未得到解决，并且随着中国军队的介入，事态变得更加复杂严峻，以致有可能威胁到我国的存在，甚至走向第三次世界大战，这是我们面临的重大危机。针对这一状况，美利坚合众国已宣布进入紧急状态，与西欧各自由主义国家相联合，正在强化战时体制。

可以说，无论东方西方，整个世界都处于五年来前所未有的战争危机的顶点。在这种时代动向中，我们将年轻的诸君送上社会，

---

* 本文有删节。——编者
① 指朝鲜战争。

在喜悦的同时也怀着很深的感慨。不管诸君今后身处何地，身在何种位置，你们共同关心的最大问题，一定是迫在眉睫的世界危机，以及在这种危机中，与讲和问题紧密相关的日本的未来吧。

今天诸君就要离开学校，借这个最后的机会，我想特别就上述问题与你们一起沉下心来思考，述说我自己的意见和希望，作为临别赠言。

一

最近，与对日讲和问题相关，一件重大事项逐渐明朗化，这就是我国再军备的问题。今年2月访日的美国特使杜勒斯，向我国政府和国民提示的也正是这一问题。特使先生说，任何国家都拥有自卫权，日本恢复主权后也有保卫自己、维持安全的责任。他指出国家有义务抵御"间接侵略"，换言之即便没有发生公然的武力入侵，国家也需要在国内出现制造混乱、破坏秩序的犯罪者时保卫自己。进一步说，对于来自外部的武力攻击，亦即"直接侵略"，如果日本有守卫自己的意志，愿意履行这一义务，那么美国和其他友好国家准备让日本加入其集体安全保障体系。此外，基于这一计划，作为日美两国联合的证明，美方正积极考虑在日本及其周边保持驻军。

像这样，围绕着日本恢复主权后的防卫与安全保障，我国再军备的问题虽然在形式上与讲和条约本身是分开的，但实质上是表里一体的关系，前者反而构成后者的核心。而且，虽说再军备不是强制的决定，而是作为对日本的"邀请"，留给我国自由选择的一个选项，但事实上影响这种选择的各项条件难解难分地交织在一起。于是，这一问题成为投降以来我国最大的问题，眼下社会各界围绕它的争议甚嚣尘上。

本来，在我国制定新宪法时，这一问题就曾经被提起过。也就是说，宪法做出的放弃战争的和平主义宣言，虽然清算了旧日本的超国家主义和侵略政策，高举新日本的理想，大体上代表了国民的总体意志，但问题在于放弃一切武力与自卫权之间的关系。新宪法是否对我国将来作为独立国家行使自卫权所需的最低限度的武力也予以禁止呢？特别是，在恢复和平之后，我国也将参加联合国，那么是否有必要考虑作为加盟国应该承担的义务呢？这些就是问题所在。

当时贵族院和众议院在这一点上有过议论，我也是提出质询的人之一。而当局主要以吉田首相和币原国务大臣为代表，他们的答复是：一方面，在过去的历史中自卫权屡屡被滥用，很多侵略战争是在自卫权的名义下发生的，另一方面，在今后核时代的战争中，仅靠少量兵力来保卫国家是不可能的，因此我国这样的国家最好的选择就是废弃一切武力，倚赖国际防卫力量；至于日本与联合国的关系，这是将来的问题，要等到日本准备加入联合国时再重新考虑。

像这样，放弃战争和撤除军备的现行宪法，在议会几乎全体一致的承认下成立了。因此，当下议论纷纷的再军备问题，从宪法的解释上说，即便再军备是为了行使自卫权，也不得不认为它是违宪的。

政府在这一问题上果然也极为慎重，官方解释同样倾向于认为再军备违宪，这可以说是理所当然的吧。吉田首相还特别从经济上说明了再军备不可能立即实现的理由。战败后日本财政、经济的重建，还需要很长时间，在此期间巨大的军事支出有可能从根本上倾覆我国的复兴事业，由此导致国民生活水平的降低。

不过，如果这单纯只是经济上、财政上的问题，那么就可以视其规模及计划而定，甚至可以期待外国的协力援助。但在我们看来，现在日本的再军备并不只是经济问题，而必须作为更根本的问题——植根于国民精神生活的问题来思考。

二

五年前，从废墟中站起来的我国国民的悲壮心愿，就是坚决要把新日本变成自由与和平的国家。这必须以彻底清除过去的军国主义精神为前提。《波茨坦公告》中写着要"摧毁日本进行战争的能力"，日本之所以放弃一切军备，包括行使自卫权所需的武力，也正是为了忠实执行这一要求。

这是战败和无条件投降的结果，虽说除此以外也没有别的道路，但我们恰恰应该从中发现重要的历史意义和我们民族新的使命。也就是说，这一方面是国民对于我国在这次非法的战争中所犯过错的赎罪行为，另一方面又表明了本民族决心实现世界永久和平与人类最高理想的信念。

体现了我们民族这种心愿和理想的，正是新宪法中宣布放弃战争的条文。我们视为新日本的衣装、互相勉励为之努力的标语，难道事实上只不过是空洞虚假的伪装，就像安徒生童话中的"皇帝的新衣"吗？政府、国会和八千万国民总不会是被什么欺骗了，或者害怕什么，才盲目相信这一主张，宣传至今吧。

这一条文不仅否定战争，而且还规定完全放弃武力，这在世界上尚无先例，因此当初国外也有人评论说这是一种空想（utopia）。

但对我们日本国民而言，这不是廉价的浪漫空想，而是在战败带来的严酷命运中，日本国民好不容易找到的一条活路，是重建祖国的目标。

这不仅要求我国政治法律体制的改革，还要求从根本上进行我国国民的精神革命——教育及思想上的一大革新。四年来，从小学到大学，我国的教育确实以拥有这样的宪法为国民的骄傲，青年们从中得到希望和喜悦，一心期待自己成为和平和自由的国民，而我们也为了培育这样的国民努力至今。像这样，尽管世界上的黑暗愈发深重，但我们对自己施加的制约始终引导着日本国民的一切思想与行动。

那么，如果在仅仅数年之后，在这种事业的途中，不，应该说还在出发点上，我们忽然不得不对这部宪法加以修改，那么就算这并不直接意味着往昔的军国主义的复活，也将意味着放弃上面那种新的国民的和平理想，至少是动摇它吧。昨天我们才刚刚规定绝对禁止军备，今天却宣布不再有任何限制。这是重新走向战争的准备呢，还是对和平的捍卫呢？这不是日本重建过程中的精神混乱又是什么？最近，从中央到地方，全国为数众多的纯真青年中发生的怀疑和动摇，是无法掩盖的事实。对他们来说，这一问题关涉到他们好不容易才建立起来的人生观和世界观。

天野文部大臣表示，对于学生、儿童的这些怀疑和质问，教师最好不要介入太深，这才是明智的做法。但我们和在座诸君同为置身最高学府之人，恐怕无法如此敷衍了事吧。大学代表国家的理性与良心，决定国民的命运，如果在这种重大问题上都不能研究讨论，那就等同于自己拒绝了国民托付的任务。今天这是我担任校长以来主持的第六届毕业典礼。对我来说，这可能也是最后的毕业典礼了吧。战后以来，我每逢这一机会都会说的那些话，今年也还是必须对诸君再说一遍。

三

当然，实现这样的理想，是至为困难的事业，这条道路上不知有多少危险，对此我们国家应该是从一开始就有所觉悟的。即便在当时，世界也绝非融为一体，而不幸的是，现在两个世界的对立越来越明显和严重，这一实际情况的最显著的表现，就是在我国近旁爆发的"朝鲜事变"。可以说，也正是去年夏天在亚洲一隅发生的这一事件，突然成了我国的根本理想——非武装·中立思想——的转折点，引发了再军备的论调。

但是，我们有必要冷静地看清事态。这一事件真的意味着我国将遭到进攻，全世界将走向战争吗？某在野党的代表认为这已经是大战的序曲，高声鼓吹广泛的再军备。而针对这种论点，政府的相关责任人则告诫国民不要将事态想象得过于夸张，不要被心理战欺骗。我认为后者的态度是妥当的，但此事确实是战后发生的与我国紧密相关的最大事件，也是我们所选择的新宪法面临的第一场考验。

那么，正是在这样的时刻，我国国民难道不是更应该直面这场考验，以几倍于战时的勇气与努力，为了民族与世界的和平，捍卫我们高举的理想吗？倘若我们一次都没有将这部描绘着理想的宪法运用在现实当中，就以客观情势的变化为理由，立即修改它，让日本与分裂的世界的其中一方为伍，加入到战争中去，那么不得不说，这将意味着我们自行毁弃了日本赌上国家名誉向国内外做出的誓约。我们日本国民，将来无论如何都要做拥有信义和忠诚的"认真"（earnst）的国民。

就算这次事变真的发展为两个世界间的大战，原本已向双方——联合国全体——投降的日本，也没有参加战争的资格和能力。两个阵营难道没有义务理解和尊重日本的这一立场吗？作为占领军最高司令官，以卓识与同情指导了日本的重建的麦克阿瑟元帅，曾鼓励我们成为"太平洋上的瑞士"，这一目标不也正是在眼下这样两大阵营互相对峙的紧迫事态面前，才真正具有了意义吗？

当然，我国如果要彻底坚守这种态度，就必须有再度穿越铁与火的觉悟。我们的所作所为并不只是为了自己活命，而是要为我们标举的自由与和平的主义主张而活。这不仅仅是我们民族再生的道路，也是世界上每一个国家都应该信奉的人类最高的理念，我们正是要为此而努力。

对这样的主义与理想的坚持，才是国家自卫的道德的、精神的支柱。而一旦失去这种精神支柱，其损失是无论依靠怎样的军事力量都难以弥补的。这恰恰是美国国民应该充分理解和重视的，而对于当下的日本，这是一种多么具有决定性的要因，我们自己也非常清楚。我们建设和平日本的事业刚刚启程，在这种时候如果进行再军备，有可能将尚未普遍养成民主主义精神的国民再次引向极权主义与权力国家。其最后的结果，恐怕是比从前更加恶劣的状态的出现吧。

我们尤其担忧的，是这将造成年青一代道德和知性的动摇与崩坏。我作为一个教育者，特别想强调这一点。自从战争结束以来，日本的青年学生特有的竞技，如柔道、剑道乃至弓术都遭到了禁止。假如这样彻底的非武装和平主义的指导与政策，才不到三四年就被抛弃，人们再次要求学生拿起武器，而且还将此与道德责任结合起来的话，年轻人恐怕无论如何都难以接受吧。

在同样围绕着再军备问题出现了许多反对声音的西德，危机神学的研究者巴特[①]这样说道："五年来我们为了根绝德国人心中的军国主义采取了各种措施，如今却突然转变，想要让国民相信只有再军备能拯救我们，为此掀起各种政治上的议论，甚至搬出基督教的教义，这从道德上说是绝不能允许的事。"而在我国，这一问题就更加重大，因为我们的宪法不是西德那样占领下的临时宪法，而是真正作为新日本的不朽之大典被确定下来的，事关国民永远的理想。

日本国民在战后极短的时间内习得了善的事物，而现在如果我们又不得不迅速忘记这一切，那么就必然在国内外都引起一种不幸的印象与非难，即我们的所作所为全部都是出于一种"机会主义"（opportunism）。这对于日本和世界的真正的安全保障，也终将造成巨大的损害。眼下，在联合国里就有不少国家的国民对日本怀有不安和疑惑，这是我们不应该忘记的。

四

目前，我国最重要的事，就是毫不动摇地坚守宪法中写下的

[①] 巴特（Karl Barth, 1886—1968），瑞士神学家，其思想与宗教改革以来强调内在性的正统神学不同，更强调上帝的超越性，被称为危机神学、辩证法神学或者新正统主义。

自由与和平之理想。因为这种理想、目标才是每个国民新的生活信条，同时也是新日本所发现的民族的世界史使命。我们必须对自己标举的理想与信条保持忠诚。我们应该做的，就是在被给定的恶劣条件下，想方设法捍卫它们、实践它们。

为此，首要的一点就是至少在这种理想和目标上，国内的全体国民必须坚定地团结在一起。我们所提倡的和平，并不是以和平本身为目的，也不是单纯为了获得权力而使用的手段，尤其不能是为外国军队的入侵扫清道路的"虚假和平"。我们呼唤的自由，既不是踩躏他人的自由和破坏国家秩序的自由，也绝不是将自己与他人的人格交出去，重新变成阶级组织和独裁机构之一环的奴隶的自由。

当我国国民，至少是大多数人为了共同理想与目标团结在一起时，外敌就不容易侵犯了吧。这种理想本身是超越军备的精神，假如真的遭遇外敌进犯，它一定会把国民团结起来，体现为消极乃至积极的抵抗吧。在那种情况下，日本身为与大陆隔绝的岛国这一点，对于我国国土的防御来说也是天赐的优势条件吧。

更重要的是，当公然的直接侵略，亦即来自外部的有组织武力攻击发生时，面对当代这样动用近代科学最先进的技术，并且广泛动员整个国家的总体战，恐怕世界上几乎没有哪一个国家能够独立应对吧。特别是在第二次世界大战以后，国际的集体安全保障之所以进一步发展出普遍的组织，通过联合国来保证各国的安全，也是基于上述理由。因为战败而失去防卫力量的日本，原本就是基于对这种世界各国的信义与公平的信赖，为了将自己建设为和平国家而重新出发的。然而本来应该是一体的世界却分裂成了两个，并互相对立，这就是现在日本面临的严峻问题，也是世界的悲剧。

因此，当今世界的当务之急，莫过于尽可能地缓和这两个相互对立的世界之间的紧张，尝试实现二者的融合吧。必须由此尽可能地推迟战争的危机，最终将其消解。这应该是我们努力的方向，至少日本绝不能激化这一对立，或者自己为战争制造出契机和口实。在此意义上，日本的讲和问题必须得到极为慎重的考量。

在这一点上，我一直认为可以效仿西德的先例，作为实现我国的全面讲和过程中的具体措施，至少在现在这一阶段，比起片面讲和，不如寻求"终结战争状态"的方法。也就是说，我们可以以这种方式终止军事占领，尽可能仿照缔结讲和条约之后的状态，在内政、外交和通商等方面恢复事实上的自主权。对于这种要求，苏联应该没有正当理由来反对，同时可以设想的是印度、缅甸等亚洲各国也会参加。终将恢复的世界和平是一体的，因此日本的讲和条约等到和德国一起签订也不算晚吧。重要的是，到那时之前，我们不能对两大阵营中的一方关闭门户，必须留有余地。

五

我们这样做，是希望给世界带来一种整体上的和平。从今年开始，人类步入了20世纪的后半期，而这个时代世界的政治课题，就是要确立新的世界秩序，取代迄今为止国家间那种几乎等同于无政府状态的自然状态。我们必须由此确立国际上各民族的权利和自由，正如一国之内人的自由与权利得到保障一样。对于侵害各国权利与自由的行为，必须通过国际共同的保障加以应对。

现在的联合国，正是作为这样一种世界的普遍组织而存在并发展起来的，那么将来日本如果获准加入联合国，应该承担怎样的责任与义务呢？关于这一世界组织框架内所承认的日本的自卫行为，我们自己所负的最低限度的义务是什么，履行它的方式和范围是什么，对于这些问题我们应该考虑到日本特殊的立场，并伴随国内民主化的进展，在将来做出决定。

但是，有一点必须要澄清。无论是好是坏，过去日本确实对于东亚的安定扮演了重要角色，但假如我们想要再次用日本的兵力，来填充我国的败北所造成的真空状态，那就必然犯下极大的错误，酿成巨大的危险。日本绝不能再做的，就是向大陆出兵。我们作为亚洲的一个民族，新的任务首先就是为了与亚洲各国国民共同保障真正的自由和独立而发挥作用，同时也必须以自身的技术和产业，为各国的开发与繁荣提供帮助。

杜勒斯特使鼓励我们日本国民说："日本人一直是怀有远大志向的民族。……过去他们只是在错误的领导下，试图凭力量强行实现这种志向。但这并不是说远大志向本身是错的。"诚然如此。如今我们正要为民族的新的理想与志向而生活。而且，我们永远不会再试图以强力达成它们了吧。在我国历史上，迄今为止我们为了战争而忍受苦难与牺牲，今后我们则将把它们献给和平。

我再重复一下。我们十分明白，这是一条多么困难的荆棘之路。但是，不屈与进取，也是我们民族的特质。我们民族如果能承受住这些苦难，勇敢完成这种使命，那么就可以说是作为自由世界的光荣一员，获得了与列国为伍的资格吧。以美国为首，世界各国对于日本除此以外没有别的要求。

毕业生诸君！让我们向着民族的伟大理想，为了捍卫真正的自由与和平，发挥耐力与勇气吧。我衷心希望，无论将来日本与联合国达成怎样的协定，都是真正以世界的整体和平为目的，而不是通向战争的阶梯，同时也期望日本为了重建自身和实现世界的永久和平而在宪法中标举的根本理念，不要从我们手中丢弃。

再见了，祝你们拥有光明的前途！

新大学的理念

1951 年 4 月 12 日

一

今天是新大学制度实施以来的第三年的开学典礼。过去两年里，还有学生是在旧大学制度下入校的，因此本校每年都先后举行了两场开学典礼。而今年的开学典礼只有今天这一场。新入校的学生共两千零一十七名，其中女生六十四名，另外医学部由于实行特别的制度，有包含本校教养学部出身者在内、来自全国各地的一百零四名新生。此外，还有七百三十八名学生是所谓的"白线浪人"，作为仅限于今年的特例转入了新制大学。

今年本校新制度下的入学考试题目也相当困难，因此轰动一时。这可以说有助于消除一种普遍的误解，即以为新制大学在学力上设定的标准较低；同时这也提示了新的高等学校教育所应有的样子，至少是一种标准吧。另外，关于适应性考查与学力测验的关系，我们正在探讨的是适应性考查作为大学入学资格的条件，究竟应该具有何种性质，又有多大程度的意义和价值，因此我们将我国这种新的制度与学力测验关联起来，试图尽量从根本上加以考察，设计出最妥当的考试方法。

总而言之，诸君各自突破了难关，进入了本校，为此我要向你们以及参加典礼的家属表示衷心的祝贺。诸君中的大多数人今后会进入教养学部,由此开启大学生活,但以后总会分到各专门学科里去,因此今天的开学典礼不只是教养学部的入学仪式,也是整个东京大学光荣的开学典礼。时值校园里樱花开放的季节,在花朵的背后,道旁的银杏树也正吐出青色的嫩芽。在这样的日子里,我们全校上下共同对诸君表示欢迎。

二

那么,诸君是为了什么,才投身竞争激烈的入学考试,进入本校的呢?其中大概也有各种个人的理由或偶然的动机,但我想最重要的原因,是本校在日本有着悠久的历史,也有学问的传统,你们对此抱有信赖吧。的确,我们东京大学虽然出于某些考虑没有专门举行庆典,但今年是本校创立七十五周年,在国立综合大学中,本校是最古老并且规模最大的大学。我们将此视为日本国的骄傲,也因此感到责任的重大。

但是,作为战后我国教育改革的一环,我国的大学不再仅限于过去那少数几座综合大学,各府县都设立了新的大学,以实现国民高等教育的机会均等与普遍化。于是,现在我国设立了七十一所国立大学。因此我要提醒诸君,不要像过去外界往往误解的那样,由于身为本校学生就把自己放在很高的位置,对他人抱有优越感。我们必须放弃一切类似特权意识的想法。本校的徽章如今几乎成了所有大学的徽章,就连我们最近制作的银杏徽章,也有学校正在模仿。这也无妨。因为所有大学都建立在平等的基础上。

然而,新大学制度的主旨,绝不在于把所有大学变得千篇一律，令其机械化、平均化。各大学要各自根据其不同的传统与组织，发挥其特色与个性，如此便可以共同促进学问与文化整体的发达吧。美国的大学也有大有小，多种多样，而如果我国没有一两所能与哈佛相匹敌的大学，那么日本学术文化的水准也将无法提高。我们的义务，就是在本校悠久的传统之上，进一步增添优秀的内容，创造新的光辉历史与价值。

三

那么，决定大学价值的是什么呢？那并不是校园的大小，学生数量的多寡，也不在于设施、设备的完备与否。特别是后者，尽管这是不可或缺的条件，但在战败后日本的现状下，我们无法指望它很快就能实现。问题的关键，是在既有的设施和材料的基础上，教授和学生们能否团结一致，怀着不知厌倦的意欲与热情，充满活力地展开学问的教育与研究。大学的优秀研究业绩，学生的实力，都是由此而来的。我们不可安居于历史和传统之上，这等于拿着前人积累的资本坐吃山空。在这一点上，我认为教员的责任尤其重大。

如今，大学里对学问的研究，已经不再像旧大学令所规定的那样"服务于国家"。新宪法让学问与思想的自由得到了完全的保障。我们无论研究什么问题，无论从什么立场、以什么方法去研究，都是自由的。即使在涉及现实的社会政治问题时，也必须如此。另外，这不仅仅限于教授，对学生也同样成立。研究不能变成党派的政治活动或宣传，大学必须作为学问与教育的场所，来与这些问题进行对决，展开自由的讨论和研究，这正是大学的使命。

关键在于大胆地探求真理。经过第二次世界大战，不只是我国，整个人类都步入了新的历史时期。在这个时代，有许多我们未曾经历过的新问题，正出现在各专门科学的所有领域。站在这种历史与文化的前沿，处理时代的问题，就是大学新的任务，而大学的价值，也就取决于我们能否完成这一任务吧。

四

像这样，大学不再如过去那般作为国家的一个机关、服务于国家目的，从这种束缚中被解放出来，但同时我们不能忘记，大学里的研究与教育，归根结底是为人类和社会而服务的。日本的大学过去或多或少有一种游离于社会现实与民众生活、封闭在学院里的倾向，这是难以否认的事实。我们也知道其中仍然有值得汲取的意义。但与此同时，我们必须对大学的社会意义和社会责任有更进一步的自觉。国民大众的物质和精神生活随着战败遭到了根本上的破坏，作为新的国民的大学，为国民生活的恢复和提高发挥作用，也是大学的任务之一。

诸君在升入高年级之后，将会学习专业课程，但我希望你们在各专业的基础原理研究上进行积累的同时，也要经常思考怎样将它们与实际的社会生活相结合，怎样加以运用，由此磨砺你们的知识与技术。

这样的专业知识与技术，不再像过去那样为少数特权阶级所有，只有让尽可能多的人具备这些知识、技术，走到社会大众中间去，提高国民文化与生活的水准，我们才能够期待一国文化与文明的进步发展吧。另外，学生中特别有才能、有余力的人，可以进一步升入新的"大学院",学习深奥的科学知识,进行独创性的研究。我希望将来从这些学生当中出现优秀的人才,能够突然改变不断进展的自然的运行,或者为闭塞的时代开拓出新的可能。

五

　　这些专业知识,无论怎样分化、怎样深入挖掘都是不够的。近代科学正是由此发展而来。但不能忘记的是各专业未分化的基础。由于忘记了这一点,近代科学和文明过度专门化、技术化,最终导致了人类生活目标的丧失。概言之,近代的弊病,就在于虽有各种专业知识和职业技术,却在根基上欠缺发挥这些知识技术的人的智慧。

　　这样的弊病,与对它的反省,是当前世界共通的现象,各国的大学也或多或少基于同样的见解,正在研究如何进行改革。特别是我们日本的教育改革,之所以在大学课程中纳入"一般教育",也是出于这一理由,这应该说是新制大学的一个很重要的特征。

　　在这样的制度下,诸君进入本校后,首先并不是被分到各专门学部,而是要在教养学部学习自然、人文以及社会各领域的知识。这是为了让你们从更综合的立场来理解我们的时代所达到的知识水准与文明特征,了解近代知识的趋势和问题。

　　不过,这并不意味着现在的新大学制度作为一般教养科目所采取的课程配置和学分就已经很完备了,我们可以就此满足。现在的科目,只是丰富多彩的罗列,至多只是侧重考虑了它们之间的均衡。但重要的不如说是多种多样的科目之间的关联与综合,是自然、人文与社会科学互相协力,把握有关人与世界的各种价值和理念。

关于新大学制度，我担心的是其课程科目、学分和教学方法，是否会强行采用连过去的大学教育中都没有的"划一主义"。我想在这些方面应该由各大学更加自由地展开研究，运用创意和巧思设计出方法，发挥各自的特色。在这一点上，本校教养学部和各专业学部将互相协作，努力让新的教养课程更加完备。

六

教养的意义，不仅仅在于像这样为诸君今后的专业知识、专业研究的展开提供普遍的基础。它的目标，是发现将各种科学结合在一起的目的的共通性，并培养对这种目的有着深刻的理解和价值判断的人。在此意义上，教养，对每一个想要把自己的生活上升到时代高度的人都是不可或缺的精神条件。

作为这样一种事物的教养，并不会因为诸君在大学里完成教养科目、离开教养学部，就随之终结。这是在你们的整个学习时代，不，在你们的一生当中，都必须继续下去的。它最终将决定我们各自作为一个人对人生和世界的态度——因此也就会决定与道德乃至宗教深刻关联着的问题。像这样，它必然促使我们内部的人性走向自觉和独立吧。

而我们的生活，正是在与他人共同的社会生活中展开的。因此，归根结底，教养就是将我们培养成一种具有社会性的人，让我们有能力和勇气在社会和同胞中间自主地选择和鉴别价值，思考真理和自由。使之成为可能的根据，说到底就是对人之自由的自觉与精神的自律。

我最近正在读维宁夫人①写的《威廉·佩恩》，颇有感触。身为著名海军将领的儿子，威廉就读于牛津大学，成为海军上将或者驻外大使是指日可待的。然而，这个一度在心中听到了上帝宁静声音的青年，选择将一生献给宗教自由和维护它的自由社会的建设。在被关进伦敦塔的时候，他这样喊道："就算我死在这座监狱里，也不会退让半步。赐予我良心的并不是凡人。"当时的英国既没有信教和思想的自由，也并未确立陪审团制度，他在这样的社会中与专制封建势力进行了斗争。

后来他主动远赴美洲新大陆，在印第安人的环绕下，既无军队又无武器，赤手空拳建立了一个以宗教自由和民主主义政治为基础的共和国。这就是宾夕法尼亚州。佩恩为这个州起草的最初的宪章，据说对现在的美国宪法也有一定的影响。不仅如此。他自己虽然不断遭受迫害与苦难，却作为一个贵格会教徒，基于"通往和平的真正手段是正义而绝非战争"这一信念，为当时的世界制订了走向世界永久和平的计划。

七

诸君！我国目前正处于政治社会发生巨大变革的时代。但是，最根本的是精神、思想的革新，而其先决条件是信仰、思想与学问

---

① 伊丽莎白·维宁（Elizabeth Janet Gray Vining，1902—1999），美国图书馆员、作家，战后曾一度担任日本皇太子明仁（平成天皇）的家庭教师。其著作《威廉·佩恩，民主主义的先驱》（1938）讲述了英国政治家、北美宾夕法尼亚殖民地的开拓者威廉·佩恩（William Penn，1644—1718）的生涯。

的自由，以及发表的完全自由。新宪法看似保障这些，但宪法遭到歪曲而再次压迫自由，也并不是不可能的。进一步说，保障人的这些自由与各种权利的我国新的民主政治，在尚未从中央到地方完全确立之际，就被反动的风暴彻底摧毁的可能性，也并不是没有。不仅如此。那样明确地对国内外宣布放弃战争和武装的宪法，难道不是正面临着被改写的危险，有将国家再次引向战争的旋涡与毁灭的征兆吗？威廉·佩恩的时代并没有过去，而是正在当今世界重新上演。

各位新生！在将来，新的大学有着极为重大的使命，它的任务是培养肩负新的民主日本的人，并通过对真理的大胆探索，与时代的问题进行对决。当大学完成这种使命时，这就不仅是祖国日本的再生，而且也是对狂澜怒涛中的世界的贡献吧。

再见，诸君，我期待你们克服周围的诸多物质的、精神的困难与障碍，向着新的大学生活踏出坚实的一步。

大学中人想要什么
——大学行政长官会议致辞

1950 年 5 月 1 日

一

在过去，日本各大学的教育水准和研究水平绝不算低，但必须指出的是，其共通的缺陷，就是往往各自孤立，缺乏与其他学校的相互联络和合作的机会与组织。

去年和今年，在盟军司令部民间教育情报部的协力和文部省的操办下，我们连续召开两届日本公立和私立大学的行政长官会议，正是为了弥补上述缺陷，推动我国大学行政上的进步，对此我们感到十分喜悦。

但是，我们会聚在这里，讨论大学的各种问题，绝不是为了由此将日本的各所大学套进同一个模子里，塑造成同一种样子。我们希望各大学能够发挥其特色与个性，创造出各自的优良传统与学风。

当然，各大学之间最低限度的标准，或者某种共同的准则，也是必要的。但重要的是，在此之上，或者在此之外，必须尽量给各大学留下自由发挥创意与匠心的空间。

在这一点上，我们是不是有必要对我国新大学制度下学部学科的组织、科目课程的配合、学分数值等问题重新进行讨论呢？这是我们关注的第一个问题。

二

第二点是，正如各大学可以有其个性和传统，各国的大学也有不同的发展历史与传统。

迄今为止，日本的大学不是仅仅学习美国，不如说更多地吸收了西欧大学的制度与精神，无论好坏，总之在过去的百年中是如此发展过来的。

如今以战败为转机，我们在改革日本的大学时，特别需要向美国学习的内容当然有很多，但坦率地讲，我担心的是，我们与前人迄今为止塑造的大学的特征和优点，是否也有随之丢失的危险？

经过此次大战，世界各大学或多或少都不得不进行革新，各国正基于各自的新构想对大学进行改造。在此期间，我们希望广泛汲取世界各国的有益经验，在人类的普遍基础上，创造出最适合我国国民的自由的大学。

在这一点上，我想请求司令部和美国学者予以宽厚的理解与援助，与此同时，我更认为有必要深刻反省我们日本人自己普遍存在的迎合时代风气、追逐流行的精神态度。

三

第三点是，除了现在世界各大学面临的共通课题，作为战败国的日本，还给大学和我们大学中人提出了特殊的深刻问题。

在目前的日本，伴随着旧精神的瓦解和随之而来的思想混乱，我们为了建设民主与和平的国家，正在展开从根本上变革人与社会的事业。大学也正是在这样的时代和社会中生存，并且参与到变革的事业中来。那么，日本的大学除了沉静地从事大学本来的任务，即基础原理的研究和人的教养，还必须与当今时代的紧要问题进行对决，加以研究。

为此，最重要的莫过于"学问的自由"与"大学的自治"。我们需要放手开展对社会上各种问题的研究探讨，因而必然也会有批判政府政策的场合。在这样的时刻，无论我们作为学者持有怎样的思想和立场，或者作为市民属于哪个政党，都不能因此直接影响到作为大学教授的言论与身份。

但是，这绝不意味着大学可以成为特定政党的政治宣传和活动的场所。在大学里就职的教员自不必说，在这里学习的学生的行动也必然有其界限。我十分希望本次会议在讨论"大学的目的与价值""教授的任务"或者"对学生的指导"时，对上述问题能展开充分的议论。

四

第四点，就是我们应该如何经营在日本的重建中必然扮演重要角色的大学，如何确立它所需要的财政计划。

眼下无论是国家还是国民都处于贫穷之中，在日本经济的这种现状下，我们并不奢望获得美国那样完备的设施、教师队伍和支撑这一切的大量预算。但是，对于作为文化国家而重新启程的我国，教育和学问的振兴必定是一切的基础条件。

就国立大学来说，现有的七十所大学，加上众多短期大学，总数超过两百所，这么多大学的预算应该如何筹措呢？对于私立大学，又该如何在不与新宪法的规定发生冲突的前提下予以援助，帮它们脱离当前面临的极度财政困难呢？我们必须把这些都当作国家的问题，制订与之相关的根本性的具体计划。

虽然大学财政的合理化和预算的科学制定，是本次会议应该处理的重要问题之一，但在它们的根底之下，还存在着我国教育财政的根本问题。

通观上述各项问题，可以看出我们日本的大学和大学中人肩负的任务，是十分沉重的。日本能否将自己重新建设为一个民主与和平的国家，能否进而作为国际社会的光荣一员为世界做出贡献，就取决于我们能否团结一致，让日本的大学得以完成其新的使命，这么说并不算言过其实吧。

我衷心希望，通过各位同人的真诚探讨和研究，本次会议能够对我国大学行政起到好的作用，同时也希望各位远道而来的美国学者、教育者和行政负责人不吝提供恰当的建议与协力。

美国研究
——"美国研究研讨会"欢迎致辞

1950年7月15日

各位淑女、绅士：

今年夏天由东京大学与斯坦福大学共同主办的"美国研究研讨会"即将召开，今天我们迎来了从美国远道而来的各位来宾，并邀请日美双方有关人士前来，在这里举办欢迎会，为此我感到无比喜悦。借此机会，我想述说自己的若干感谢作为致辞。

在太平洋战争期间，正如各位知道的，对美国和英国的研究在我们日本即便没有被完全禁止，至少也是遭到了压迫和虐待，另外在初中、高中里，英语教学虽然尚未废止，但也受到了显著的缩减和轻视。与此形成对照的是，在美国，对日本或东洋的研究反而受到鼓励，历史社会研究自不必说，就连对西洋人极为困难的日语教学也得以广泛开展。在某种意义上，可以说两国国民对此次战争的态度，以及胜败的走向，从这里就可以窥见端倪了吧。

世界上存在着多种多样的民族，它们各自形成其固有的文化，不得不说这本来是属于上帝领域的事。我们通过相互尊敬与理解，就能促进世界的和平吧。特别是经过此次大战之后，世界各民族，无论情愿与否，都同样被拉进了普遍历史的河流中。这绝不意味着我们要抹杀各民族及其文化的特质，以外在的强制力量机械地达成统一，而是说我们必须始终尊重各自的个性和特色，在多样性之中寻求内在的结合。

此前我去美国时有一种感觉,那就是在著名的大学里,关于日本或东洋等的所谓"区域研究"(Area Studies)正在日益兴盛起来。日本以往也并不是没有这样的研究,但至今还规模很小,再加上战后经济财政上异常的困难,我们虽然认识到这种研究很有必要,但很多事还无法实现。

这一次我们请来了美国诸领域的各位优秀学者、专家,在接下来几周里与本校举行日美联合讲座,这可以说是战前和战后都没有先例的历史性事件。而且这一事业完全是"非政府的",主要依靠洛克菲勒财团的资助,由本校和斯坦福这两所大学负责主办。

而且,这并不是仅限于两所大学之间的事业。在日本,本校作为主力,得到了日本其他各大学及研究机关的合作参与。在美国方面,从原则上说参加者也并非仅限于斯坦福大学。但是,此次活动专门以斯坦福大学为中心,是有充分理由的。

第一点与地理有关:斯坦福作为美国屈指可数的大学,位于面朝太平洋的美国大陆西海岸,离日本最近。第二点是历史原因:该校先于美国其他高校,在三十多年前就聘请市桥教授[①]开设了日本历史课程。第三点原因,则是曾经多次访问我国的世界有名的和平主义运动的使者乔登博士[②],曾长期担任斯坦福大

[①] 市桥倭(Yamato Ichihashi,1878—1963),日裔美国学者,生于名古屋,1894年赴美,在斯坦福大学取得学士学位,在哈佛大学取得博士学位,1913年起开始在斯坦福大学教授日本史等课程。

[②] 乔登(David Starr Jordan,1851—1931),美国生物学家、教育家,于1891年至1913年间担任斯坦福大学校长;作为社会活动家曾参加一系列反战活动,例如加入反对美国侵占菲律宾的美国反帝国主义同盟。

学的校长。现任校长斯特林博士①也继承了这一传统,热切关注日本研究和世界和平的问题,我在上次访美期间与他谈及此事,这次研讨会的计划大体上也是那时拟定的。

第二次世界大战刚刚结束,而真正的和平事实上至今尚未恢复。再加上最近爆发的"朝鲜事件",东亚的局势十分令人担忧。我们必须唤醒世界的知性与良心,防止世界第三次走向悲惨的大战。如今美国作为领导世界的国家,肩负着建设国际和平的重大使命。我们日本国民虽然还没有任何政治和经济上的力量来为此做出贡献,但也会基于自己挑起上次大战并最终战败的惨痛经验,不断向世界呼吁和平。

我衷心希望,我们这一次的企划,能够促进日美两国国民互相理解,从而成为实现日本、东洋乃至世界和平的道路上的一块里程碑。

---

① 斯特林(John Ewart Wallace Sterling,1906—1985),美国教育家,于1949年至1968年间担任斯坦福大学校长。

医学教育的问题
——日美医学研究者协商会议上的致辞

1950 年 7 月 28 日

　　此次日美两国医学研究者的协商会议，接下来几天里将于我们东京大学召开。为了帮助日本医学研究和教育的发展，美国各位出类拔萃的教授、专家远道而来，向我们提供指导与建议，作为本校代表，能够在此向各位致辞，我感到无比荣幸。

　　我自己虽然研究的是政治学，但对于日本的医学、卫生，一直非常关心。

　　从前，法国思想家卢梭曾经一语道破："衡量一国的文化水准的指标，就是其国民的死亡率。"确实，有很多疾病原本是可以救治的，却由于没有发现恰当的科学方法，或者这种方法没有实际运用，导致患者失去了宝贵的生命，这样的情况每年不知有多少。此外，还有不计其数的不幸之人，由于国民卫生预防知识和设施没有普及的缘故，正为本来可以避免的疾病而苦恼。

　　我们日本从德川末期即 1800 年前后开始引入兰学，进入明治时代后主要输入德国医学，由此采用了近代西洋医学，到了 1870 年代日本近代大学创设之际，医学已经与文学、法学并列，成了大学的一个重要的学部。从那以来的七十年间，日本医学不断进步，坦率地说，在基础研究方面我们未必落后于外国。但是在应用方面，特别是那些需要庞大的费用和设施的研究，不得不说我们还处于欠发达的状态。尤其是自"日华事变"至太平洋战争,再到战败后的今天,在这段很长的时间里,可以说医学的研究与应用跟其他领域相同,或多或少受到了阻碍,甚至陷于停滞吧。我上一次前往美国时,虽然自己并非专业人士,但也访问了若干医学部和医院,它们的医疗方法和设施的完备,实在令我惊叹不已。

至于国民的卫生预防方面的一般情况,由于我国科学知识尚未在国民大众中间普及,再加上日本财政经济的贫困,必须承认我们还非常落后。自从盟军进驻以来,在总司令部卫生福祉局的指导和鼓励下,日本的医学界得到了多少新鲜的刺激啊。特别是国民公众的卫生状态,得到了多么显著的改善啊。这一点从近年日本国民死亡率降低的事实中也能得到证明。虽然这对于不断增长的日本人口来说,也是一个问题,但我认为人口问题应该通过其他方法和政策加以解决,而对人生有害无益的疾病,是我们必须用所有近代科学知识与方法来彻底克服的。这样一来,就像卢梭说的,国民死亡率的降低就会成为反映一国文化进步的指标了吧。

我殷切期望,通过此次来访的美国医学界的优秀学者与日本专家们的协商,我国的医疗和公共卫生状况能够得到改善,就像日本民主的新宪法所规定的那样,让"全体国民享有健康并且有文化的最低限度的生活"。

在这里,我希望在一个问题上获得美国各位来宾的理解,这就是日本的医学教育问题。除了医生必须习得的专业知识和技术之外,这一问题还关系到他们身为人所必须具有的教养。正如各位所知,我国新的大学教育,在专业教育之外,还将一般教养列为重要课程。特别是医学教育中,不仅需要这样做,如果可能的话,更理想的做法是让学生习得其他学问的基础知识。在这些学问中,我尤其想举精神科学——哲学与宗教——为例。人的身体与其精神和灵魂无法分开看待，人的生命单凭医学知识是不足以把握的。我们之所以有相反的认识，其原因应该说在于近代科学普遍存在的极度专门化与分裂的弊端吧。

近代外科医学的泰斗，著名的医生比尔罗特[①]早在1870年代就为近代科学的这种分裂而叹息，强调医学与神学的结合。然而，后来"放逐上帝和灵魂，那么精神病人就一个都没有了吧"这样的暴论统治了德意志，发生了两次世界大战。为了防止第三次世界大战，医学必须立足于人道主义的崇高精神之上，与哲学、宗教紧密联合，携手共进。对于我国医疗与卫生的改善，除了科学知识和技术之外，我认为从根本上说，这种深层的精神性、人性要素也十分重要。

我非常希望本次协商会议对于上述问题也能予以注意，并由衷期待会议的成果将成为我国医学界新的出发点。

---

① 比尔罗特（Theodor Billroth，1829—1894），奥地利外科医生和医学教育家，生于普鲁士，在外科手术方面的业绩在医学史上有重要影响。

再迎美国教育使节团[*]
——第二次美国教育使节团协商会议开幕式致辞

1950 年 7 月 28 日

一

亲爱的各位美国教育使节团团员：

诸君是我们的知交好友、理解者和援助者，能够再次在太平洋此岸迎接你们的到来，我们感到无上光荣和无比喜悦。这不限于我们教育界人士，更是日本国民普遍怀有的感情。

各位上次来访时，战争刚刚结束，总的来说我国国民还处于虚脱迷惘的状态，新宪法尚未制定，政府也几乎还不知道该从何处着手改革。在这样的时期，盟军总司令麦克阿瑟元帅首先邀请贵教育使节团赴日，这显示了他的远见卓识与睿智，令我们不胜感激。为什么这么说呢？因为这证明了，对于挑起战争而又战败的日本来说，教育的重建，正是重新建设国家的首要条件。

贵使节团于短短一个月的驻访期间撰成的"报告书"，也是无比宝贵、令人赞叹的。因为这份报告针砭我国教育的积弊，毫无遗漏，同时又充满善意与友情，是对我们教育改革的宝贵建议。

我们在充分考虑这份建议的基础上，为了审议制定教育改革的

---

[*] 本文有删节。——编者

基本构想和纲要，成立了"教育革新审议会"，至于各项具体内容及其实施，以及其他的特殊问题，文部省和政府内外设立的各种委员会五年来各自担负的任务是十分重大艰巨的。但是，我们都怀着极大的希望与勇气，推进教育改革的企划，为了让日本的教育在各种层面上都从封建惯习与军国主义精神中解放出来，将其改造为真正近代的、民主自由的教育，尽了最大的努力。毋庸赘言，在此期间我们一直得到司令部民间情报教育局的大力支持与帮助，特别是来到这一机构的众多专家们，给予了我们重要的建议与协助。

像这样，我们的工作首先是确定新的教育理念，以取代长期以来作为我国教育信条的《教育敕语》，然后进一步将这种新理念导入学校、社会中的各种各样的教育现场，同时，为了使之成为可能，我们进行了学制改革和从中央到地方的教育行政组织改革，如今，在向往真理、自由与和平的国民的舆论支持下，新的民主教育体制可以说是大致建立起来了。这体现了我国教育革命是多么彻底，它与日本的政治、经济、社会方面的各种改革一样，不，应该说是比它们更加彻底吧。

如今各位再次访问日本，看到五年前你们播下的种子有了怎样的成长，结出了怎样的果实，恐怕会感到惊讶吧。但是，目光如炬的各位一定也会发现很多成长迟缓或者不成熟的事物。我们自己已经注意到这些问题，坦率地说，我们希望请各位观察真实的情况，并为我们提供善意的援助和支持，以查漏补缺，促进进一步的发展。

关于这些具体事项，在接下来的多次会议中，我们的同僚也会加以说明，而现在我想借此机会，就我认为比较重要的几个基本问题坦陈己见。

二

首先，战败后我国文物制度面临根本的变革，在这一时期，当然特别需要重新学习贵国的许多理想和方法，但我们顾虑的是，明治以来日本培养形成的——在此过程中也吸纳了西欧文化——有价值的国民文化和优良特质，是否有丢失的危险？在教育理念和目的上，人类虽然有普遍的共通点，但如果要让它们真正变成各国国民自己的东西，扎下根来，结出果实，需要采取的手段和方法不能完全一样，要视民族的历史与社会情况而定。

与此相关，在我国教育方法与技术的改革中，虽然也需要某种基本原则或共通准则，但在具体运用和细节上，如果不让各学校和教师们发挥各自的经验和创意，而是使之窒息，那就必然有重新造成教育的千篇一律、机械化标准化的危险。

在这些问题上，贵使节团在报告中也向我们提出了警告，我想我们必须对此充分反省，重新检讨。

此外，我们感触尤深的，就是在试图实现我们所选择的教育改革的理想时，缺乏配套的财政措施。贵使节团的报告固然极为精彩，但存在的一个问题，就是触及教育财政之处不多。而我们开始改革以来所面临的最困难的问题，其实正是这一点。由于这个缘故，各项教育改革，特别是新的"六三三四学制"，还难以完全实现。

在战后日本经济财政穷困的状况下，人们往往把经济、产业的复兴视为第一要义，然而教育与学问毋宁说是社会安定和产业复兴的基础条件，只有国民齐心协力，形成一种热情与氛围，支持更高层次的精神文化价值的实现，这些社会、经济方面的问题才能随之得到解决吧。更何况,日本是作为和平文化国家而重新出发的,教育与文化的改革理应是重建日本的根本条件。所以,我们希望我国在财政政策中给教育以正当的位置,如果可能的话还要让它优先于其他各种事业获得一定的预算,这种要求并不是不正当的吧。

关于此事,我们一直请求政府及国会予以充分考虑并采取措施,并且也得到了民间情报教育局的热心支持。虽然本年度我们有幸看到这一情况稍微得到改善,然而伴随着最近的税制改革,又出现了新的问题。我们热切盼望,借贵使节团此次来访的机会,当局能够对教育财政问题做出适当的考虑,同时也希望司令部全体能给予我们善意的理解与支持。

当然,就教育、学问而言,除了上述物质的、经济的条件之外,最重要的还是从业者自己新的精神自觉与努力。无论面临怎样的困难,我们都要振作意志与热情,推进我们既定的理想与计划。这里存在着对于我国教育者的反省和教员的养成而言极其重要的问题。新日本的政治、行政的制度机构大体上已经成立了,经济、财政的条件也会逐渐得到恢复和改善吧。但是,我国国民精神真正的民主化,恐怕是需要几代人努力的事业。教育、文化的改革是如此困难,前路漫漫。它的成败,归根结底取决于教育者、学者以及全体国民是否有不屈不挠的意志和坚持不懈的努力,只有靠这样的意志和努力,我们才能在战败带来的沉重的民族命运之中,在今后将会袭来的诸多苦难中开辟出道路,成就我们已经开始的伟大事业。

三

就在前不久,在我们的邻国、亚洲的一隅发生了出人意料的事变,我们恰好在这样一个时期迎接各位的到来,为此与各位同样感到遗憾。这次事变的发生,距离第二次世界大战的结束还不到五年,全世界都在担忧它将给人类的未来带来怎样的影响。至于此事对日本的命运有多么重大的影响,我相信各位也是了解的。

然而,无论事态发展到怎样的地步,我们都不能改变新宪法所宣扬的民主主义与和平的理想,必须坚持捍卫作为教育的基本原理的追求真理的自由与人性人格的尊严,因为这是不管政治、社会状况怎样变化,都不会改变、也不可改变的人类的普遍原理。

日本一度否定了战争,废弃了武力,倘若因为眼前国际形势的变化,在不久的将来再次武装起来,加入战争,那不仅是日本国民的不幸,也会给世界的未来带来极大危险吧。这也是因为日本的民主主义与和平理想,至今还没有化作国民的血肉,所以很容易通向复活旧宪法精神的道路,让我们刚开始的教育改革从根基上彻底崩塌。能够让我们克服上述危险的,说到底就是更高层次的人性理想与精神,只有保护、培育它们,才称得上是真正意义上的教育吧。

我衷心期望,敬爱的使节团团员诸君的此次来访,能够成为进一步推动我国教育改革走向完成的巨大力量,同时也能在当前的紧迫局势下,对世界的和平做出直接或间接的贡献。

日本式的事物
——日本大学建校六十周年纪念典礼上的贺词

1949年10月4日

一

六十年前，贵校作为一所法律学校而创立，如今竟发展为囊括自然、人文及社会科学各门类的一座综合大学，令世人为之惊叹。尤其值得称道的，是贵校并无政府的支持或者外国的援助，全凭一己之力发展到今天，这实在是私立大学的骄傲，也是国民的荣誉。

我相信，这样的成就离不开历代管理者的卓越创见和将其付诸实行的无与伦比的才干，以及全体校友持久的热情与协力。坦率地说，在此过程中社会上也并不是没有误解乃至批判的声音。然而，贵校顶住了所有这些阻力，排除万难，终于有今日之兴盛，让我们赞叹不已。

贵校曾将数以万计的人才送上社会，从明治、大正到昭和时期都为我国社会做出了巨大贡献，如今又作为一所拥有九个学部、两万余名学生的新制大学而重新启程，这实在是我国私立学校的一大壮举。

二

回顾贵校办学的精神，从中可以发现意义深远的经验。贵校创立之初，我国各大学正忙于吸收欧美思想与文化，而贵校却以"日本式的事物"为目标，校名也先是"日本法律学校"，随后成为"日本大学"，这的确反映出一种远见卓识。

然而，在近代日本发展的过程中，军部、部分官僚和政治家滥用和歪曲了"日本式的事物"，尤其令人遗憾的是还有一批学者也参与其中，最终导致国民盲目相信我国文化的至高无上和日本民族的优越性，引发了此次大战的悲剧，这是我们每个人都痛心不已的。

现在我们确实需要重新认识到，决定一国命运的不是武力，不是经济力量，从根本上说是国民拥有的精神、理想与文化的目标。在这一点上，从事大学教育与研究的我们责任尤其重大。

三

如今，我们以战败为契机开启了一个新纪元，走向建设民主和平的新日本的事业，在这样的时期，我们尤其应该重新开掘日本精神与国民文化的根底，以真理与自由之光照射之，为我国学问和文化确立具有人类普遍性的基础。唯有如此，我们才有可能在坚实的基盘之上，创造出并不自以为是的、排他的，而是真正具有民族个性、独特性的文化——形成真正的日本文化吧。

最近适逢贵校体育选手战后第一次获准参加国际比赛，发挥了真实本领，我十分期待，贵校健儿们身上体现的这种精神和态度，能够进一步在精神文化和科学研究中发挥深层次的作用，由此形成特有的学风，与我们一起为和平与文化之日本的建设和人类文化的发展做出贡献。

在此，我要向日本大学过去六十年来的伟大历程表示衷心的祝贺，同时也深深期待贵校将来的兴隆和对"日本式的事物"的创造。

民族独立与大学的任务
——明治大学建校七十周年纪念典礼上的贺词

1950 年 11 月 17 日

一

明治十四年（1881），作为法律学校而诞生的明治大学，在今天迎来了七十周年校庆，贵校管理者和各位校友想必怀着深深的感慨与喜悦，而作为同样从事大学教育者，我们也要向各位表示衷心的祝贺。

贵校创立以来，并无财阀富豪的特别支持，更没有得到政府的直接援助，作为私立大学中的私立大学，真正赤手空拳地度过了无数困难与危机，每一次反而实现了进一步的扩充与发展，终于有了今天的兴盛，这实在是私立大学的光荣，其间的辛苦不是我们公立学校能够想象的。贵校已经为学界、法律界以及政界、实业界等各领域输送了大量人才，自明治以降为我国人文的开化与国运的发展做出了显著的贡献。

不幸的是，我们如此孜孜不倦努力建设的近代日本，经过此次大战，一夜之间遭遇了败北沉沦的悲惨命运。在这样的时期，贵校作为新制大学而重新启程，在法律、政经、商科之外，又纳入了人文与自然科学的各学部，成为一所综合大学，呼应着国民建设新日本的决心，可以说，未来必然有更伟大的荣光与重任等待着贵校。

二

我国目前仍处于占领之下,而且最近周边的国际形势正趋向紧张。否定战争、废除军备,完全以和平与文化国家为理想而重新站起来的新日本,肩负着沉重的使命,前途多舛。从根本上讲,真正能让我们赢得民族的独立与自由的,是学问与教育,因此大学的任务也不得不说十分重大。

曾经笼罩我们的黑暗的消散才不到数年,战乱与反动的暴风雨再度袭来的危险仍未消失。在这样的时期,通过真正捍卫学问的自由,坚守和平与文化的理想,为民族独立与世界和平做贡献,正是大学的任务。因此我衷心希望,大学在任何暴力与迫害的狂澜面前都能不为所动,同时也不屈服于任何权力的压迫,作为真理与理性之府,完成它的使命,为此我们应当携手努力,共同向我们面前光荣而苦难的道路前进。

在此,我要向贵校七十年来的光辉业绩表达满腔敬意,同时也对贵校将来的发展与奋斗寄予衷心的祝福。

睿智与和平
——一桥大学七十五周年校庆贺词

1950年10月22日

明治的先觉者森有礼氏所创办的"商法讲习所",作为世人昵称为"高商""商大"的学校而发展至今的光辉历史,可以说正是日本近代产业发展的缩影,不,应该说是原型吧。

在此过程中,贵校不仅向我国外交、贸易、经济、产业等各界输送了众多有所作为的领导者,而且也为我国学界培养了一代又一代著名学者,这是贵校的骄傲,也让我们赞叹不已。

当然,贵校发展的道路绝非坦途,其间经历了许多起伏与波澜。但是,贵校经受住了所有这一切,克服了它们,彻底捍卫了建校之初的"自由"精神,不得不说这是比其他任何成就都更伟大的功绩。因为,这种自由的精神,正是我们民族经历了史无前例的战败的悲剧之后,作为建设新日本的方针而高高举起的精神。

但是,战争才过去五年,这一自由的精神很快又面临着新的危险与威胁。无论是极左的革命的破坏性暴力,还是有可能作为其反动而兴起的极右法西斯势力,我们都要与其斗争,而能够抵抗它们的力量是什么呢?坦率地说,单纯商业式的自由精神是无力的,必须以崇高的理念贯穿其中,将其建立在不可动摇的基础上。

在这样的时期,作为贵校新生的"一桥大学",以打造囊括人文与社会科学的综合性大学为目标,雄赳赳地重新出发,这标志着学校进入了一个新纪元，对此我们普遍感到共鸣，而又不禁为之惊叹。

贵校一直以来的校徽是墨丘利[①]的权杖，杖身缠绕着蛇，顶部有翅膀，这不单纯是"知性"（intelligence）与"温和"（gentleness）的象征，如今也可以解读为深邃的"睿智"与崇高的"和平"之理想吧。

如此，即便苦难的暴风雨再度袭来，只要拥有坚实地立足于睿智之上的自由之精神，以世界永久和平为目标，便能够为祖国的重建和新的世界秩序的建设做出贡献吧。

今天，在贵校七十五周年校庆盛典之际，回首贵校过去的伟大业绩，我想要表达自己的满腔敬意，与此同时，我也对贵校新的征程寄予无限的期待与祝福。

以上就是我简短的感想，请允许我以此作为今天的贺词。

[①] 墨丘利（Mercurius）是罗马神话中掌管商业、学问的神明，亦即希腊神话中的赫尔墨斯（Hermes）。

悼念原田庆吉[①]教授
——告别仪式上的悼词

1950 年 9 月 4 日

一

原田君!

得知你溘然长逝的噩耗时,大概每个认识你的人,都会同样沉浸在震惊与悲伤之中吧。尤其是对于曾与你同在一所大学的研究室的,我们这些二十余年来作为同僚、友人而知晓你的半生的人,这会带来多么巨大的冲击与痛苦,你一定也会理解。

回首往昔,你是大正十五年(1926)从东京大学法学部毕业的,随后立即成为助手,从事罗马法研究,之后晋升为助教授、教授,昭和五年(1930)以来开设罗马法课程,始终如一地在这门学问的研究和教学上努力精进。在此期间,你除了前往德国、意大利等国留学之外,几乎大半生都坐在研究室里,丝毫不追求世俗名利,只是兢兢业业地埋头研究罗马的典籍。

这不是谁都能做的工作,只有你这样具有特别的天赋和笃实真

---

① 原田庆吉(1903—1950),日本法学家,东京帝国大学法学部教授,主要从事罗马法研究,1950 年 9 月因精神抑郁自杀身亡。

挚的性质的人，才能坚持这样的修行吧。你多年钻研的成果，体现在最近出版的《罗马法》上下两卷以及《罗马法原理》之中，此外你还著有直接基于原典的《楔形文字法的研究》，这部具有世界级水平的呕心沥血之作在今年1月荣获文化奖。

你身为我国罗马法研究的第一人，被誉为这一领域的宝藏，并且你今后的发展也被寄予厚望。你的英年早逝，不仅是我国学界无可弥补的一大损失，也是全世界罗马法学界的损失，令许许多多的人不胜哀痛和惋惜。

二

不仅如此，我们还为失去一位同僚、友人而感到深深的悲哀和寂寞。你绝不是一个呆板而乏味的学究。作为一个人，你不仅保持着纯粹，而且还富于机智，做事时充满意志、热情与勇气。你经常与同僚们一起参加棒球比赛，那灵活的身姿今天想来也让人不禁莞尔。

最令我高兴的是，在我任职于法学部期间，每逢学部的重要事件或者大学自治的问题，你经常会访问我的研究室。你乍一看不像是关心这些事的人，实际上却会直言不讳地坦陈己见，不知给了我多少帮助与鼓励。

昭和二十年（1945），战争结束那年的3月，我就任法学部部长，而你刚好也在这前后担任了法学部研究室主任和疏散委员会会长。法学部的藏书仅其中主要的部分就有十万卷之多，在那场战争临近尾声的混乱时期，将这些书籍包装起来安全地运往路程遥远的各地绝非易事。但是，有着极强的责任感的你，率领众多年轻的助教授和助手们，圆满完成了这一任务。其间的精神的、肉体的劳苦是一言难尽的。况且战时你的家人已经疏散到乡下，只有你自己住在研究室里度过了冬天。

实际上，你的生活从精神和肉体上遭到损害，可以说正是从这时开始的吧。战后你的健康状况一直不佳，不知出于什么原因一直发烧。也是在同一时期，你的上述力作一部接一部地出版——仿佛你已经预见了自己的死期。

我转到现在的职位上以后，与你相见的机会不像以前那么多了，但一直担心你的健康，有时也提出过忠告。今年春季至夏季间，你终于住进了校医院，接受了彻底的治疗，最近听说你有望康复，已经出院了，我们都松了一口气。

然而，在这样的时候，你为何突然撒手人寰？而且，究竟出于什么理由，自己选择了死亡？

三

世人对你十分同情，出现了一种传言，说是学者生活的贫穷造成了你的死亡。的确，我们大学教授的待遇不高，特别是在战后经济的激烈变化中，生活面临许多不足为外人道的困难，这是事实。但是，我们可以断言，你绝不是会被这样的条件打败的人。如果问题仅仅是这些，你肯定有存活下去的力量，也能够找到其他的办法。

据我推想，对你来说最致命的，还是你的健康问题，特别是失去了对自己头脑的自信。对于你这样一向努力不辍的有良心的学者，在虚弱的健康状态下仅仅为了活命而活着，终究是不堪忍受的吧。而且你身为父亲和丈夫，对家庭所负的义务和责任又该如何履行呢？你在家庭中是那样一个好父亲、好丈夫。这种身为学者的苦闷，与作为一个人的亲情之间的冲突，一定给你带来了无数苦恼吧。

为了解决这种心灵的苦恼，你似乎想在宗教——基督教中寻求出路。你颇感兴趣地向弟弟季夫君（既是东大毕业的经济学学士，又是传道者）和法学部同僚中的基督教信徒 H 君等询问信仰的世界，自己也曾几次表示如果能信教就好了，但是最终未能抵达信仰，倒在苦斗的途中，不得不说这是令人最痛心遗憾的事。

但是，我们相信，虽然你选择了错误的手段，但在临终之际，你一定回归了上帝的怀抱吧。因为，上帝会爱你这样诚实的、追求真理的、渴望永恒并为之苦恼的灵魂。

据令夫人说，你的脸从未像逝世时这样充满平安喜乐。我想这对于爱你的家人来说是最好的安慰。同时，这对我们也是重大的教训与激励。

别了，愿你的灵魂在天上得到安息。同时，我们也为你的亲人们祈祷，愿上天赐予他们祝福。

V 大学之自由

前　言

这一小辑所收的文章，除了其中的一两篇，大都是在笔者担任东大校长的最后一年里起草的。

这一时期适逢旧金山讲和会议，我国的形势发生了急剧转折。原本应该为日本和世界之间带来和平的讲和条约，反而朝着新的世界大战推动了日本的再武装化，这不管怎么说都意味着世界的悖谬，历史的倒退。对于过去六年来努力建设和平民主国家的国民，这必然会带来可怕的精神混乱与深刻的怀疑吧。

在这样的时代，最紧要的莫过于言论的自由，尤其是学问的，或者说大学的自由（Academic Freedom）了吧。为什么呢？因为能够从民族间的怀疑和偏见，以及由此发生的可怕错误中拯救人类的，从根本上说，唯有对真理的自由追求和传播。

这并不是我们大学中人的特权，而是作为真理与理性之府的大学对于人类社会所负的责任义务，是大学的使命，国家对此必须予以支持和尊重。为了履行这一崇高的职责，大学必须独立于外部政治权威的干涉，维持自律性，由此在侵犯其自由的势力面前保卫自己。

如果出于某种政治的需要，压抑这种自由，甚至将其彻底剥夺，那么无论这是在所谓的自由主义国家，还是在共产主义国家，都不得不说这是极权主义的、国家权力主义的统治。在那样的环境下,已经没有真正意义上的科学、哲学和艺术,就连构成国家政治秩序乃至世界和平秩序之基础的社会伦理基准也会丧失吧。现在,在发生于我们周围的各种事件中,我国是不是已经出现这种令人担忧的症候了呢?

本辑中的各篇文章,无不与大学的自由相关。在这样一个重新决定祖国命运的重大时期,我衷心希望关心这一问题的不只是学生和知识人,整个社会都能对此问题形成深切的关注与理解。

重建祖国没有捷径
——和约缔结之际对学生诸君的寄语

1951 年 11 月 10 日

一

自从我国实行新大学制度以来,已经两年半了,而"六三学制"义务教育制度则已实施了四年半。转眼间,人们又对这些教育制度的再次改革展开了讨论。与此相关的是,最近李奇微总司令已批准日本政府就修改和废除占领军法令的问题进行审议。

但是,在这里必须说清楚的是,战后对所谓的"六三三四学制"的采用,原本并不是在占领军司令部指示下才开始的。我国义务教育的延长和学艺(liberal arts)大学的构想,以及"六三三四学制"的提案,在此之前都已经有相关的研究和准备了。在战争结束后的第二年春天,第一次美国教育使节团来日时,为了与之协作而成立的日本方面的教育家委员会(后来的教育革新委员会的前身)借鉴了以前的这些研究和准备工作,认为上述制度最适于推进战败后我国国民教育的民主化和机会均等,因此才主动选择了这种新学制,提出了建议。

与此几乎相同的内容,出现在使节团报告的意见中,从那以来,以教育革新委员会为首的各种委员会进行了慎重的审议,最后政府和文部省采用并实施了这种制度。然而,不过数年之后,以对占领时期的政令的重审为契机，为此设立的咨询机构主要从财政、经济方面的见解出发，在教育制度和内容上开始讨论与此前的改革背道而驰的方案，这是我们仓促之间难以理解的。这必然会给教育界带来许多疑惑与混乱吧。

当然，对于已被经验证明是过犹不及的、不良的制度，应该加以改正，但是倘若因此就把好的内容或者新制度的精神也一并抹杀，那就实在是历史的不幸了。

问题并不仅限于教育方面，如果结合垄断禁止法、集中排除法①、劳动三法或者治安相关的各种法案将被修改的传言，综合起来考虑的话，这不免令人感到，我国最近正开始朝向某种目标急剧地转换方向。我们背离了本民族曾那样庄严地向国内外宣誓的"和平文化国家"的理想，再次走向"国防产业国家"。而这种转换时期的起点，必须得上溯到去年9月的旧金山和会前后。

二

确实，自从旧金山对日讲和会议以来，无论我们是否喜欢，日本周围的世界形势看起来已进入一个新的阶段。此次会议上缔结的，并不是吉田首相也称为"全体日本人的希望"的"全面讲和"条约，而是日本与联合国一部分国家的"片面讲和"条约，虽然这些国家占多数，但其中并未包括与我国关系最近的中国，也没有印

---

① 全称为"过度经济力集中排除法"，是战后作为占领军指导下经济民主化改革的一环，于1947年颁布的法案，目的在于推动日本各大垄断企业的解体，防止财阀复活。1955年该法案被废除。

度、缅甸等东洋民族，此外还排除了苏联等国，可以说把占世界一半以上的地区、近半数的人类都排除在外。而与这一和约同时签订、在背后支撑它的是《日美安全保障条约》，意在提防世界的另一半。

这种安全保障，虽然当前是由驻日美军承担，但将日本的再军备作为必要的前提，因此讲和条约也与当年的《凡尔赛条约》不同，对陆海空军任何种类的军备，以及任何军需产业都不加限制，完全将其交由日本的意志来判断。这份我国全权代表欣然接受、国会也以多数票予以承认的条约，尽管关于"领土"的规定十分严苛，在"赔偿"的事项上也有令人忧虑之处，却仍然被称为历史上罕见的"宽大和解"的和约，其理由可以说正在于这里吧。

这样的条约果真能给日本重新带来真正的和平吗，还是反而会成为对即将到来的下一次大规模战争的准备，至少是防备呢？这可以说是日本国民，尤其是年轻一代人面临的极为严峻的问题吧。

尽管如此，今年的校园与去年相比，是多么静谧啊。但是，这样就好。我们反而应该从这种寂静中聆听"无声之声"。这不是靠某一党派宣传的罢课罢工就能解决的问题。它是关系到全体国民将来的命运和国家的根本动向的问题。如今第三次世界大战仿佛势所必至，在这种状况下，以讲和条约的缔结为契机，最近我国法西斯主义的旧精神与旧势力的复活，是否已不仅仅停留于一种征兆了呢？这不仅是我们眼下面临的一个政治社会问题，实际上更是关系到重建祖国的根本精神、教育与文化理念的问题。

三

但是，诸君千万不要失望。我们所开始的事业是正确的。我国新宪法所高举的民主和平主义与放弃战争的理想，没有任何错误。因为这是人类的普遍理想，是人类有朝一日必须抵达的目标。现在，20世纪后半叶的人类的课题，就是为了创造世界的永久和平而实现政治组织、法律秩序上的保障，进而就世界经济互助的方法、新的文化理念展开考察并付诸实践。

这一事业要求在国内外消除权力与暴力的支配，代之以人类理性与良心的合作。日本今后升华自身并对世界做贡献的道路，除此无他。那么，我们大学中人，包含学生在内，在新的条件下，应该如何确立日本国民真正的自由与和平，如何将不完全的片面讲和变为理想的全面讲和，如何为全人类的和平与福祉做出贡献呢？为此我们现在更要沉下心来，认真学习世界与日本的政治、经济和文化的历史与动向，努力弘扬真理。

我曾作过一首和歌，虽然拙劣，姑且在这里赠予各位：

但为真理彰明故 吾党性命何足惜[①]

最终决定一切的，不是权力，而是真理之力。研究并弘扬真理，是大学的使命。我们时常告诫诸君不要从事一党一派的政治活动和宣传，但绝不是否定对普遍的学术真理的研究与讨论。诸君切不可萎靡消沉。在校园里，必须始终活跃地开展真挚的研究。我们正是为此才被赋予了"学问的自由"。无论诸君持有何种立场和方法，我们都没有对此做出任何限制。

当务之急，是在所有领域以探求世界真理为目标而努力。只有

---

① 原文为：わがどちのいのちを賭けて究めたる 真理のちからふるわむときぞ。

怀着这样崇高的目的来治学，学问才会有进益。诸君生活在这样的时代，当你们对治学者的这种使命产生自觉时，就能够不断提高自己了吧。

四

那么，第三次世界大战必然会到来吗？有一种悲观的看法认为，目前两个世界间的对立发展到极点，终将不可避免地导致毁灭人类及其文明的核战争。然而值得注意的是，即便在这种看法相当流行的美国，也仍然有人持不同见解。哈佛大学校长科南特博士[①]前段时间在美国化学协会成立七十五周年的纪念仪式上所做的演讲，唤起了社会各界很大的反响。众所周知，科南特博士既是美国一流的科学家，同时也是世界一流的著名教育家。

根据科南特校长的见解，人类将为走出这样危险的核时代而努力，采取一切政治手段，在1960年至1980年间"伟大的和解"时代就会到来。当然，在此期间也会发生数次危机，但没有军事专家能保证取得决定性的胜利，所以最后总会走向和解。他还指出，从趋势上看，现在的情况远比两年前要好，已经充满希望了。

我并不像科南特博士一样认为世界现在所处的阶段比过去更趋近和平，不过，虽然论据未必相同，但在世界的和平与人类的归趋上，我与博士有着几乎相同的见解。这些我过去曾经提到过。我们

[①] 科南特（James Bryant Conant，1893—1978），美国化学家、教育家，1933至1953年间任哈佛大学校长，"二战"后曾任美国原子能委员会总顾问委员会委员。

不能放弃对人类拥有的知性，和由此进行创造的可能性的信赖。放弃这种信赖，绝对是人类的自杀行为——是一种失败主义。人类将来一定会成功地建立某种形式的普遍的国际政治组织与安全保障体系吧。到了那时，就算破坏这些制度的行为仍然时有发生，但是世界上战争和军备的观念和性质应该已经有了彻底的改变吧。

我毫不怀疑，在美国，除了忧虑"对和平的威胁"的那些华尔街人士之外，一定还有许许多多真正关心世界与人类的未来的诚挚之人吧。也有人认为，英国丘吉尔首相的重新上台会加速战争的到来，但我不这么认为。我毫不怀疑，他曾为第二次世界大战所发挥的那种能量，如今将用于防止第三次世界大战，他将站在英国国民的前面为此倾尽全力。斯大林总书记也未必不会停止其进攻性政策，转而采取维持现状的政策，即便这只是一时的。我们希望看到这一切。两个世界共存的可能性或许会由此出现吧。

如果是这样，那么当我国像现在这样完全以大战为前提，忠于防卫条约，专注于重建军备的时候，一旦世界的形势再度发生转变，日本说不定就会落在整个世界的后面。

五

其他国家暂且不论，至少我们日本应该坚持一种不变的态度，那就是在我们已经重新走上的民主和平的道路上，持之以恒地前行。在这一点上，祖国的复兴没有捷径。这不是五年、十年就能走完的路程，而是要花上三十年、五十年甚至整个世纪的事业吧。如果我们半途而废，只会招致比以前更坏的结果。而使国家废弃这一事业的各种势力，有朝一日必将尝到他们自己酿成的恶果吧。

问题在于如何改造堕落到这般地步的国民精神，在于通过这样的改造，让国民爱真理，尊重人性人格，不再将天皇神格化，不再堕入国家权力主义。这从根本上说必然有赖于道德与知性的革新和升华。然而，最近有传闻说文部大臣正在草拟国民的实践纲要，要再次把天皇作为"道德的中心"。我愿意相信，作为一个公认的康德研究者，天野博士[①]不会做这种事。因为在康德看来，道德的中心正是他称为"我心中的道德律令"的每个人各自的良心——是自觉的纯粹实践理性的法则。它进而将我们导向"意志的自由""灵魂的不灭"以及"上帝的存在"。

这不仅仅是道德问题，也关联着宗教神性的问题。六年前我在就任校长后的首次公开演讲中就说过，创造我国新文化所必需的根本条件，是宗教改革与学问复兴。我还提到，这不只是日本的问题，当前整个世界都需要进行第二次文艺复兴和第二次宗教改革。现在，至少在我国，我们必须重新发现上帝，重新探求科学真理。

这是明治维新之际，我国吸收西欧文物制度时，就应该做而没有去做的事。可以说，正是因为没做到这一点，所以我们国家才会面临现在这样的悲剧性命运。在战败的日本重建国家之际，如果我们再不去做，我国就会永远失去这样的机会吧。那也就意味着，我们民族在再次遭遇国难时便将走向灭亡。

大学是获得这样一种有着时代高度的、能够通向上帝的教养，和大胆探求科学真理的场所。它不仅仅是技术与职业教育的场所。诸君在校期间，最要紧的就是完成你们自己的知性与精神的革新。

[①] 天野贞祐（1884—1980），日本哲学研究者、教育家，曾担任第三次吉田内阁的文部大臣。

这将化为在一生中引导你们行动的原动力,也会让你们成为重建我国国家和社会的精英,无论你们身在怎样的工作岗位上。

今天大概是我在这座校园里与诸君相见的最后一次机会了。希望你们能够克服今后遇到的一切困难与障碍,自重自爱,努力学习!

东大教养学部"驹场祭"开幕式上的演讲

真理是最后的胜利者
——送别会上的演讲

1951 年 12 月 12 日

亲爱的学生诸君：

过了今夜，我担任东大校长就满六年了。自从我在本校担任助教授以来，三十年间，我的大学生活和公共生活都是在这座校园里度过的。上个月 10 号，借教养学部"驹场祭"的机会，我已经对全校同学简单表达了离别之情。这是因为在我任职期间，除了在大学的正规典礼和类似场合出于义务进行演说之外，很少专门作演讲，而放眼望去，今年秋季至冬季，已经没有这种官方的，或者与之类似的全校活动了。

因此，当我意外得知这场以全校同学的名义为我组织的送别会的消息时，我很是踌躇了一番。但是，看到所有文化团体和自治会等组织联合起来，代表本校学生对即将离任的我表示这样纯真的善意，我还是深受感动，最终愉快地接受了邀请。今天，能够在这个自己长年授课的充满回忆的讲堂里，参加如此美好而盛大的集会，是一个被称作老师、被选为校长的人离去之际所能拥有的最大幸福与荣誉，令我满怀感动。刚才各位委员的溢美之词，我实在受之有愧，恨不得找个洞钻进去。在这里，我想略述心中所感，作为我最后的致辞。

一

回想起来，在我就任校长之际，本校虽然没有在之前的战争中遭受严重的灾祸，但也处于混乱之中，煤气、自来水和电力自不必说，几乎所有研究设施都无法使用，再加上前所未有的战败所带来的精神冲击，我们陷入了不知如何是好的境地。在这样的困境中，各位教授同僚与学生诸君团结在一起，互相鼓励，以重建学校、复兴学问为目标，振作起来开始工作。从那以后，到今天为止，学校基本上恢复正常，并且基于新的构想，在许多方面重新出发，但是各位教授的研究设施与经费、同学们的生活设施等，由于国家财政的穷困，仍然很不充分，这是我十分遗憾的。

尽管如此，在任职期间最令我感激和喜悦的，就是历代学部长、评议会和全校教授们对才疏学浅的我给予了始终如一的帮助与支持。这不是客气话，是我最真诚的想法。我相信，普通学生诸君也直接或间接地参与其中，默默支持着我。

在盟军占领下，只要走错一步，就有可能让我国教育和文化陷入彻底崩塌的危机之中，在这样的时期，本校率先致力于全国大学与教育制度的革新，同时对自身进行改革，向新大学制度过渡，在此过程中解决了诸多问题，这一切，没有全校上下的团结努力是绝不可能做到的。如果说我在职期间留下了什么成果，那也完全是拜这种协力与支持所赐。

二

在此期间发生的各种事，这里就不说了，总之六年来我最重视的、为之付出努力最多的（虽然做得还不够好），就是"学问的自由""大学的自治"。可以说正是由于这种自由尚未确立，或者说受到威胁，才会发生日本如今的悲剧。因此，确立学问与大学的自由，不仅是我们大学与大学中人最关心的事，而且是我们建设新日本所必需的条件。

正是为此，我们在占领军统治下遇到一些事件时，力主大学与学问的自由并提出抗议，捍卫这种自由直至今天。这不仅仅是为了本校，更是关涉全国大学之存在的问题，这也绝不是我个人的声明或抵抗，而是全校的方针政策。东大的历史上虽然屡有不幸的挫折与污点，但捍卫这种自由，从来都是众多先人前辈努力坚持的道路，今后无论在怎样的时代，这也都将是我们坚守的大学之信条。

但是，我们很清楚，自由伴随着责任。大学由于拥有自由，也就承担了重大的任务。这就是说，大学作为研究真理与教育的场所，必须为国家社会做贡献。而我们知道，国家社会现在正处于前所未有的世界性的变革时代。因此我想，大学不仅作为学术机构要在任何时代都探索永恒的真理、从事历史的研究等等，同时又负有介入时代与社会的现实，进行科学的批判和检讨的任务。

但重要的是，不管在何种场合，都要超越左右双方的党派性，始终依据学问的良心与方法来履行上述职责。否则，大学就等于自行放弃了自己拥有的学问之自由。在这一点上，我们教授的言行自不必说，学生的活动也必然有其"界限"（Grenze）。如果学生活动变成了某一党派的政治宣传与活动，甚至与外部势力（无论是左翼还是右翼）结合，走向权力斗争，那就不得不说，这是把校园变成政治斗争的场所了。因此，大学为了避免这些危险，作为研究学问与教育的场所充分发挥其机能，就必须创造出大学所应有的环境，维持自身的秩序。

三

不幸的是，战后以来我国的学生运动，在过去三四年间，多半受到属于特定党派的部分学生的领导，往往越过其应有的界限，在本校此类事例也时有发生，这令人十分遗憾。对我关于界限的这种说法与方针，虽然有一部分激进的同学称之为"压迫"，但同时校内外也有另一种非难的声音，认为过于"宽大"。

但是，在这种场合，总是浮现在我心中的是康德的话："即使多少会给执政者带来困难，我仍然希望尊重自由。"校园内当然更应如此。我相信，校园应该始终作为教育和训练的场所，只要如此，假以时日，学生必然能学到何为真正的自由。从根本上说，这是我对于会聚了全国英才的我们东大学生的信赖。

只是，为了习得这种自由，有时诸君付出了沉重的代价，而我们也不得不向诸君要求这种代价。这一点在去年秋天体现得最为极端，对于当时先后发生的两三个事件，我们不得不对负主要责任的学生进行追究。在任期间最令我心酸的事，就是不得不对我们的学生、有着远大前程的青年进行处罚。教授会、评议会做出这样的决定，也实在是不得已之举。我们心中的苦痛，只怕更胜于受处分者。这大概可以说是一种与父母之心相通的感情吧。请不要将这简单视为封建的道德情感。这是同样身为人的师生之间的爱的表现。

因此，这些处分都是留有余地的。通过这样的途径，很多同学重新回到校园。没有什么比这更让我高兴了。即便如此，在我任职期间仍然有若干名同学还没回来。他们每一个人我都叫得出名字。

其中有些人某天夜里还到我的住处跟我谈过。如果诸君中有人跟这些同学是朋友，请转告他们：虽然我离开了大学，但我的家门对你们始终是敞开的。

在这里，我想向多数同学澄清的是，无论诸君抱有怎样的思想和意识形态，我们都不曾要求你们做出改变，对诸君作为市民属于哪个政党也从不过问。我们只不过是要求你们同样忠实于大学的使命，因而也就是维护大学存在的前提和界限。无论你们怀有怎样的远大志向，为此学习和准备三四年，都绝不算是很长的时间。只要你们是热爱真理、追求自由的人，就请共同钻研，一起学习真理，携手保卫大学与学问的自由吧。

四

战争结束已经六年，如今我国的独立已经提上议程，时代似乎再次面临急剧的转折。去年5月，我借某个机会谈到了当时已经出现的旧宪法精神的复活与民主主义危机的征兆。目前这种现象日益显著，拦在我们的面前。当下我国政府和司法当局好像越来越不欢迎我们大学中人对时代问题和民族命运进行讨论、发表意见。我担心的是，这样下去，战后我们作为新日本的理想那样极力标举的"和平"，是否会变成国民间的一种禁忌？

此外，通过此前国会上的讨论而清晰呈现出来的事实是，文部省想要再次强化对大学的监管权力。这与悬而未决的"大学管理法"方案的问题一样，都需要我们注意。通过从前的苦涩经验，我们知道，没有大学的自治，学问的自由就得不到保障。战后，文部省不再像以往那样进行中央集权式的管理并发布指令，而是作为服务并协助各大学和地方的机构而重新启程,这不是刚发生不久的事吗?而现在这些动向又意味着什么呢?

在我国最近的历史中,每逢国家要做什么事,首先就表现为对学问、言论的压抑和对大学自治的干涉,这是我们应该记住的。我们不得不认为,上述新的倾向,联系着旧金山和会以来我国政治的根本动向。同时这也是关于战争与和平的问题,关系到世界人类命运的事情。

越是在这样的时期,我们大学中人越要坚守学问的自由,实事求是地研究和宣扬真理,对虚假的事物要坚决排斥。这是大学作为理想之府、真理之府服务于国家社会的根本所在,也是为人类做贡献的道路。为此,我们必须拒绝来自左右任何一方的外部势力的干涉和命令,无论在怎样狂风暴雨的时代里,都不要让自己陷进旋涡,要一以贯之地执行自己的任务。

五

诸君不可因为日本此次缔结的两个条约,就立刻陷入焦躁,或者放弃迄今为止的理想。即使在这种被限定的新条件下,我们也要思考怎样设法趋近每个国民都期盼的那种理想状态,怎样确保民族真正的自由与独立,进而为人类的和平做出贡献。这是当代日本但凡称得上政治家的人都应当承担的课题,是一项需要睿智与勇气的事业。

问题的核心,可以说在于日本与亚洲其他各国国民——特别是邻邦中国——的关系吧。这不只是经济问题,更是民族和文化的问题。当前的政治策略姑且不论,我们治学之人所应做的,是对包括日本在内的亚洲各民族的过往、迄今为止的发展过程以及在今后的世界历史中的地位，从文化、经济和政治社会等各方面展开科学的反思与研究。这应该与对欧美的研究并行不悖，甚至是更加重要的前提条件。诸君对此究竟有没有自觉与准备呢？

进一步说，面对迫在眉睫的世界危机，确立人类的永久和平，不仅是世界上的政治家的伟大任务，同时也仍然是逻辑问题和科学问题，是涉及人与精神的革命的问题，只有伴随科学、文学、哲学等各方面的进步，这一目标才能真正得以实现。它也是我们治学之人必须直面的整个世纪的课题。

六

在大学里，最重要的事就是推进对这些学问与科学的真正的研究，促使其日新月异地发展。在这一点上，"大学院"扮演着重要的角色，应当得到扩大和强化。我校也已经有关于新式大学院的构想与计划。将其付诸实行，管理运营，将是今后的一项重要工作吧。如今，我国有七十余所国立大学。有着八十年悠久传统和最大规模的本校，正是国立大学的代表，对内外都负有重大的责任。对于国内，我们负有创造新日本文化和建设自由民主国家的使命；面向国外，我们应当作为"世界的大学"，成为国际文化交流的场所，在提高自身学术水准的同时，也为人类的文化与和平做出贡献。

自从六年前以来，我便以此为我们的目标与理想，向全校发出呼吁，我虽然驽钝，却也不断鞭策自己，努力至今，这完全是为了不辱没东大的名声，更进一步说是为了不玷污真理。但是，空有种种志向，却已日暮途远，这令我不胜惭愧。六年时光转眼间匆匆而逝,我也迎来了卸任的一天。

在这里,我想最后再对诸君强调一遍的,就是"大学是一个整体"。"纷争之家必然灭亡。"今后,或许还会有各种各样的事件和状况在我国和世界上发生。但是,真理将会是最后的胜利者。请你们团结在新校长周围,全校齐心协力,就算风暴与黑暗袭来,也要守卫大学,保护真理的火炬,让它不断熊熊燃烧吧。

今后我无论身在何方,都会与诸君一起,为时代与祖国的苦恼而苦恼,始终作为一个爱真理、爱自由的人而生活下去吧。在此意义上,我希望自己永远都是你们的朋友。我将一生献给了东京大学,在此我祝愿它将来更加兴盛,同时,我更为残破的祖国日本真正的复兴与世界和平的实现而祈祷。

别了,诸君,我期待你们的努力奋斗。

日本的独立

载《朝日新闻》1952年1月1日

一

第二次世界大战结束才仅仅七年，世界上的人们已经在谈论下一次大战了，各国正为此进行准备。此前宣布进入准战时状态的美国，今年的军需生产规模达到了新的顶点，在欧洲，建立欧洲军队的计划也终于开始推进。而在亚洲的一隅，动用了两大阵营最新兵器的激烈战争，已经进行了一年有余。

在这样的形势下，与《日美安全保障条约》同时生效的《对日讲和条约》，究竟是会给日本和东亚带来真正的和平，还是构成世界战略态势的一环，已经很清楚了，无须多言了吧。条约签订以来，政府便全力以赴地拟定防卫行政协定，推进我国自卫力量的强化，乃至再军备化。

但是，我们国民必须停下来好好思考一番。即便在这种既定的新条件下，是否也有通向每个国民的理想，亦即世界的全面和平的道路呢。此时，可以参考的是与我国有许多相似之处的德国的事例。不过，在我国不存在、而德国面临的最严峻的问题，就是全德国统一的问题吧。

我们的一位同事 I 教授最近曾旅居德国，他从豪斯总统[1]和阿登纳总理[2]等人那里听到的意见，十分触动我们。这些德国政治家表示，"如果为了东西德的统一，会造成第三次世界大战，那我们宁可牺牲前者，也要防止大战的发生"。这是人类良心的声音。我不知道现在台湾的"国民政府"有没有这样的考虑与觉悟。但是，如果要防止第三次世界大战，至少我们日本应该选择另一种道路，这种选择的可能性今天也仍然存在。

已经过去的事这里就不提了，目前关于亚洲，问题的焦点可以说仍然是新中国吧。现在英国已经承认了新中国，而美国还没有，这是联合国外交政策上的矛盾和对立，迟早需要被扬弃和克服。这正是将来"朝鲜事变"的问题解决后恢复亚洲乃至全世界和平的钥匙吧。

只要日本还能根据自己的意志，来决定是与北京的人民政府还是与（中国）台湾的国民党当局缔结和约，那么就可以说，我们还站在重要的分岔路口。我们绝不可以将此事视为已经不可改变的既定事实。无论是为了美国，还是为了世界，在这件事上我们都可以向美国、英国乃至全世界述说，争取获得他们的理解。至少，我们也可以先在这一问题上保留态度，等待恰当的时机。

---

① 豪斯（Theodor Heuss，1884—1963），德国政治家，西德第一任总统，自由民主党主席。
② 阿登纳（Konrad Adenauer，1876—1967），德国政治家，联邦德国首任总理。

二

现任内阁究竟有没有做这种决断的睿智与勇气呢？说到底，在战后这一重大变革与创造的时期，面对决定我国前路的重大问题时，由保守的内阁来做决断，本身就不得不说是日本国民的宿命悲剧。

不仅如此。日本的独立刚刚提上议程，时代就再次开始急剧转折，对此我们应该怎么看呢？可以说，前年以来已露出征兆的旧宪法精神的复活和民主主义的危机，借讲和的机会，终于变成了显著的现象。我们曾经高举的放弃战争与持守和平的理想，现在正在国民当中变成一种禁忌。而且，我们作为现在及将来国民不可侵犯的基本人权而宣布的权利，难道不是正在化为泡影吗？不仅如此，我还担心，过去驱动我国领导者们走向侵略的那种势力，是不是正在再次高涨起来呢？

在今年将要举行的总选举中，各个政党必须检讨议论上述这些问题，决定各自的政治纲领。到了那时，拥护我们的新宪法，应该仍不失为一个重大的口号吧。这是因为，这部高举民主自由与和平之理想的宪法，无论其制定的经过是怎样的，它的志向都没有任何错误。

在迫在眉睫的内外形势下，要捍卫新宪法的精神，当下尤其需要的是"言论自由"。也就是说，必须对广大国民如实报道国内外的事实真相，同时国民也必须能够自由发表各自的意见，这种机会绝不能受到限制。没有言论自由的地方，就等于已经受到反动法西斯主义的控制了。

在这一点上，一般知识人自不必说，而我国的"报纸"尤其负有极为重大的责任。从战时到战后，无论好坏，大众传媒都发挥了无可比拟的巨大作用。我们希望媒体不仅仅是一种巨大的资本主义企业，更要作为传递真实信息的面向社会公众的教育机构，来服务于社会。

这一问题又将我们引向最根本的前提条件——教育的问题。

三

的确，新日本的建设，是需要几代人来完成的事业。新宪法中标举的自由与和平的理想，在我国尤其需要这样根本的精神与文化的革新。只要今天统治我们的人，还与过去统治旧日本的人拥有基本相同的世界观和人性观，这样的革新便终究是无法实现的。新的精神，终归要由新一代人来承担吧。

这种新的精神，首先最重要的一点就是承认远超我们的血统与种族之上的普遍人性的价值。这也就是说，我们不再拥戴神格化的天皇，而是将自己的良心作为我们道德生活的中心。对于真正永恒和绝对的事物的敬畏与信仰，只有从这里才会产生出来吧。由此，我国国民精神与文化就会成为世界的、人类的，获得与欧美各民族共通的精神基础吧。这对于我国就意味着文化与宗教的革命、新的历史的创造。不，这不仅限于我国。为了恢复失落的人性，确立世界的永久和平，恐怕我们必须呼吁近代与近代文明本身的革新吧。

即使我国实现了对外讲和，我国的大半国土与资源也会随之丧失，我们的国家已经完全破碎了。而且，外国的支配与压力，还将在很长一段时间里像命运般压在我们国民的头顶吧。在这样的时代，能拯救和引导日本与日本国民的是什么呢？那不是别的，正是上面说的精神的独立与育成。只有当这种独立精神在广大国民大众中间普遍培养起来,得到保障的时候,日本民族才能在世界历史上获得真正的独立与光荣,绽放光辉吧。

欢迎美国工业教育使节团

1950 年 5 月 16 日

一

各位尊敬的使节团成员！

战争结束以来，迄今为止访问过日本的美国学者已有很多，而且涵盖了各种领域，但在工学领域，如此众多杰出的大学教授一同来访，在我国这还是第一次。

日本的占领行政据说已接近尾声，贵"工业教育使节团"恰好在这样的时期来访，这是极有意义的事，欢迎各位的不只是日本与工学相关的人士，我想广大学者、教育者乃至全体国民也都会为各位的到来感到由衷的喜悦。

我虽然是一名门外汉，但借今天的机会，请允许我就日本的工业教育，谈谈自己的一些观察和思考，以此作为欢迎各位贵客的致辞。

首先，我们日本国民如今已经产生了一种切实的自觉，那就是日本今后要大力发展工业，在国际上获得和平通商贸易的许可。一方面，日本的国土随着战败而明显变得狭小，另一方面，日本的人口正在迅速增加，今后也会继续增长，对于身为岛国的日本，发展工业和贸易是国民不可避免的必然命运，我相信各位对此能够理解。但与此同时，我们也坚信，这是新生的日本将来为东洋乃至整个世界文明做贡献的方法，是我们民族新的使命。

对于日本的这样一种未来，我们学者、教育者应该如何分担责任，如何做出贡献，是极为重要的课题。也正是为了这个缘故，此次我们才请来美国的各位杰出的专家，尽管时值酷暑之际，但今后比较长的一段时间里我们将在全国各地举办研究集会，希望与各位共同讨论，获得你们的建议与鼓励。

二

坦率地说，我们日本的科学研究者，现在面临的一个问题，就是科学研究与其实际运用之间的关系，更一般化地说是学界和产业界之间的关系。在这一点上，我们尤其希望听到贵使节团的意见，向各位多多学习。

欧洲的近代工业，原本是与其他科学一起在明治初年引进日本的，随后工学部很快就成为综合大学里与法学、医学、文学、理学各学部并列的重要学部。本世纪令人惊异的新兴科学及技术的研究与教学，在日本的大学里也得到了热心的推动，可以说，但凡是欧美科学界研究和关注的内容，没有什么是我国学界不曾介绍过来并展开学习的吧。

但是，这些研究与当时日本的社会和国民生活的实际要求未必形成了密切的关系，在某种意义上往往是与之无关，或者超然于它们的，有一种为科学而科学，仅从理论上进行研究的倾向。

而日本的工业，实际上不如说是遵循当时日本的国家政策，主要根据军部的需要和要求而发展起来的。换言之，日本的陆军和海军，各自拥有庞大的研究所或技术部，每年花费巨额预算，并且与民间的巨大资本和财阀结合在一起，塑造了我国近代工业的脊梁。

不知道是幸运还是不幸，一般说来，在此前的战争中，日本并没有出现大学及学界完全发挥其知识与技能来为战争服务的事态，其理由也正在于这里吧。

但是，在新宪法下否定了战争、废除了军部，作为民主和平国家而重生的日本，将来的大学与工业界不应该再这样互相分离，两者必须协力为提高国民大众生活水平和真正增进人类福祉而做出贡献。

我想在这方面，还有许多问题，需要日本学界与产业界从各自的角度深入反思，充分检讨。

三

与此相关，还有另一个问题，是我们日本的学者、教育者特别要认真思考的。这就是科学与战争的关系。

近代自然科学与技术的惊人进步，随着核能的发现，进入了一个新的时期。而且这种进步今后也将永无止境吧。这些伟大的科学发现与发明，将来是用于杀戮同胞的战争，还是用于造福人类、发展和平的产业，这正是决定人类兴亡的岔路。倘若人类原本为了自己而创造出来的事物，最终造成了人类自身的灭亡，那么就没有比这更加可怜而愚蠢的文明之末路了吧。

这样的局面，总的来看不得不说是由于近代科学过度专门化、技术化，丧失了目的的共通性。这就要求自然科学与社会科学、人文科学互相协力，保持人生与世界的整体秩序和理论，防止迷失。

这正是现在美国等世界各民主主义国家在大学课程中强调"一般教养"的原因，我们认为今后日本的工业教育也必须重视这一点。

与此同时，眼下我们日本学者和教育者自己最关心的，就是我国会不会再次为了大规模军备和战争而重构工业体制。我们坚决拒绝让日本变成"东洋的兵工厂"。我们日本国民所希冀的，是将祖国重新建设为富士山和樱花所象征的、具有崇高道义和美好文化的国家。

正是为此，我们希望大力振兴和平产业，让日本国民受到世界各国国民的信赖，与他们互通有无，为了进口我们衣食住行需要的资源，与各国展开商品的自由交易。在这一点上，我们尤其希望有幸得到贵使节团的充分理解与帮助。

最后，我希望接下来即将召开的全国及地方的会议，会给日本的工业问题，以及与贵国也有关系的各种问题，带来新的光明和有益的成果。我尤其期待通过所有这些会议，我们作为科学研究者和教育者，能够充分交换学术经验，培养学术友情，这是我们共同的宝贵财富。

全国大学教授联合会的纲领
——第七届总会上的致辞

1950 年 5 月 13 日

一

本联合会成立于昭和二十一年11月，成立三年后，到去年秋天的大会为止，已经覆盖旧大学制度下所有国立、公立和私立大学，加盟学校达到五十四所，会员总数达到三千二百名。伴随着新制大学的设立，今年春季以来，本联合会又邀请新成立的大学参加，目前已开始接受申请（短期大学除外）。这一两个月间，已经新加入了四十所学校、近两千名会员，现在加盟学校总计九十余所，会员达到五千余名，而今后全国各地还将有更多高校陆续加入。伴随着本会的飞跃式发展，机构组织也需要有所变更，这正是我们今天的议程中重要的一项，随后将通过协商来决定。

大体上说，无论在世界上的哪个国家，大学都是研究学问和教育的最高机关，占有关键的位置。大学对于国民生活与人类福祉所具有的重要性，再怎样强调也不为过吧。特别是在处于战败后的精神混乱和政治经济上的困难之中的我们日本，不得不说，大学作为探求真理的学府，承担着极为重大的使命。

过去，我国各所大学虽然各自拥有能干的教授、研究者，发挥着各自的特色，但各大学相互之间的关系，特别是公立和私立大学之间的关系，还远远谈不上紧密。有鉴于此，我们大学中人基于对上述重要的共同使命的自觉，建立了涵盖国立、公立与私立大学的所有大学教授的联合组织，这大概可以说是我国前所未有的历史性事件吧。

我们这个组织在很多方面效仿了美国的大学教授协会，但美国的该协会已经有很长的历史，事务局设在华盛顿，凭借相当庞大的预算开展着各种事业，而我们才刚刚起步，现在暂且将临时事务局设在东大，会费也很少，不过也开始进行各种活动。迄今为止的几届总会，第一届在东大举办，第二届在早稻田，第三届在庆应，第四届在京大，第五届在商大（一桥大学），第六届在日大。每一届总会上我们都对重要的问题做出了决议，有紧急需要时则在评议会上进行讨论，为实现我们的各项计划而努力至今。

考虑到今天的总会上也有很多新会员是第一次出席，我想简略陈述本联合会的纲领、目的及主要事业，回顾本会的历史并对未来做出展望。

二

本联合会的首要目的，就是通过会员的相互协力，发展我国的学问、文化，提高其水准。

战争结束后，我们最痛切地感受到的，就是那个事变与战争的时代里漫长的黑暗与学术文化的停滞。作为新的文化和平国家而重新起程的日本，无论如何都必须让停滞的教育与学问重回正轨，努力发展它们。这一方面当然有待于从事学问研究与教育的我们自己的精神自觉与努力，但另一方面，与新大学制度配套的设备及设施的改善扩充，也是不可或缺的条件。此外，因为战争失去校舍和设施的大学也为数不少，而且私立大学受我国财政经济的通货膨胀的影响，在经营上尤其面临着非常困难的状况。

在前年即昭和二十三年（1948）举行的第五届总会上，我们讨论了"大学教育及研究机构的充实强化"问题，翌年又在评议会上就"国立大学的预算及财政的确立"做出决议，与相关各方进行了交涉。另外，关于私立大学，我们也决定向当局递交提案，提议采取特别的金融措施等具体方法。

现在，无论对国家还是国民而言，日本的财政经济都处于穷困状态中，因此我们也知道这些计划并不容易实现。但是，没有科学教育与研究的改善进步，和众多科学家、技术人员的养成，一国的经济、产业就没有复兴的可能，这是我们必须铭记的。因此，越是在困难之中，我们越要坚持不懈地努力。

另外，与此相关，我联想到一度引发争议的"国立大学移交地方方案"。这一方案计划将除了几所综合大学之外的所有新制大学都交由各府县管理。本联合会之所以表示反对，是因为在我国的现状下，这有可能削弱新制大学的运营能力，导致学问水准的降低。所幸这一方案最终撤销，各新制大学均作为国立大学而设立，这对于我国学问未来的发展是值得欣喜的事。

三

本联合会的第二个目标，是提高大学教授的社会、经济地位和待遇。

我们在大学中任职的人，除了个人最低限度的生活需要得到保障之外，还应该作为学者、教授获得与其地位相称的待遇。即使是从事精神和文化事业的人，也要考虑自身的经济社会生活并为之努力，这是不应该忽略的。不，这不单是为了自己。只要是为他人、为众多同僚考虑，即使是日常的经济、物质生活上的问题，本身也已具有精神意义。

在眼下这个经济、物质穷困的时代，其他行业的从业者正各自建立组织，以组织的力量改善他们的生活条件，而我们大学教授的待遇问题却往往遭到忽视。

迄今为止，与大学教授一样最欠缺应得待遇的是法官。近来，基于新宪法的精神，法官、检察官们的待遇得到显著改善，这让我们感到高兴。如果作为法律与正义的守护者的司法机关，由于经济、物质生活的贫困难以充分履行职责，那么这个国家就还称不上真正的法治国家。但与此同时，倘若任职于真理与理性之府的大学教授同样因为物质生活的穷困，而不能充分完成研究学问与教育的任务，那么我国还能否履行作为新生的文化国家、道义国家的使命呢？在此意义上，一国文化的水准可以通过该国学者、教育者获得何种待遇来衡量，这么说也并不算言过其实吧。那么，我们就有权利团结起来，通过组织来发出呼吁，要求应得的待遇。

但与此同时，我们大学中人，作为国民教育机关的中心，也承担着研究学问和教育学生这一极为崇高的任务。因此，我们的联合会与一般的劳动者团体不同，作为职能团体，首先务必自觉于我们肩负的职务与责任，即使在当下这样的状况中，也一天都不能离开岗位，始终要以合理手段来解决问题。

关于此事，本联合会最初于昭和二十三年（1948）的评议会上审议了"大学教授身份法"的问题，虽然最后的结果与我们的理想还有距离，但我们的许多意见也在"教育公务员特例法"中被采纳。其后，在昭和二十四年的京都总会上我们就"大学教授的待遇改善"做出了决议，决定教授应与一般行政官员有所区别，至少也要设立类似法官、检察官的特殊职阶，我们以此为目标与相关各方展开了交涉，基本已经得到各方理解，正沿着这一方向立案。

这些制度上的改变，虽然直接的适用范围是国立大学，但从结果上说，对私立大学的教授也有所影响。希望我们能够团结合作，一起推动我国大学教授地位的改善。

四

本联合会的第三个目标，是确保"大学的自治"。

为了让大学充分完成研究学问和教育的使命，一个必要的条件，就是排除官僚式统制和外部势力的干涉，让大学自己负起责任，自治地管理运营。我国的大学，在法制上姑且不论，至少在传统上是模仿西欧的大学制度，经过多年的经验与奋斗，我们大学在教育、研究的方针以及主要的人事问题上，都是通过大学评议会或教授会来审议决定的。

在新的教育制度下，过去那种由文部省主导的官僚统制被废止了，但我们还需要保护大学免受社会势力的不正当干涉。这是因为，我们日本与美国不同，国民民主化目前尚未达成，社会还处于显著的不安定之中，一方面出现了不受欢迎的新兴社会势力，另一方面又有反动势力卷土重来的危险。

基于这样的见解，本联合会在昭和二十三年（1948）的总会上做出了在全体国立、私立大学"成立教授会并强化其职能"的决议。关于这一点，当前国立大学尤其面临着一个重要的问题，那就是关于国立大学管理的"文部省试案"。众所周知，这一方案模仿美国，试图在各大学新设主要由校外人士组成的"理事会"，将其作为大学最高的管理机构。私立大学由于其自身的性质，过去就有这种机构，这也是必要的，但涉及国立大学时，我们反对这样做，因为这不符合日本的国情，反而有破坏我国国立大学多年来的优良传统的危险。

当然，我们也必须考虑如何防止大学的自治被滥用，以及如何促进全国众多国立大学之间的相互协调。为此，我们提出的替代性方案，一方面是设立全国共同的大学委员会，对各大学的评议会及教授会自主决定的主要事项进行最终审查，另一方面是在各大学设立提供建议和劝告的咨询机关，通过它们来倾听校外的声音，与国民保持直接联系。我们认为这样做是更恰当的。本联合会在昭和二十三年（1948）的总会上做出了这一决议并呈交有关部门，最终"文部省试案"被撤回，新设立的大学管理法起草委员会正基于与我们的方案大致相同的构想来制定法案。

另外，关于私立大学，在去年"私立学校法案"制定之际，我们也基于拥护大学自治的见解，在评议会上提出了建议。由于各种原因，这一法案在之前的临时国会上迅速地通过审议，维持了政府草案的原貌，但今后关于其中有待改进的问题，我们将会充分展开议论。

五

作为教授联合会的第四点目标，这里特别要提到的，是"学问的自由"。

我们之所以像上面说的那样要求大学自治，完全是为了"学问的自由"，这正是一国学问与文化进步的绝对条件，也是大学教授的生命，本联合会的存在意义，一言以蔽之就是拥护学问的自由，这么说应该没有错吧。在过去，无论公立还是私立大学都被要求承担研究"国家需要的"学术的使命，而规定这种使命的旧大学令现在已被废除了。如今，在新宪法下，与思想、言论的自由一样，学问的自由也得到了保障，这是我国历史上值得大书特书的事情，我们有义务始终保持和拥护这样的自由。

与此相关，在去年即昭和二十四年（1949）10月的总会上，我们做出的关于"学问的自由与大学教授的地位"的决议，具有极为重要的意义。这件事的发端，是在我国学界掀起轩然大波的，由占领军司令部民间情报教育局的伊尔斯博士[①]发表的声明。该声明的主旨，是说共产党员没有担任大学教授的资格，各大学应放逐这些人。在美国，有的州也基于这种见解制定了特别的法律并付诸实施，但引发了诉讼，或者在高一级的法院被判定为违宪，或者已经停止实施。

对此我们的主张是，仅仅因为大学教授以公民身份加入了现在属于合法政党的组织，就取消其教授身份，是不应该的。这是因为，无论何种学说、思想或者信条，都可以通过自由的研究和讨论，为学问带来刺激与进步，推动真理的阐扬。当然，大学教授的身份也伴随着这样的重大责任和义务，不能以这一身份来从事一党

[①] 伊尔斯（Walter Crosby Eells，1886—1962），美国教育学者，曾任盟军总司令部民间情报教育局（CIE）顾问，1949年曾在日本各地发表演说，要求各高校驱逐共产主义者，引发众多高校教师和学生的抵制。

一派的政治宣传及活动，也不应该有其他有悖于大学教授职责的言行，这一点是我们必须严格遵守的。如果发生这样的错误，不论是持有何种立场的人，我们都应该具体问题具体分析地究明他的责任。

此外，与上述决议一起，在同一届总会上我们还做出了关于"大学教授及人事院规则"的决议。这一问题的关键在于，当时公布的人事院规则，有可能被解释为禁止大学教授就现实的政治社会问题发表意见，这就会导致教授们无法履行职责。而且，这不能仅仅视为国立大学教授作为国家公务员所受到的限制，以此为基准，私立大学也势必受到同样的拘束。

本来，大学与大学中人，除了研究学问的各领域的基础原理并进行教学这一大学原有的任务之外，也需要研究实际应用层面的问题，特别是在战败国日本，大学的这一任务尤为重要。因此大学不能是单纯的"象牙塔"，必须置身于现实社会中，处理当今时代的紧要问题，与之对决。有些时候，对现实的政治经济问题或者国家政策进行批判和探讨，也是大学教授对社会负有的职责。因此，只要这种批判和研究是基于学问的立场和真诚的态度，就不应该禁止它们，否则就不得不说是对学问自由和言论自由的压抑了。

我们就这一问题与人事院总裁以及文部大臣进行了交涉，得知该规则的主旨绝非如此，政府也不会做这样的解释，政府当局在国会上的答辩中也澄清了这一点，但我们还是希望此问题在该规则中能进一步明文化，从而消除引发疑问的可能。

六

最后，通过学术与教育，最终为世界和平与人类的福祉做出贡献,也是本联合会的纲领。

一国的学问与文化不会孤立存在,总要越过国境向外扩展,所以我们必须与世界上的同类团体保持联系,为了确立世界和平而共同努力。本联合会在昭和二十三年(1948)的总会上进一步做出的"协力参与 UNESCO 运动"的决议,就体现了这一态度。

20世纪的前半期,实际上可以说是法西斯主义与民主主义的斗争,通过武力解决了这一问题的就是第二次世界大战。而现在,20世纪的后半期,"冷战"在地球的表面全面展开,不知何时也许就会重新爆发"热战"。我们对此深感忧虑,这不只是为了因战败而变得赤裸的日本,更是为了全世界着想。新的世界战争大概意味着人类的毁灭、文明的终结吧。为了回避这种危机,我们始终期待美苏两国的当政者和联合国管理者们能做出最后的努力。同时,各国学者、教育者也必须基于自己的知性和良心团结起来,为保持世界和平做出贡献。这不仅仅是指暂时阻止战争,更需要我们在政治、经济、社会、教育等各种科学领域开展真诚的研究,为了创造新的国际秩序与国际精神而积极努力。因此,我们高度重视 UNESCO 等运动,希望能够早日获准参加这些国际组织,从而积极地进行努力。

如上所述,我们的任务是沉重的。再加上祖国还处于战败后的精神物质双重困难的时代,我们深知,要达成本联合会这些使命绝非易事。此外,这样的组织与事业在我国还是首次出现,所以对它的培养和发展就更需要极大的努力。

但是,倘若我们朝这一目标而努力,结果并不会只对我们自己有利。大学一定能够成为重建祖国的事业的核心,齐心协力为建设自由与和平的文化国家日本而做出贡献吧。这不是仅凭少数管理者就能做到的,只有依靠全体会员的热情与支持才能达成。我盼望全国所有大学的教授们都能认同上述纲领,参加本联合会,为了达成我们共同的目的而通力合作。

发展与紧张的时期
——全国大学教授联合会第十届总会上的致辞

1951 年 11 月 17 日

一

全国大学教授联合会创立以来已经满五年了,此次是第十届总会,我认为从今年开始,本联合会已进入新的发展时期。这么说的理由有两个。

第一个理由,就是联合会本身在组织上的改编和扩充。这个组织最初是由东京的六个大学临时发起的,其后全国各大学陆续加入,共同应对了战后大学共通的各种重要问题。最近,随着新大学制度的实施,加盟学校急速增加,目前本联合会已有一百一十余所高校参加,会员总计七千五百余名,成了名副其实的一大全国性组织。

于是,我们将全国划分为七个地区,在各地区设立支部,同时也规定由各地区的全体会员来选出各支部和中央总部的委员,通过自下而上的民主方法创造出新的组织和人员结构。为此,我们首先在去年秋季的总会上修改了联合会的章程,随后在各大学当局的协力下实施了新的制度。这应该说是与本联合会的发展相伴的新体制,是一大改革。

第二个理由,就是本联合会正式加入了"国际大学教授协会"

（The International Association of University Professors and Lecturers）。我们虽然从成立之初就与美国的大学教授协会保持着紧密联系，但此前都未能与国际的大学教授协会建立联系。凑巧的是，去年9月下旬，在法国尼斯召开的全世界教授协会的总会向我国几所大学发出了参会邀请，借此机会，我们利用文部省援助的经费，将时任九州大学校长的菊池勇夫教授作为本联合会的正式代表送去参会。

同时，经过我们的协调，当时身在欧洲的中央大学教授稻叶修氏和东京大学助教授森有正氏也出席了上述会议。像这样，我国第一次向这个世界性会议派出了三名代表，本联合会为此深感欣喜。关于此次会议的经过，已经回国的稻叶教授以后应该会做报告，总而言之，在最后的大会上，全场一致通过同意本联合会加入该组织。

像这样，我们的组织在国内从中央到地方进行强化重组的同时，对外也与世界性的组织建立了联系，得以发表我们的意见。于是，我们的问题将作为世界的问题，可以通过各国协力来解决，同时，我们也开辟了以自己的努力为世界做贡献的道路。

二

最清晰地体现了这一点的，就是我们派遣代表参加的此次国际会议的议题。会上的三个主要议题，第一个是"大学的自由"（The Academic Freedom），第二个是"大学教授的地位，尤其是待遇"（The Status of Professors and Lecturers——Salaries and Pensions），第三个是"产业研究与大学研究的关系"（The Relations between the Researches in the Industry and in the Universities）。

其中的最后一点，我想主要是涉及自然科学领域，是工学与产业界如何结合的问题，这在我国最近也成了学界的一个重要课题，我认为今后不仅要把这作为自然科学领域的问题，而且也要作为社会科学中的重要问题来进行讨论。

更令人感兴趣的则是第一项和第二项议题，它们也正是本联合会创立以来所直面的最基本的问题。

整体上看，尽管大学教授有着重要的地位和任务，但不管在哪个国家都还没有在社会、物质层面得到应有的待遇，这是普遍的现状。特别是在战后穷困潦倒的我国，我们经过了连最低限度的生活都得不到保障的时期。在这样的时期，虽然我们的要求不易实现，但连续几次在总会上做出决议后，终于得到政府的理解，生活状况逐渐有所改观，将来当局也会沿着我们所要求的方向出台更多措施。

而学问自由与大学自治的问题，更是我们倾注了最多努力的方面，在占领军统治下我们多次面临这一难题，当时本联合会率先表明了我们的态度与方针，并幸而得以贯彻这些主张直至今天，这是我与各位都深感喜悦的。可以说，我们这个集体的意义正在于此，哪怕过去五年间我们没有做其他任何事，仅这一项也足以作为最显著的功绩受到正当评价了。进一步说，我想就算在欧美各国，我们在这一问题上的方针与经验也是可供参考的。

三

目前在世界各国，学问自由的问题就是如此紧要，是大学中人最关心的事。为什么呢？因为面对再次逼近的战争危机，科学与艺术完全受统一的意识形态和权力统制的国家姑且不论，即便是在民主主义国家，连纯粹的自由主义者都会因为得罪统治者而受到攻击，很多进步的大学教授都被视为破坏国家社会的危险分子而遭到放逐。大战期间罗斯福所许诺的"四项自由"中，免于饥饿的自由自不必说，就连表达和发表的自由，距离实现都还很遥远。

特别是在我们日本，"学问的自由"得到新宪法的保障才不到四年，以最近的旧金山和会为转折点，政治形势又显著地反动化，没人能保证学问的自由不会再次受到威胁。我们在五年前集结全国大学教授创立本联合会，也正是为了应对这一天的到来，而绝非追随战后的时代潮流。

如今正是我们对内扩充自己的组织，对外与国际组织建立联系，进入新的发展阶段的时期。这是发展的时期，同时却也必然是警戒与紧张的时期。我衷心希望全体会员能够齐心协力，与一切困难与障碍做斗争，努力完成我们的使命，尤其是捍卫大学与学问的自由，将我们迄今为止的主张付诸实行，不留下任何遗憾。像这样，只有当全世界的大学中人都在各自的国家坚持捍卫学问自由时，我们才能够期待世界的整体和平真正到来吧。

穗积重远[①] 博士
——告别仪式上的悼词

1951 年 8 月

先生：

现在，在您的灵前，我将献上最后的道别之词。

您生于声望显赫的硕学名门之家，从学生时代起就被称赞为前所未有的青年才俊，确实可以说是一位"天生的学者"。

在大学毕业后，您立刻被任命为母校的教员，而且与令尊陈重先生[②]选择了同一门学问——专门研究法理学与民法学，这不得不说是其来有自。经过三年留学，归国后您于大正五年（1916）晋升为教授，到昭和十八年（1943）退休为止，您一共工作了三十七年。您作为学者、作为教授所付出的努力，所取得的功绩，可以称得上伟大。

您在我国法学界特别是民法界留下的足迹，已经无须我多说了吧。不过需要特别提到的是，您在法学的基础理论领域很早就开始提倡社会法学，为我国法学界打开了新局面，尤其是在亲族法、继

---

① 穗积重远（1883—1951），日本法学家，主要从事民法研究，曾任东京帝国大学教授、法学部长和日本最高法院法官。
② 穗积陈重（1855—1926），日本法学家，日本近代最早的法学博士之一，曾任东京大学法学部长，枢密院议长。

承法领域,您扮演了开拓者的角色,很早就批判传统的家庭制度,主张家庭制度的近代化,这是人所共知的。

近年来在我国成为显学的社会法学以及法社会学的研究,或者战败后忽然兴起的关于家庭制度、家庭法的许多批判性研究,都发源于您,没有不受到您的影响的,这么说也不算言过其实吧。

不过,您的学风并不止步于单纯抽象的理论性研究,而是经常与实际的社会生活深刻结合在一起,因此,您对实际的法律制度的修订乃至各种社会事业都有广泛的关心和贡献,这毋宁说也是理所当然的。

在这样渊博的知识和实际的经验之上,您完满的人格、多方面的教养与兴趣,又让您的教学内容更加丰富,精彩纷呈,而且您的语言艺术之巧妙,对时间的把握之精确,从无丝毫失误,您的课程因此也成了东大的"名课",至今仍然在学校里口耳相传。

同时,您也是一位爱学生的老师,对学生给予了许多关怀与指导,在当时普通学生的生活中发挥了难以估量的感化作用,您的门下涌现出众多才俊,绝不是偶然的。

像您这样人格圆满,不好争斗,总是保持着自由而宽容的态度的人物,实在罕见。吉尔克[①]的"人的本质在于人与人的结合"这句话,也是您喜爱的格言。

像这样,您在我们东大法学部,不,在整个学校都是不可或缺的巨大的存在。您不仅在校内担任各种委员,更先后三次,而且每次都是在极为困难的时期,被选出来担任法学部长这一要职,仅凭

[①] 奥托·冯·吉尔克(Otto von Gierke,1841—1921),德国法律学者和历史学家,在传统的公法和私法的分类之外,提出了社会法的概念。

此事就足以证明您的重要地位了吧。

这样的您，年满六十岁便离开大学，虽然这是退休制度所规定的，但仍然令我们从心底感到惋惜和遗憾。

不过，此时适逢祖国史无前例的战败，在国家变革的新时代，学高德劭的您被选中参与对皇太子殿下的教育，我想这对全体国民来说都是可喜可贺的。

在这份职务告一段落之后，最近您又被任命为最高法院的法官。您早就主张法律文化的民主化与法律的社会化，并身体力行地付诸实践，因此不只是我们，许多人都期待着您为我国新的最高司法机关，为守护国民的自由做出重大贡献。

然而，天不假年。如今想来，您一生的本质，可以说仍然与大学、学问以及教育紧密地联系在一起吧。即使在离开大学之后，您也屡次到校长室来看望我，给予我许多建议与鼓励，这是我铭记在心、难以忘怀的。

去年腊月以来，您的身体状况一直不佳，今年6月再次住进东大医院，尽管有冲中教授[①]和各位医护人员的努力救治和悉心照料，最终还是溘然长逝，这令我们惋惜不已。我们不仅为我国法律界失去一位巨擘而感到寂寥，也为失去了一位有恩于大学的、我们敬爱的先生与前辈而不胜悲哀。

您的一生，乍看是幸福、顺利而平淡的，但您也与世人一样，有过不为人知的劳苦与忧虑吧。您的光辉业绩和杰出人格，也并不

---

① 冲中重雄（1902—1992），日本内科医学专家，东京大学医学部教授。

是没有受到过一部分人的批判和敌视。但您的伟大人格包容了这一切，无论何时，您都悠然地、微笑着忍受一切，最终战胜了它们。我相信，您就是以这种方式沉静地承受了祖国的命运与剧变，默默走过了您自己的道路。

6月30日清晨，您六十八年的人生在我们大学医院的房间里拉上帷幕，当时您虽已仙逝，温和的面容却仍未改变。如今，我们再度瞻仰您的遗容，我们会将此铭记于心，长久地思念您。

别了，先生，愿您的灵魂永远安宁。

末弘严太郎①博士
——告别仪式上的悼词

1951年9月15日

东京大学名誉教授，末弘严太郎博士逝去了。我们感到无尽的悲哀与缅怀。

明治四十五年（1912），你从东京帝国大学法科大学毕业后，立即进入大学院，从事私法尤其是民法的研究，大正三年（1914）被任命为助教授，十年后晋升为教授，到昭和二十一年（1946）9月退休为止，三十多年来，你在我校以及法学界留下的功绩，不可谓不重要。

你进入学界时，恰好是德意志法学及其观念式的解释法学在我国臻于全盛的时代。当时，在第一次世界大战末期的两年间，你主要留学于美国和法国，回国后你为了对抗这样的大势，与已故的穗积名誉教授以及我妻教授②等组织成立了民事法判例研究会，特别注重研究法院的判例法，确立了尊重事实、以具体法律规范分析为基础的新方法，这对于我国法学的发展可以说具有划时代的意义吧。

---

① 末弘严太郎（1888—1951），日本法学家，主要研究民法、劳动法、法社会学，曾任东京帝国大学法学部长。
② 我妻荣（1897—1973），日本民法学家，东京帝国大学法学部教授，主要进行德国法相关研究和判例研究。

在此之上,你还对形成了判例法的社会背景产生了兴趣,展开进一步探索,由此出发,你大力倡导社会法学的重要性,尤其是在第一次世界大战后我国劳动运动骤然高涨的时期,你基于社会法学的立场,关于各种劳动问题发表了许多崭新而具有独创性的研究成果,在大学里也新创了劳动法课程,担任授课教师。由于这些功绩,我国"劳动法学"的创始者这一荣誉将永久属于你。

今天,在民法学乃至劳动法学领域,凡是从事学术研究的人,都直接或间接地受过你的熏陶和影响,这样说也不算言过其实吧。

你的治学风格的特点,比起对法律的逻辑组织化或者体系化,大概更在于以锐利的直觉和洞察力,尝试树立真正为民众服务的法学,不断地探求和开拓新境地吧。这种探索,与你的课程独到新颖的形式和你的文章相辅相成,人们不能不为之惊叹。

此外,你仿佛浑身充满能量与热情,这不仅体现在学问的研究上,你还在武道和运动竞技中磨炼自己,颇具造诣,在这些方面为学生的培养和发展付出了许多努力,作为一名教育者,你在指导青年学生的过程中发挥了极大的影响与感化作用,这一点是值得大书特书的。

另外,你在大学行政方面留下的功绩其实也很多,特别是曾先后两次被选为法学部长,最后在太平洋战争的旋涡中,在大学多灾多难的时期,尽职尽责地完成了重任,这是我们记忆犹新的。

大战结束后的第二年,为了解决战败日本最大的问题——劳动争议问题,作为中枢机构的中央劳动委员会成立了,你为了向这一组织贡献力量,在即将作为教授退休的时候,提前离开了大学。从那以后,你直面这一难题,倾力发挥多年的知识储备和运动员式的精神，站在劳资双方冲突的力量中间，屡次让我国产业免遭危机，尤其是在此期间为确立战后新时代重要的、基本的劳动法出谋划策，这些贡献是广为人知的。

圆满完成了这些历史任务的你，也许是积劳成疾吧，在去年秋天身染重病，这令我们深感忧虑，因此得知手术有效、你正在康复的时候，我们感到无与伦比的喜悦。去年5月末，我们到东大医院看望当时据说已经病危的穗积重远博士时，你久违地回到学校，那爽朗欢快的面容让我至今难忘。你终于从一切烦琐的外部事务中解脱了，今后可以做你喜欢的学问，这让你多么开心啊。大概你当时也正准备将自己的学问整理为最后的集大成之作，心中正暗自怀着强烈的期待吧。

然而，尽管你的人生得以步入这样一种满足与平和的境地，但另一方面，作为一个人，一个公共人物，你经历了多少艰难困苦与斗争，只有了解你的人才知道吧。特别是在你的晚年，令郎中的一人于此次大战中牺牲在南方海域的上空，长子又不幸意外身亡，留下三个可怜的幼儿，这一切给你的心灵带来了多大的创痛啊。再加上你被认为在战时与"日本法理研究会"有牵连，因而被开除公职，对你自己来说这完全是不白之冤，因此这必定是你一生中的恨事吧。

尽管如此，你还是承受住了公私两方面所有这些愤怒与悲哀，毋宁说超越了它们，那一天你只是谈论着治学之人的快乐，这时候，无论是作为一个人，还是作为一个学者，我想你大概已经抵达了圆满的境界吧。如今想来，这也是我最后一次见到你了。

今年8月以来，你再次患病，在你不省人事地流连于临终的病榻上时，曾经困扰你的那个取消教师资格的指令终于公开解除了。

这虽然是理所当然的，却也令我们深为欣喜。与此同时，东京大学得以赶在你临终之际，授予你本校名誉教授的称号，这总算为我们带来了一点慰藉。

　　让我们祝愿这个从年轻时起被唤作"阿严"的人，这位在学生与同僚之中都受到敬爱的我们的学长与友人，这位从未老去的我国近代杰出的法学家，愿他的灵魂永远得到祝福！然后，祝愿他爱过、也爱着他的每一个留在尘世上的人都获得幸福！

译后记　读南原繁《文化与国家》

高华鑫

谈起 20 世纪日本的政治学史或者大学教育史，南原繁（1889—1974）是一个绕不开的人物。他出生于四国岛香川县乡下的一个商人家庭，1910 年从第一高等学校升入东京帝国大学学习政治学专业，在校期间受到著名宗教思想家内村鉴三的感化，从此终身信仰无教会派基督教。毕业后，南原繁一度在内务省工作，1921 年辞去官职回到东京大学执教，至 1945 年 3 月成为法学部长。他的许多学生成了后来政治学研究中赫赫有名的人物，其中最著名的当数丸山真男。

南原繁的重要性不仅仅在于学科史内部。日本战败后不久，他被选为东大校长，在 1945 年至 1951 年的六年任职期间，他不仅主导了东大向新制大学转型的过程，而且作为 1946 年成立的"教育革新委员会"①的委员长，在日本全国的教育制度改革中发挥了重要作用。同时，身为国会贵族院议员，他在教育领域以外的公共问

---

① 日文为"教育刷新委员会"，是成立于 1946 年 8 月的，首相下属的研究和审议与教育有关的重要事项的机构，前身是美国教育代表团来日时日本方面教育工作者组成的委员会，南原繁自 1947 年 11 月起担任委员长，1949 年 6 月改名为"教育刷新審議会"（教育革新审议会），一直存在到 1952 年 6 月。

题上也有许多重要发言，尤其有名的是1946年第九十届议会上的演说：在质询发言中，南原繁就新宪法制定的问题对政府进行了犀利的批判，以至于被质问得十分狼狈的首相吉田茂事后骂他是"曲学阿世之徒"。《文化与国家》一书收录的正是南原繁担任要职期间发表的各种演讲，它们均发表于战后初期（1945—1952）这一决定日本未来走向的重要阶段，为南原繁的思想与实践提供了一份生动的记录。

《文化与国家》一书分为五辑，大体上按时间顺序排列，但正如南原繁在各辑的前言中所说，每组演讲都有相对集中的主题。第一辑"振兴祖国之人"的主题，是在日本刚刚战败的背景下，呼吁全校师生树立新的志向，确立理想主义的文化理念，建设"民主与和平的日本"。第二辑"人之革命"进一步强调新的人性理想，主张政治、经济等方面的改革必须伴之以"人"本身的革命，要恢复近代以来异化、失落的人性，重建完善的人格。第三辑"真理之斗争"中的演讲发表于冷战格局形成之际，面对美国占领军和日本政府大开倒车，左翼运动则不断激化的状况，南原繁认为仅靠政治或法律手段不足以克服国内的混乱，必须以"真理"性价值凝聚人心，走出危机。第四辑"和平之宣言"则以1950年代初的"讲和"问题与朝鲜战争为背景，面对冷战局势的严峻化，南原繁呼吁日本实现把中苏等国家也包括在内的"全面讲和"，高举新宪法中的和平理念，克服新的战争危机。第五辑"大学之自由"收录了南原在东大校长任上最后一年的发言，他认为《旧金山和约》虽然结束了日本的被占领状态，却推动了日本的再武装化，违背了战后日本的和平民主道路，在这种环境下他尤其重视言论自由与学术独立，把教育视为超越困境的根本出路。

在翻译这部演讲集的过程中，译者获得的第一印象，便是南原繁强烈的人文主义情怀和理想主义态度。他从不怀疑世上有放之四海而皆准的普遍"真理"，而人的存在的本质意义，也只能来自追求和践行"真理"的精神生活；他认为一切问题都要归结于"人"的问题，近代日本的错误道路和悲惨结局本质上是"立人"的失败，所以战后必须发起新一轮"文艺复兴"和"宗教改革"，重塑国民的人性；他坚信世界史是有目的的，人类各民族终将走向"永久和平"，而日本也要在这一道路上完成其世界史使命。

　　这样的理想主义态度，显然与南原繁本人的信仰有关，也是对其师内村鉴三的宗教思想与民族使命观的继承。他的发言有着鲜明的"理想－现实"的二元逻辑，坚定的信仰赋予他一种超越性视角，让他始终能够批判地看待现实，并努力改造现实以不断趋近至高的理想。从战前到战后，南原繁这种姿态可谓一以贯之。根据丸山真男的回忆，1936年南原繁曾在东大课堂上提到当时陆军青年将校发动的"二二六"政变；1941年太平洋战争爆发之际，南原繁私下对丸山真男感慨道，倘若轴心国取胜，世界文化就完了。日本法西斯主义的冲击，促使南原繁深化对宗教与国家的思考，他试图建构区别于非理性"国体"论的民族共同体理论，其成果汇集于《国家与宗教》（1942）一书中。

　　不过，战时的南原繁谨慎地将他对现实的批评藏在学术内部。他曾为营救大内兵卫等被当局压迫的同僚而奔走，但自己尽量避免发表政治言论，因而获得了"洞窟之哲人"的称号。南原繁真正得以把理想付诸实践，是在战争结束后。在战后文化教育体制改革的枢要位置上，他的信仰转化为改造现实的动力，而在批判当局的悖谬时，他的理想主义逻辑也发挥了巨大的效力。例如在关于宪法修订问题的质询发言中,面对政府被动追随占领军方针而又不愿承认事实的态度,他强调,既然日本接受的《波茨坦公告》中规定日本的政治形态最终取决于国民的自由意志,那就必须从这一原则出发,而不能以外部"形势"为由含糊其词。又如,在天皇退位的问题上,他认为既然天皇是统合国民精神与道义的象征,便负有道德责任,在面临国家重大问题时,出于自我反省而退位也是负责的表现,言下之意其实是希望昭和天皇引咎退位。南原繁很清楚,这种学者式的理想主义态度,在许多政客眼中只是"空论",但他恰恰要用康德的实践理性来要求现实,强调"你应做,故你能做到"(Du kannst, denn du sollst.)。他总是以根本的"道理""原则"来衡量现实,这种论述正因其逻辑的简单,反而让当权者的种种借口显得苍白狼狈,通过发言者本人的信念而发挥了强大的感染力。

但是,平心而论,书中的发言固然坚定有力,有时却也带有某种说教气味,并体现出稳健的保守性。比如,南原繁在演讲中经常强调战败后国民的精神混乱、茫然与虚脱,呼吁东大学子们要以文化理念、真理价值去振作人们的精神,但当时日本的老百姓是否真像他说的那样迷惘,等待着精英们的指导呢?在同时期的战后文学中,市井中的混乱乃至某种"堕落",毋宁说体现了普通人从战时的集体主义、精神主义中解放之后的勃勃生机,而这种视角在东大校长的理想主义言论中是缺席的。

又如,面对冷战格局在日本的内化,南原繁体现出一种"不偏不倚"的态度,认为激进的左翼和复活的右翼都是对民主自由的威胁。他指责左翼"以目的将手段神圣化",以专断的意识形态和暴力革命践踏其他人的自由,这种现状批评未必没有道理,但他并未提到的是，日本左翼从拥护占领军改革走向过激的斗争，首要的原因便是美国为实施冷战策略而镇压日本社会主义者。在此背景下，将过激的革命策略简单归结于马克思主义的本质，是否也是一种偏见？当然，南原繁的言论不能脱离他当时的身份与职务来看待。作为全国教育界的首脑人物，他的稳健立场无可厚非；作为东大校长，他对校内学生政治活动的劝诫也带有保护的性质。不管怎样，南原繁对待学生的态度是堂堂正正、值得尊重的，有时甚至令人感动，例如在一次罢课风潮结束后他向全校学生说道："如果诸君中的多数人要再次发起同样的行动，就请说服学部长、校长，如果说服失败，就先驱逐我这个校长，然后再向校外前进吧。毋宁说我更愿意你们这样做。"考虑到《文化与国家》单行本出版于1968年，当时的学生会怎样看待十多年前东大老校长的这些发言，也是一个饶有意味的问题。

　　总的来说，无论是肯定南原繁这些演讲的实践性和感染力，还是质疑其观念的先验性，所有问题都要回溯到《文化与国家》的根本思路上：正如书名所示，这是一种以国家为文化主体的"文化国家"论，在其中，现实与理想、特殊与普遍、个人与世界，都要经由国家-民族共同体这一中介而获得辩证统一，形成完美的逻辑闭环。南原繁批判缺乏主体性的政府，却也指责左翼造成的国家分裂；他希望昭和天皇退位，却拥护象征天皇制本身。这些现实发言的根基，都是一种观念论哲学中生发出来的民族共同体认识："祖国并不只是由于地理上、人种上的偶然，或者因为历史传统这一外在权威而结成的集合体，它是上帝将此世间的人类按民族划分出来的人的友爱的协同体。在我们成为人类之前，是祖国保障我们的人性并使其发展，可以说它是既定的永恒秩序。""共同体"是南原繁思想的关键词,在他看来,人的精神革命必须通过民族这一共同体来实现,而大学校园也应该成为一种"人格共同体"。他的言论的力量与现实性,以及其中潜藏的盲点,都与这一问题相关。

在南原繁的政治哲学研究中,超越近代个人主义的共同体,从一开始就是他探索的课题。在早期的论文《自由主义的批判性考察》中,他便批评近代自由主义让国家变成"利益社会"而非"共同社会",这样国家不具有理念价值,社会只是由原子化的个人机械地构成,于是无从发现高于个人的普遍价值标准。在《现代的政治理想与日本精神》等论文中,他肯定社会主义者建立"社会共同体"的尝试,但认为这主要还是一种经济上的共同体,对内面的精神价值不够重视,而且仍然是个人的总和,缺乏民族的维度。基于这样的立场,南原繁强调柏拉图—宗教改革—德国观念论哲学的谱系,因为它们为国家这一政治共同体赋予内在价值。在1942年出版的代表作《国家与宗教》中,他围绕国家的问题,梳理了从柏拉图到康德的欧洲精神史,特别强调宗教理想对国家观念的意义,认为路德的宗教改革不仅塑造了道德自律的人格理念,也承认了个人之上的尘世国家的价值,把国家生活升华到价值层面,而康德则将路德的新教精神进一步道德化、理性化,这样一种德国传统形成了区别于英法启蒙主义、个人主义的国家观。但他也批评说,康德的国家观还是"抽象的、形式的","不理解作为民族个性的政治表现的国家",而黑格尔又把国家完全理性化,等同于现实的政治组织,而失落了"上帝之国"——"爱的共同体"的性质。

简言之,南原繁在近代欧洲精神史中看到两种对立的传统,一者是科学的、实证主义的启蒙理性,一者是宗教性的、理想主义的观念论。他认为占据主导地位的前者未能看到民族国家的内在价值，而20世纪的世界大战，正是"政治真理的报复"，"国家理性的高扬"，其中"民族的政治共同体本身作为一个伟大的个性，主张自己存在的权利和政治的、历史的现实价值"。不过，南原繁的国家观与浪漫主义的民族国家认同之间又有清晰的界限。事实上，《国家与宗教》着力批判的，正是战时德国与日本的"神政国家复兴"。书中指出，纳粹思想包含对抗近代科学主义的生命哲学，但其"血与土"的共同体不是通过真正的宗教精神来获得内面价值，而是依赖非理性的神话，因此陷入种族逻辑；同时，南原繁也批判当时的"日本主义"哲学，尤其将京都学派代表人物田边元作为靶子，认为他的"辩证法"为民族国家赋予神性的程度比纳粹更甚。在战后撰写的《费希特的政治哲学》中，他虽然肯定费希特对康德思想的发展，特别是其国家的文化使命观，但也批评费希特把国家直接当成实现地上神国的手段。

在1940年代的日本，对欧洲近代自由主义的批评并不鲜见，而南原繁之所以没有像同时代的许多"近代的超克"论者那样，把国家绝对神圣化，或许正因为他是一个坚定的基督徒。对他而言宗教不在世俗国家之外，但也不能完全实体化于国家之中，国家总是需要超越性的理念赋予其内在价值，它不能垄断信仰，而必须接受更高的理想的指引，向永远有待实现的目标不断前进。

总而言之，如果要在政治哲学内部给南原繁一个大致定位，或许可以说，他一方面借助康德哲学，批判了黑格尔以后的浪漫主义国家观，另一方面却又用后者来修正康德的普遍主义，将民族共同体作为走向康德的"永久和平"的必由之路。同时，从他对"利益社会"和"共同社会"的区分中也不难看出，他与不少同时代学者一样，受到了滕尼斯代表的德国社会学共同体理论的影响。这种对共同体"有机性"的强调，其实是试图弥补近代资本主义社会的"无机性"（这体现为个人的孤立化、阶层分裂的激化、价值的真空化等等）。从这个角度，我们可以更深入地理解南原繁思想的时代性、历史性。另外，从个人经历来看，南原繁对共同体的重视，与他旅欧期间所见的"一战"后德国的悲惨状况不无关系，同时也得益于他作为内务省官员，在富山县射水郡郡长任上兴办公共事业的经验。值得一提的是，在"一战"前后，像南原繁这样大学出身的内务省青年精英到地方任职是一个新现象，他们从地方改造国家的尝试有时也被称为"大正维新"（政治学研究者桥川文三在《昭和维新试论》一书中对此做过思想史研究）。这或许也有助于我们理解南原繁在战后一次演讲中突然提到的"昭和维新"：它意味着基于近代批判的国家改造思想。南原繁在此强调，"真正的昭和维新"必须"为国民注入新的精神生命"，从而完成"重建祖国的事业"。

这"新的精神生命"，与《文化与国家》中的"文化"可以视为同义词。它是一种将个人与共同体联系起来的纽带。在各种场合的演讲中，南原繁一再呼吁日本青年们以文化修养培育人格道德，克服唯科学论与功利主义，同时又强调个人的精神追求必须经由象征天皇制下的民族共同体，通过民族的"个性"来抵达面向世界的普遍性，为人类文化做贡献。这种伦理的文化共同体论，在某种程度上也是同时代的其他老派自由主义知识分子（如和辻哲郎、津田左右吉等）共有的思路。此种文化观念兴起于大正时代，此时日本学院派哲学在新康德主义的影响下，强调区别自然科学与文化价值，"文化"概念在一定程度上取代了明治时代的进化论式种族文明观，成为特殊性与普遍性的中介，意味着个人、国家与世界的预定调和。美国学者哈如图涅（Harry D. Harootunian）指出，"文化国家论"自 1920 年代以来便在日本反复出现，直到 1970 年代末大平正芳内阁时期仍有回响，它们背后是这样一种欲望：依靠"国家"来超克"近代"，用"文化"来超越不安定的现实政治，构造永久稳定的社会秩序（『日本はどこへ行くのか』，讲谈社，2010）。

对于战后的南原繁而言，"文化"是国家的使命，文化理想让国家真正成为共同体，而不只是机械的架构、个人的松散集合。但是，正如一些研究者已经指出的，南原繁批判近代国家的"非精神性"时的二元框架，导致他似乎更多地把纳粹兴起的责任归咎于其对立面——启蒙理性，而对德国观念论传统本身的检讨不够充分。另外，南原繁或许也夸大了德国式理想主义的国家共同体论与英法的社会契约论式启蒙国家观的对立，后者未必不包含民族的维度，例如卢梭的思想便早已被学界认为是近代民族主义的一个原点。

在 1946 年的议会演说中，南原繁明确表示自己是一贯倡导"民族共同体"或"国民共同体"（national community）的，并认为新宪法"有必要明确宣布我国的政治权威来自这种民族共同体或者国民共同体"。不过，日本民族共同体的文化"个性"，为何一定要以天皇为表征呢？他在另一篇演讲中给出了解释：

> 作为日本国家权威的最高表现，作为国民统合的象征的天皇制将永远维持下去，也必须维持下去。因为它是在我国悠久的历史中从根源上支撑着民族之结合的事物，超越了君主和人民各自的世代交替，超越了君主主权和人民主权的对立，是君

民一体的日本民族共同体自身不变的本质。在外地其他种族已经脱离出去，我国重新成为纯粹日本的今天，如果失去了它，那么日本民族的历史个性和精神独立就会随之消失吧。

而且，天皇制不只是日本历史上过去的事实，对于民主主义世界观的基础，也将提供新的理念上的意义吧。为什么呢？因为如何让基于"个人"及其多数的民主主义不止步于个人的单纯集合，而是构成国民整体的观念，从何处探求国家统一的原理，是一个根本的问题。民主在原理上正是这样一种整体与个人互相妥协的政治形态。因此，应该为我国历来拥有这样一种整体性存在的支点和永远的统一而感到高兴，我们必须将其作为固有的理念基础，创造出新的整体。

问题的症结在这里清晰地浮现出来。战后日本以美国为师，再一次输入"民主"的理念，而南原繁这样的老一代自由派知识分子，正是在此过程中作为文化教育界的首脑人物扮演了重要角色。但与此同时，他们又始终担忧，个人本位的民主制度会消解国家的凝聚力，让民族失去"历史个性"。于是，象征天皇制成为守卫日本民族性的一道防线，同时也是保障国民认同的历史延续性的桥梁，让日本帝国顺利转型为新生的"和平民主"国家。然而，这种逻辑中缺失的，是对"日本"本身的历史性的追问。

正如南原繁所明言的，战后的"纯粹日本"这个单一民族共同体，是"外地其他种族已经脱离出去"的结果。换言之，近代以来日本民族主义的道路恰恰与此相反，是不断将殖民地纳入自己内部，统合到天皇治下的"八纮一宇"的世界中来。那么，当战后的文化国家论者们坚持以天皇制维系民族认同时，声称它是日本共同体自古以来的本质时,他们也就跃过了近代亚洲被殖民地区的民众被迫成为"日本人"的历史,这反而暴露出"纯粹日本"自身的虚构性。

令人难以判断的是,作为学者的南原繁,是否真的相信日本历史上有过"君民一体""君民同治"的民主时代?这类言说其实是以"应然"替换"实然",用理想取代了历史。译者更倾向于认为这是一种话语策略。南原繁的演讲虽然主要面向国内听众,但在根本上却仿佛是"对外"的:无论他如何强调战后日本的"文艺复兴""宗教改革"的民族主体性,这些变革实质上都是在占领军推动下自上而下展开的,是在新一轮脱亚入欧(美)的过程中重新引入西方世界的"普遍性"。所谓"君民同治"的民族共同体传统,其实只是在重新追赶"普遍性"的过程中,用于维系自身"特殊性"的心理代偿,并无历史事实的支撑。于是,一种延续至今的悖论出现了:日本似乎越是西化,就越是不能没有天皇。

这种把天皇制变成"文化"的国家论,的确具有情感上的效力。成为"象征"的天皇,对内维系了过渡时期的社会稳定,对外又作为日本"民意"的某种体现,在日美关系中构成制衡要素。然而,这一符号虽是保障"纯粹日本"的民族认同的方便途径,却也容易沦为遮蔽和取消历史的装置,为历史修正主义留下了后门,也成为日本和亚洲邻国重启对话的障碍。

丸山真男曾在南原繁《费希特的政治哲学》的书评中写道:"如果说著者赋予意义的着力点,是从自由与个人转向了社会与民族……那么我恰好与此相反,是以政治的、集体的价值独立性为自明的出发点,一步一步向着自由的人格回溯。从思想接力的正常顺序来说,这是何等的倒错!注意到这一点时,我不得不再次想起日本精神史的坎坷命运。"(《丸山真男集》第八卷)这段话不仅体现了丸山对于老师的委婉批评，也提示我们，"个人与共同体"的问题谱系背后，凝缩着近代日本的历史难题。对于同样是亚洲后发现代化国家的中国，邻国思想史中的这种困境，也是我们今天谈论共同体问题时应当注意的。